亞里斯多德與《形上學》

作者—（英）威廉·大衛·羅斯
（*Sir William David Ross*）

譯者— 徐開來

Aristotle's

Metaphysics

五南圖書出版公司 印行

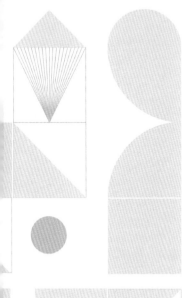

目　錄

譯者前言

　　爲了有助於讀者朋友們更好閱讀羅斯的這本著作，作爲譯者，有責任就有關問題做一些介紹和說明。在這篇「前言」裡，我分三個部分簡要敘述三個問題：關於羅斯的生平和著作[1]；關於羅斯這本書的整體概況；關於本書翻譯有關情況的說明。

（一）

　　本書作者威廉・大衛・羅斯爵士（Sir William David Ross, 1877-1971）是 20 世紀英國著名的道德哲學家，更是一致公認的 20 世紀全世界最爲著名的亞里斯多德研究專家之一。《史丹佛百科全書》在介紹他的詞條中，一開始就高度概括了他在兩個領域的學術地位：「威廉・大衛・羅斯爵士對亞里斯多德著作的翻譯和闡釋，以及對道德哲學，都做出了傑出的貢獻。他在古代哲學方面的著作，尤其是對亞里斯多德的多種注解，至今仍被認爲是具有最高水準的。許多人相信，羅斯在這個領域的工作，是他對哲學做出的最有價值的貢獻。然而，他在道德哲學領域的主要著述，即使沒達到同等的價值，也具有持久的意義。他的《正當與善》（*The Right and the Good*）[2]雖可爭辯，卻是 20 世紀已經

---

[1]　這部分的簡介主要參考美國《史丹佛百科全書》中對羅斯生平的介紹。

[2]　該書的中譯本由林南根據菲力浦・斯特拉頓・萊克（Philip Stratton-Lake）編的牛津大學出版社 2002 年版譯出，上海譯文出版社「二十世紀西方哲學譯叢」，2008 年 4 月出版。

出版的最為重要的道德哲學著作之一。」我認為，該書對羅斯所做貢獻的上述評價，是客觀準確的。至少在我所從事並因而熟悉的古希臘哲學研究領域，他受此讚譽當之無愧。

羅斯於 1877 年 4 月 15 日出生於蘇格蘭。由於他的父親約翰‧羅斯在印度的馬哈那伽學院（Maharaja's College）當院長，他也隨家庭在印度度過了童年的 6 年時光，後回到蘇格蘭以接受正規系統的教育。他先後在愛丁堡的皇家高級學校（the Royal High School）和愛丁堡大學就讀。1895 年從愛丁堡大學畢業後，他進入牛津大學的貝利奧爾（Balliol）學院深造 5 年。然後，他被任命為牛津大學奧利爾（Oriel）學院的講師，同時經過考試，被選為該大學墨頓（Merton）學院的研究員。1902 年，當他在奧利爾學院被選為哲學導師和團體成員時（直到 1929 年，他還維持在這個位置），就不在墨頓學院任職了。他在 1915 年到部隊服役（雖然此時第一次世界大戰已結束），做過代理祕書，後退伍在公共部門任職。1923-1928 年，由於約翰‧亞歷山大‧史都華（John Alexander Stewart）生病，他便成為道德哲學的代理懷特教授（the Deputy White's Professor）。在 1927 年，當這個職位空缺出來時，他拒絕了參加候選，其理由有二，一是他認為 H. A.普里查德（Prichard）是一位更好的道德哲學家，二是他宣稱自己更加喜歡在形上學、古代和最現代的哲學領域工作。但兩年後的 1929 年，他就成為了奧利爾學院的院長，且一直做到 1947 年退休。在 1927 年，他被選為英國學會會員（Fellow of the British Academy），並從 1936-1940 年任該學會會長。在第二次世界大戰中，他也再次在公共服務中扮演過實質性的角色。1947 年，他成為國際聯合學會的會長（President of the Union Acade'mique Internationale），而且直到 1949 年，他還

擔任皇家出版委員會主席（the Chairman of the Royal Commission on the Press）。在退休以後，他依然繼續著他的研究和著述，出版過多部重要著作。1971 年 5 月 25 日，他以高齡病逝於牛津，享年 94 歲。

羅斯在公共服務和學術組織中的各種任職固然貢獻不小，但真正奠定他卓越名望基礎的，還是他在哲學領域裡的各種作品。他的著作和論文主要涉及以下兩大領域。

一是以亞里斯多德為主要研究對象的古希臘哲學。這方面的貢獻，大體表現在下述 5 點：

他是牛津版亞里斯多德英文全集的主編（開始是與 J. A. 史密斯一起，後來就單獨了），並親自翻譯了其中最為重要的兩部作品——《形上學》和《尼各馬可倫理學》。

他為牛津古典本系列編輯了一些亞里斯多德的希臘文著作，包括《修辭學》、《物理學》、《論靈魂》和《政治學》。

他單獨出版了 5 部帶著長篇導論和詳細解說的亞里斯多德著作，它們是：《亞里斯多德：形上學》（兩卷）（1924），《亞里斯多德：物理學》（1936），《亞里斯多德：動物的部分》（1955），《亞里斯多德：前後分析篇》（1957），《亞里斯多德：論靈魂》（1961）。

以上面這些翻譯、考證、解釋性的工作為基礎，他出版了兩部個人專著：《亞里斯多德》（1923）[3]；《柏拉圖的理念理論》（*Plato's Theory of Idea*, 1951）。

他在一些雜誌上發表過 3 篇討論亞里斯多德邏輯學思想的論文。

3　該書已由王路翻譯為中文，商務印書館 1997 年出版。

　　二是道德哲學研究。這方面的貢獻，主要有下面的 2 本著作和 3 篇文章：

　　如前所述的他這方面的代表作《正當與善》（1930 年第 1 版），《倫理學基礎》（*The Foundations of Ethics*, 1939），《倫理學中客觀判斷的根據》（*The Basis of Objective Judgements in Ethics*, 1927），《道德善行的本性》（*The Nature of Morally Good Action*, 1928-9），《懲罰的倫理學》（*The Ethics of Punishment*, 1929）。

　　羅斯對亞里斯多德著作的一些翻譯，雖然現在有了各式各樣的新譯本，包括《亞里斯多德全集》也早就有了新的英文修訂本（巴恩斯〔J. Barnes〕主編，普林斯頓大學 1984 年出版），但是，無論在國內外學術界，它們仍然被高度關注。至於他帶著導論和注解的那些亞氏著作單行本，一直是且將繼續會是專家學者們在古代哲學中研究時必不可少的重要資料來源。他的倫理學著述及其所闡述的觀點，雖然在上世紀受到了一些不同立場的道德哲學家們的冷遇，但近些年來，卻愈益得到持續不斷的辯護。

（二）

　　我翻譯的眼下這本書，只是羅斯《亞里斯多德的形上學——帶有導論和解說的校訂文本》（*Aristotle's Metaphysics, A Revised Text with Introduction and Commentary*）（一般都簡稱為《亞里斯多德的形上學》）一著的「導論」部分。下面，就該書的整體情況做些力所能及的介紹。

　　該書初版於 1924 年，當時他 47 歲，是牛津大學奧利爾學院的講師和道德哲學代理教授。該書除「序言」、「參考文獻」、

「索引」之外，主要由三部分構成：導論；他校訂的《形上學》希臘文本；對《形上學》的詳細解說。該書共分兩卷，第 1 卷有「序言」、「參考文獻」、「導論」、《形上學》第A至E卷的原文和解說，第 2 卷是《形上學》第Z至N卷的原文和解說，以及最後的「索引」。

「序言」較短，只有兩頁，主要目的是對說明他完成這部著作的諸多人士表示誠摯謝意。其中值得注意的，是他對幾位著名的同行專家的提及（因為我們可以從中看出他的一些學術傾向）。他說，關於《形上學》的結構問題，他從耶格爾教授傑出的著作中學到了很多；亞里斯多德對前輩哲學家敘述的研究，他得到了策勒爾、第爾斯和伯奈特經典性著作極大的幫助；所提及的前蘇格拉底哲學家的殘篇，則與第爾斯的《前蘇格拉底哲學家》（*Vorsokratiker*）的編號一致；他也感謝M.羅賓（Robin）對柏拉圖思想後期發展的研究以及多瑪斯·赫斯爵士（Sir Thomas Heath）論希臘數學和天文學的著作。

「參考文獻」中，他列出了主要的 91 部（篇），從古代注釋家們的評注到他同時代學者的成果，最晚的是耶格爾 1923 年在柏林出版的《亞里斯多德》一書和發表的一篇論文。

「導論」是羅斯為使讀者更好讀懂《形上學》而精心撰寫的一篇長文（完全可以獨立成書）。對於一般讀者（指主要興趣僅僅限於更好地了解《形上學》這本書和亞里斯多德的形上學思想的讀者）而言，它也是全書最有意義的部分。由於該「導論」的全文就在後面，每位讀者都有權利進行獨立評判，這裡無需我過多贅言。

羅斯校訂的這個《形上學》希臘文本，花了不少的真功夫。他不僅比較性地參考了十幾個《形上學》已有文本和注釋（詳情

請見該書「導論」的第 5 章──「《形上學》的文本」中的介紹），而且在每頁希臘原文的下面，都加了不少注腳式的說明，把不同文本中的不同措辭或表述一一列出。如果把這些注解性說明的文字加在一起譯成中文，估計不會少於 10 萬字。透過這些細小、枯燥而瑣碎的文字，我們看到的，不僅是羅斯深厚的史料和學養功底，還有他獻身學術、甘守寂寞的誠心、細心和耐心。

更為人稱道的是他對《形上學》全文的解說。在體例上，他的解說分為兩部分（這一點，他在「序言」中作了簡單說明），一是在對每個部分（通常是對《形上學》各卷的每一章）進行詳細的解說之先，前置性地對該部分內容作概要分析（brief analysis），以陳述亞氏的主要觀點和論證過程等，相當於比較詳細一點的內容概要；二是解說本身（the commentary itself）。「概要分析」他做得較細，也很有邏輯條理。例如：他對A卷第 1、2 章的分析，先有一個大標題「（Ⅰ）智慧是首要原因的知識（第 1、2 章）」，再有兩個小標題，即「(A)智慧是原因的知識（第 1 章）」和「(B)是智慧的那種知識關涉的是首要原因（第 2 章）」，在每個小標題下，又有(1)、(2)、(3)、(4)等對亞氏原著思路或要點的分析（具體內容見該書第 1 卷第 114、120 頁）。「解說」部分則更為詳盡，凡是原著中重要的，或不好理解的，或學術界認識有分歧的，或關鍵性、疑難性的單詞，他都給予解說。在解說時，他特別注重與亞氏在其他地方中的說法進行對比。

正是因為該書無論在希臘原文的校勘還是內容的分析解說上都有詳實豐富的材料和細緻獨到的研究，所以，該書的學術價值是無可爭議的。也正因如此，該書出版後，得到了全世界學術界的高度認可。這裡僅舉兩例便可看出該書受重視的程度：一是

該書自 1924 年初版以來，到上世紀 70 年代的短短 50 年中，已連續重印再版了 6 次，分別是 1948、1953、1958、1966、1970 和 1975 年；二是在由J.巴恩斯編（參與寫作的作者除他之外，還有 5 位）的《劍橋亞里斯多德研究指南》（*The Cambridge Companion to Aristotle*，1995 年第一版，劍橋大學出版社）中，在給讀者提「閱讀建議」時，關於亞里斯多德的形上學，首推的就是羅斯這本書，而且使用了「無價之寶」的評價（參見廖申白教授等譯的該《指南》中文本第 381 頁，北京師範大學出版社，2013 年）。

（三）

　　對學術價值如此之高的這本著作，卻一直沒有中譯本問世，這不能不說是學術界的一件憾事。所以，本書由我擔任翻譯，我既感榮幸，又實實在在有一股無形的壓力。

　　從前年下半年開始，我正式開始翻譯，經過一年半時斷時續的工作，終於譯完了該書的「導論」部分，不到 15 萬字。我想藉寫這篇〈譯者前言〉的機會，說明以下兩層意思。

　　一是為什麼只譯了該書「導論」，而沒有譯完全書？主要的原因有兩個。其一是從讀者面考慮。除了少數專業工作者和以亞里斯多德哲學為研究內容的博士、碩士生外，絕大多數希望了解和閱讀《形上學》這部經典名著的讀者，是完全可以透過「導論」的閱讀，獲得其幫助的，而對於前一部分學者，相信他們都有比較好的古希臘語和英語基礎，能夠自行讀完羅斯的全書，以彌補未譯的內容。其二也有時間上的考慮。羅斯的這部大著作，兩卷加起來有 1000 多頁，即使除去正文的希臘文不譯，要把其

餘內容全都翻過來，估計得有 70-80 萬字，按我的精力和能力，至少需要 5 年才能夠完成，而這就會嚴重影響其中最重要的「導論」部分與讀者見面的時間。正是出於上述考慮，在與出版社取得一致意見後，才決定只譯「導論」。

二是向諸多人士表達誠摯的謝意。本書責編李濤博士，為這本小書的出版付出了大量的心血。其次要感謝的，是本書校定者溥林教授，他不僅認真校閱了譯稿，還幫助我解決了原著中一些拉丁語和德語的翻譯問題以及希臘原文的排版問題。再次要感謝的，是梁中和副教授和王哲同學，他們幫我查找、影印了一些相關材料。最後，要對我的妻子余雅俐女士表達特別的謝意，她除了承擔全部家務以確保我安心譯作外，還一如既往地扮演著電腦打字員的角色，以彌補我這電腦白痴的種種不足。

儘管有眾多親友和同仁的無私相助，但限於我本人的能力和精力，譯文中肯定存在不少問題，乞望學界同仁和讀者朋友們不吝賜教。

徐開來

於川大竹林村

第一章　[1]《形上學》的結構[2]

顯而易見，《形上學》的結構呈現出許多疑難。如果有人意欲按現有形式閱讀，僅從表面就明顯可見，這不是一部單一的完成了的著作。不僅α、Δ和K卷明顯是插入的，而且即使是其餘各卷，也缺乏人們所期待的在一部單一作品中出現的那種思想的連續性。如果我們更加留意外在諸方面，同樣的事實亦會以其他方式給我們留下印象。值得注意的是，除了H、Θ、M和N卷之外，其餘所有各卷在開篇時都沒有一個連線性的小詞——這在亞里斯多德的著作中是罕見的現象[4]。因此，學者們一直把《形上學》視為由分散的論文合併而成的，其中有一些只包含單獨的一卷，另一些則含有小組群的卷次。該問題最晚近也是最充分的研究者[5]則把每一卷（除ZH卷這一組外）當作個別的論文來等待。我們將會看到，有理由相信這種對待在某種意義上是正確的，但

1　羅斯英文本的整個「導論」分為 5 個部分，分別用羅馬字 I、II、III、IV、V 標注，我們按中文習慣，將這 5 個部分標為 5 章，每部分下的小標題標為「節」。——中譯注

2　這一部分的譯文參考了聶敏里教授選譯的《20 世紀亞里斯多德研究文選》（華東師範大學出版社，2010 年）的第一篇譯文，在此對他表示感謝！——中譯注

3　羅斯英文本的頁碼為羅馬數字，現改為阿拉伯數字。——中譯注

4　僅有的其他明顯例證是《後分析篇》第 2 卷、《物理學》第 7 卷和《政治學》第 3、4 卷；在《物理學》第 2 卷、《論天》第 2 卷、《尼各馬可倫理學》第 7 卷、《政治學》第 2、7 卷、《修辭學》第 3 卷，各個手抄本是不一樣的。當然，《政治學》出現的問題和《形上學》一樣大。——原注（後面的每條注釋，凡是沒有注明「中譯注」的，均為羅斯原文所注，為求簡省，不再說明。）

5　耶格爾（Jaeger）：《亞里斯多德〈形上學〉發展史研究》（*Studien zur Entstehungsgeschichte der Metaphysik des Aristoteles*）和《亞里斯多德：發展史奠基》（*Aristoteles: Grundlegung einer Geschichte seiner Entwicklung*）。

在確定那種意義時，必須小心謹慎。

要想考察各卷之間的關係，我們應受以下兩個重要因素的指導：一是思想的關聯，二是一卷對另一卷明顯的提及。這些提及絕大部分都顯得像是眞實的；在許多場合，如果要不連帶地去掉很多內容，是難以把它們從文本中去掉的；而且就絕大多數情形而言，也沒有任何哪怕是表面的理由能夠使人想到它們是經後人之手插入的。因此，它們一直受到了學者們的重視，但對於它們的準確形式，卻總是沒有給予足夠的關注。

關於各卷的次序，重要的是區分可能被問到的兩個問題。一個是寫作它們的次序問題，第二個是它們作爲講義被講述出來的次序問題[6]。顯然，第一個問題回答起來非常困難。最爲可靠的證據可能是有關語法和文風方面材料的統計學意義上的證據，而這樣的證據一直以來是收集得非常稀少的。那些明確的提及幫助我們解決的只有第二個問題。但是，也存在這樣的假定，即：一般而言，講述的次序與寫作的次序應該是一致的。問題的複雜性可用《形上學》與亞里斯多德其他作品相關的年代爲例來說明。《形上學》回顧性地提到了《後分析篇》、《物理學》、《論天》、《論生成和消滅》和《倫理學》，卻沒有前引性地提及亞里斯多德的其他作品。《論生成和消滅》又回顧性地提到

---

[6] 《論題篇》184^b6 表明，《論題篇》是被高聲誦讀的，而且，ἀκροατής（聽講者——羅斯書中有不少希臘語單字或句子甚至段落，我們的處理辦法是照錄原文，並將中譯文以括弧形式附上，下同——中譯注）和 ἀκρόασις（聆聽）（此處我們會說成「學生」和「研究」）這兩個詞的使用也提醒我們，這也可能適用於亞里斯多德的其他著作。《尼各馬可倫理學》1104^b18 的 ὡς καὶ πρῴην εἴπομεν（正如我們不久前說過的）可能包含了講演或高聲誦讀的資訊。但是πρῴην既指「不久前」，也指「前天」。耶格爾（《亞里斯多德〈形上學〉發展史研究》第 145-147 頁）給出了如下假定的理由：亞里斯多德著作（各種對話或許除外）的發表由(1)高聲誦讀品和(2)聽衆們的抄本構成。

了Δ卷（336ᵇ29）。《物理學》有一處回顧性提及（191ᵇ29），它通常被認為指Θ卷，但既然Θ卷本身回顧性提及了《物理學》（1049ᵇ36），而《物理學》在192ᵃ35卻前引性地提到了《形上學》，而且顯然，提到的它的那個部分正是Θ卷所屬於的（ZHΘ卷），那麼，在191ᵇ29處的那個提及，就像《論生成和消滅》中的一樣，可能指的是Δ卷（*如像我們將會見到的，該卷或許比《形上學》的其餘各卷更早一些*）；該處提及興許指的是Δ卷1017ᵇ1。最後，《論動物的運動》回顧性地提到Λ卷（700ᵇ8），但這部著作是否為亞里斯多德所著還是有疑問的。這些就是在其他著作中對《形上學》的所有提及，而且它們暗示出，該著作處在全部亞里斯多德作品最晚的行列中。另一方面，源自措辭方面的證據（*僅就已被收集到的而言*[7]）使《形上學》不僅與《政治學》（*可能是他最晚的著作之一*），而且與《物理學》（*或許是他最早的著作之一*）之間建立了親緣關係。

15

第一節 [8]相關聯的論文

有各種理由可以推定，A卷構成了亞里斯多德形上學演講課程的第一部分。從歷史的考察開始，這完全是他的方式。A卷不以其他任何卷次為前提條件；只有一處提及B卷，即使提及的這一處（993ᵃ25），不過也是作為將要講到的內容，但B卷對A卷的提及則說成是「我們序言性的說法」（995ᵇ5），「我們最初

7　這是歐肯（Eucken）做的，見《論亞里斯多德的用詞規律》（*De Aristotelis dicendi ratione*）和《論亞里斯多德的語言習慣》（*Ueber den Sprachgebrauch des Aristoteles*）。

8　這裡的第1節和後面各小標題的序號第2、3、4節等都是我們為方便讀者起見加的，羅斯英文本沒有任何序號。——中譯注

的討論」（997[b]4）[9]。

就其本性而言，B卷也是為形上學的主要論文準備的序言。它列舉並辯證地討論了 14 個（或 15 個）問題。對於這位形上學家來說，並不是作為一份完備的提綱，而是作為他必須首先討論的問題才思考這些的（995[a]25）。B卷宣告自己緊隨A卷（995[b]5，996[b]8，997[b]4），而且值得注意的是，在這些段落的第二段使用的πάλαι（以前）一詞，在提及同一著作的較早部分時也是可以使用的（《物理學》254[a]16，《形上學》Z卷 1039[a]19，《政治學》1262[b]29、1282[a]15）。A卷和B卷之間緊密關聯的進一步跡象是A卷 983[a]21（參見 982[a]4）和B卷 995[a]24、996[b]3 對ή ἐπιστήμη ἡ ζητουμένη（所要尋求的那種知識）這個短語的使用，以及在「我們柏拉圖主義者」（A卷 990[b]9、11、16、18、23、991[b]7，B卷 997[b]3、1002[b]14）意義上第一人稱複數的使用。

16

對於《形上學》的結構而言，B卷的意義是顯而易見的。B卷可能是亞里斯多德的一份計畫，打算在以後的講課中完全實現。它也可能僅僅是一個概要，他並不想再深究下去。或者，它可能處在這兩種極端情形之間，即：對在B卷中以明確的形式提出來的那些問題，他討論一些，而另一些，他以一種新的樣式，且或許放在新的組群中去考慮，還有一些他擱置在一邊，甚或覺得自己根本不可能解決。我們將會看到，就我們透過留傳下來的東西所能判斷的而言，實際發生的情形可能真的有些像這樣。

9　柏拉斯（Blass）認為：Περὶ φιλοσοφίας（《論哲學》）的一些部分埋置在A、Λ、M卷中，他還透過文風的細緻和間隔的避用，區分出這些卷次的其餘內容（《萊茵博物院院刊》〔Rh. Mus.〕xxx. 485-497）；他的這種理論需要太超強的文本處理能力，否則難以令人信服。但是，Περὶ φιλοσοφίας的 3 卷分別地為A卷、MN卷和Λ卷構成了基礎。它們可能的內容在耶格爾的《亞里斯多德：發展史奠基》的第 125-170 頁中得到了很好的討論。

前 4 個問題[10]是關於形上學的可能性及範圍的：

⑴ 研究一切種類的原因是一門還是多門科學的任務？

⑵ 研究實體的第一本原[11]的科學是否也應研究證明的第一本原？

⑶ 是否有一門研究一切實體的科學？

⑷ 研究實體的那門科學是否也研究它們的性質？隨後而來的是
　　形上學實際上必須解決的 11 個問題。

⑸ 是否猶如可感實體一樣，還有非可感實體？如果有，它們是
　　否有多個種類？

⑹ 事物的第一本原是它們的屬還是其構成部分？

⑺ 最高的屬還是最近的種在本性上更是本原和實體？

⑻ 在個別事物之外，是否還有其他東西？

⑼ 第一本原在數目上還是種類上有限？

⑽ 可朽物和不可朽物的本原是否相同？

⑾ 單一和存在是實體還是屬性？

⑿ 第一本原是普遍的還是個別的？

⒀ 第一本原是潛能存在還是現實存在？

⒁ 數學對象是否是實體？如果是，它們是否與可感事物分離？

⒂ [12]相信「形式」（Forms）不同於可感事物和數學對象的根據　　17
　　是什麼？

　　Γ卷只包含了一處對 B 卷的明確提及，即在 1004ª33，提及

10　我在這裡遵循的是第 2 至 6 章的討論次序，它和第 1 章講述的次序相比，更有
　　邏輯性；在第 1 章裡，第 5 個問題放在第 4 個之前。

11　羅斯的英文是複數形式的 principle，按英文譯應為「原理」和「原則」，但由於
　　亞里斯多德的希臘原文是 ἀρχή（複數為 ἀρχαί），中文一般譯為「本原」，所
　　以我們據此翻譯。——中譯注

12　很清楚，這個問題（1002ᵇ12-32）只是前一個問題的附屬，在第 1 章中，也完全
　　沒有與之對應的。

的是第 4 個問題，除了清楚地回答這個問題之外，第 1、2 章也含蓄地回答了第 1、3 兩個問題（參見 1005^{a}13 處的結論性概述）。同樣，第 3 章對第 2 個問題給出了明白而肯定的答案（1005^{a}19-^{b}8，尤其是 ^{b}5-8 的概述）。但是，由於不滿足於斷定形上學應該研究證明的第一本原問題，亞里斯多德實際上繼續討論了它們，並在Γ卷的其餘部分專心於此。這種處理程序，即透過B卷中多少有些正式的問題形成進一步討論的起點，在其他的關聯中我們還會再次遇到。當然，ABΓ卷的統一是確實無疑的。有待弄清的是，其他各卷中有多少構成這同一整體的部分。

E卷對B卷的問題沒有任何正式的提及。但實際上，它承接了Γ卷中對第一個問題給出的答案（參見開篇的那些話和Γ卷 1003^{a}31），並且進一步規定了形上學關涉的那個作為存在的存在的本原的含意。它在兩個方向上釐清了這個問題。(1)除堅持形上學研究存在之為存在（being as such）這一觀點之外，還發展出了一個不曾觸及過的觀點，即，它研究一特殊種類的存在，這類存在既具有分離的、實體性的實存，又擺脫了變化，一方面區別於數學等的對象，另一方面，也不同於物理學的對象。透過斷言這類存在（如果它實存）先於其他種類的存在，並且關於它的科學是首要的因而也是普遍的，它力圖使這兩個觀點協調一致。(2)它指出，「存在」在不由形上學研究的兩種意義上被使用：(a)偶性的存在，即「A是B」，僅僅由於某種東西偶性地附隨A或附隨B，(b)「作為真的存在」。第一種存在全然不能被研究；第二種存在大抵是由邏輯學研究。

在E卷和ABΓ卷之間是否存在某種真實連繫的問題，一直有

人時不時地表示過懷疑[13]。但這種懷疑已由下面的事實所解決：K卷的第 1 部分（它無疑是一份極為古老也可能相當不錯的學生筆記，而講課的正是亞里斯多德自己）是ΒΓΕ卷中所討論論題的一種連續性的相似處理。

顯然，ΖΗΘ卷形成了一部相當連續的作品。不僅在Η卷和Θ卷的開篇處有連線性小詞，而且Ζ卷前引性地提及了Η卷[14]，而Η卷則以對Ζ卷的概述開始（1042ᵃ3-22），Θ卷用暗含密切關聯的語言回顧性地提及Ζ卷[15]。在Η卷和Θ卷中對Ζ卷的其他提及[16]確實有相對獨立的寓意，但顯而易見，這僅僅是一個更大整體的各部分可以具有的那種獨立。

再者，Θ卷把Ζ卷作爲「我們開初的討論」[17]而提及的做法，也顯然寓意著，ΖΗΘ卷在某種意義上是有別於ΑΒΓΕ卷的一組論文。這兩組論文通常（就像布蘭迪斯〔Brandis〕和博尼茨〔Bonitz〕）被視作協調相隨，並構成了《形上學》的脊梁：耶格爾觀點的主要特徵之一，是他相信ΖΗΘ卷不屬於這個「脊梁」[18]。必須評說它的論證。這些論證如下：

---

13 例如：那托普（Natorp）在《哲學月刊》（*Philosophische Monatshefte*）xxiv，第 37-65 頁及第 540-574 頁中。策勒爾（Zeller）在《哲學史文獻》（*Archiv für die Geschichte der Philosophie*）ii，第 265 頁以下給予了回應。那托普試圖表明，E 卷包含有一個關於形上學主題問題的觀點，該觀點與ΓΖ卷中含有的不相容，所以必定是爲作，但他沒有成功。

14 1037ᵇ20 幾乎不可能指Ζ卷第 12 章，因為它差不多是直接相隨的。它指的必定是 Η卷第 6 章，1039ᵃ22 指的也可能是這一章。

15 1045ᵇ28 只用了εἴρηται（已經說過），31 則是ὥσπερ εἴπομεν ἐν τοῖς πρώτοις λόγοις（正如我們在前面的言論中所說過的）。

16 1043ᵇ16 ἐν ἄλλοις（在另一些……），1049ᵇ27 ἐν τοῖς περὶ τῆς οὐσίας λόγοις（在那些關於實體論說的……中）（參見Ζ卷 1037ᵇ10）。

17 1045ᵇ32（參見《形上學》Ζ卷 1029ᵇ1 的ἐν ἀρχῇ（在開始中））。

18 在耶格爾的《亞里斯多德：發展史奠基》刊行之前，後面的批評（直到本書的 xxi頁）已經在印刷中了，因此，所提及的是他在《亞里斯多德〈形上學〉發展

(1) M卷（他相信它構成了主要論文的一部分）爲處理可感實體
而提到的不是ZHΘ卷（雖然它們的主要內容是這個主題），
而是《物理學》（耶格爾，第 97 頁）。耶格爾在解釋 1076ª9
處的ὕστερον（在後的）時仿效博尼茨，認爲提及的是《物理
學》中一處較晚的論述。但是，μὲν...δέ（……和……）[19]使這
種解釋站不住腳。博尼茨這種極不自然的解釋的唯一理由建
立在MN卷對ZHΘ卷不再有其他提及之上。但是，N卷中有一
段（1088ᵇ24）也許提及到的是Θ卷，而且，Z卷和H卷都當作
較晚出現的東西提到MN卷中的討論（1037ª12，1042ª22）。
即使假定只有 1076ª9 一處，那也很清楚，它提及的是ZHΘ
卷[20]。

耶格爾認爲，1086ª23 更爲清楚地表明，ZHΘ卷不構成主要
的形上學論文的一個部分。他認爲該處表明，既然ZHΘ卷涉
及的是可感實體，它們就是物理學而不是形上學。該段話的
意思會有很不相同的理解。它說的是，那些僅僅認可可感實
體的思想家們（即前蘇格拉底哲學家們）的觀點，一方面已
在《物理學》中被討論過了，另一方面，也不適於現在的探
究，也就是說，他們的觀點之所以對現在的探究不恰當，正
是因爲現在的探究被限定在非感性實體上。在A卷，當他還沒

史研究》中的論證。我發現自己與他更爲晚近的觀點是一致的，即《形上學》
（Λ卷除外，因爲它原本就是一篇獨立的論文）最早的部分是A卷、K卷的開頭
至 1065ᵃ26、M卷 1086ᵃ21 至N卷末尾；BΓE卷是K卷開頭至 1065ᵃ26 後來的改
寫，M卷開頭至 1086ᵃ21 是M卷 1086ᵃ21 至N卷末尾後來的改寫。ABΓE卷、ZHΘ
卷、MN卷，以及I卷，似乎是在αΔKΛ卷加進去之前，已經逐漸形成爲一個整體
了。

19 在希臘語中μέν和δέ都是小品詞，當它們以「μὲν...δέ...」的形式出現在句子中
時，往往表示所引導的兩部分內容具有連接、對比等關係。——中譯注

20 耶格爾現在（《亞里斯多德：發展史奠基》第 212 頁以下）也認爲是如此。

有把他的主題收縮到非感性實體之前，他實際上討論了他們的觀點。該段話並不意謂對可感實體的討論不適合形上學，而僅僅是指，它不適合現在這個階段的探究。

(2)不僅E卷 1026ᵃ16、19、27-32 等處，而且Z卷和Θ卷本身（1037ᵃ10-17、1048ᵃ25-30）就寓意著，形上學關涉的，只是不可感的存在，雖然事實上，ZHΘ卷卻同時充塞著可感存在（耶格爾，第97頁）。

爲了回應這個論證，必須指出，E卷本身是把兩個觀點結合著的，一個觀點是，形上學研究不可變的實體，另一個觀點是，它研究存在之爲存在的本性，一切存在共同的本性。現在，當我們詢問ZHΘ卷主要關涉什麼時，最爲恰當的答案或許是在M卷 1076ᵃ9 給出的：「在可感存在中現實的或形式的要素。」這些卷次首要研究的，不是可感存在的質料，而是形式要素，它對可感和不可感的存在是共同的，並因此而是存在之爲存在的本原。它們之所以研究它，首先是因爲它在可感實體之中，這又正是由於這些可感實體是ὁμολογούμεναι（大家都認可的），而且，也是作爲在其純粹性中對它進行研究的預備（Z卷 1037ᵃ13，1041ᵃ7，H卷 1042ᵃ22-25）。爲把它們自己說成與可感存在相關，ZH卷承認自己對於形上學主要對象而言只是預備，但肯定不會承認自己作爲形上學論文的部分是不恰當的。而且，以同樣的口氣，它們也前引性地把MN卷指定爲同一篇論文的未來一部分（ὕστερον〔在後〕，1037ᵃ13，1042ᵃ23）。

20

(3)ZHΘ卷沒有繼續討論在B卷中系統講述的那些問題。E卷已經指出，形上學的主題是不可感的存在：在ΓE卷討論了四個預備性的問題之後，第一個問題，就是是否有不可感的實體存

在的疑問（B卷，997^{a}34）。因此，無論B卷還是E卷，都引導我們期盼著對不可感實體，而不是對可感實體下一步的討論。再者，ZHΘ卷根本就沒有涉及B卷中提出來的那些問題（耶格爾，第 101、102 頁）。

必須承認的是，在ZHΘ卷中確實沒有明確地提到B卷，而且，這些卷次也沒有以太多的詞句討論那裡提出的任何問題。ZHΘ卷構成了一個相對獨立的整體。但是，它們呈現出與Γ卷第 3 至 9 章所呈現的非常相似的現象。正如在那裡[21]一樣，當亞里斯多德表明了研究公理是形上學的任務（並因此而回答了他的第二個問題）之後，他就立即繼續研究它們，在這裡也如此，在表明了形上學研究實體（並因此而回答了他的第三個問題）之後，他即刻討論它，並擱置對B卷中提出的進一步問題的討論。同樣的現象也會在I卷發現。

即便ZHΘ卷沒有提及B卷，那麼事實依然是：(a)不僅M卷，而且I卷（1053^{b}17）—— 耶格爾正確地主張它們兩卷屬於主要的論文，當然，是就真的存在有一部主要論文而言的 —— 使用的語言都意謂ZH卷在以前就已出現[22]，(b)E卷用「晚近的」一詞（1027^{b}29）前引性地提及Θ卷，當然，Z卷和H卷也使用了相同的詞提及M卷（1037^{a}13，1042^{a}23）。因此，ABΓEZHΘMN卷的次序好像是被確定了。但是，ZHΘ卷構成了使B卷的問題在一定程度上淪為背景的部分。

(4) Z卷把理念論視為沒被批駁過的對象（第 14 章）。但是，它在A卷第 8、9 章裡早已被批駁過了（耶格爾，第 111 頁）。

---

21 該處的「那裡」，指《形上學》Γ卷第 3 至第 9 章，後面的「這裡」，則指ZHΘ卷。——中譯注

22 此外，N卷 1088^{b}24 興許提到Θ卷 1050^{b}7 以下。

要回應這個論證，必須說明兩點：

(a) MN卷也把這個理論當作沒被批駁過的。耶格爾本人相信，當亞里斯多德寫作MN卷時，A卷第8、9章就從課程中撤出了，因為它們被MN卷中更為充分的討論所替代。那麼，ZHΘ卷難道不可以屬於這後一種課程形式嗎？

(b) 在Z卷中對理念的批駁僅僅是從一種特殊的觀點出發進行的批駁；它是該卷第13章中對主張視普遍為實體的討論的附屬物（參見H卷 1042ᵃ15）。在亞里斯多德那裡，這個主題是如此的重要，以至於對他來說，從不同的觀點出發進行不止一次的討論就是自然而然的事情了。

透過E卷收篇之詞與Z卷開篇之詞的比較，Z卷和E卷的關係似乎顯得是最容易被建立起來的。但是，儘管假如沒有Z卷相隨，E卷的收篇之詞會毫無意義，但如若相隨了，那它們就產生出難以忍受的重複。很清楚，它們是後來加進的，類似於在所有抄本中發生於α卷結尾處的情形，在Aᵇ本[23]中，Γ、H、Ι卷結尾處的話亦如此。當然，從下面的事實顯而易見，ZHΘ卷與E卷確有實質性的連續：ZH卷和Θ卷各自討論的兩種意義的存在，即作為被分類為範疇的存在和潛能—現實的存在，E卷均宣稱為是形上學的主題。

耶格爾曾經指出[24]，MN卷包含著對學院[25]派理論較早的和較晚的討論（M卷 1086ᵃ21 至N卷末尾，M卷開頭至 1086ᵃ18）。較早的形式與AB卷有密切關係：耶格爾指出，在M卷 1086ᵃ21

---

[23] 亞里斯多德的《形上學》在古代有眾多不同的手抄本，Aᵇ是其中一種的編號。——中譯注

[24] 《亞里斯多德：發展史奠基》第 186-199 頁。

[25] 柏拉圖學院所在地，此處應為學院派的代稱。——中譯注

至末尾，提及AB卷的地方比Z至Λ卷中的全部還多（1086^{a}34，^{b}2、15）。1086^{b}20-32 使我們想起B卷 999^{b}27-1000^{a}4（問題9），1086^{b}32-37、37-1087^{a}4 使我們想起 1003^{a}13-17、7-9（問題12）；解答出現在 1087^{a}7-25。但是，較後的版本（version）也提到B卷（1076^{a}39，^{b}39）。M卷第 1-9 章特別專注於對問題 5 的解決（參見 1076^{a}19 與 997^{a}35 的關聯）。

M卷呈現出一幅特別稀奇的景象——在該卷第 4、5 章中（1078^{b}34-1079^{b}3，1079^{b}12-1080^{a}8），重複了在A卷 990^{b}2-991^{b}8 中提出的反對理念論的論證，尤其是逐字重複；這種現象也出現在該卷第 6 至 9 章，當這裡展開針對理念數的論辯時，完全忽略了在A卷 991^{b}9-993^{a}10 中對它們的論辯。毫無疑問，在兩個地方中出現的重複段落均屬亞里斯多德論文之列。對這種二次出現現象最為合理的解釋是，當亞里斯多德不得不第二次涉及相同的主題時，他覺得，他過去對此的處理已經充分表達了自己的觀點，所以，就再次使用了（參見 Δ 卷第 2 章和《物理學》第 2 卷第 3 章的同一）。某些細微的差異[26]使我們能夠有信心給出兩處說法的相關年代。在A卷中，亞里斯多德幾次說「我們」，這裡很清楚，「我們」意指「我們柏拉圖主義者」，即，A卷屬於亞里斯多德依舊是一位柏拉圖主義者的時期，雖然是一位批判的柏拉圖主義者。耶格爾的下述推斷（《亞里斯多德〈形上學〉發展史研究》第 34 頁注釋 2）極有可能成立：該卷可能是亞里斯多德在西元前 348-345 年住在阿索斯（Assos）期間讀給柏拉圖派圈內的人聽的。在M卷中，他用的是第三人稱柏拉圖主義者，而且至

---

[26] 見為A卷第 9 章作的注釋。

少在一句例證中[27]批判更爲尖銳；該卷屬於他與柏拉圖學院。明確決裂，並已作爲一名獨立的教師亮嗓的時期。可以假定，當他寫出了M卷時，就從他的課程中略去了A卷第 9 章；不然的話，那種重複就太壞名聲了。

　　顯然，I 卷是一篇或多或少獨立的論文，處理的是「一」[28]及類似概念的本性問題。《形上學》的其他任何一卷，都沒有提到它。但是它卻在 1053[b]10 提到B卷，而且不僅是提及，還是B卷中討論「一」的問題（1001[a]5-24）的大部分內容的摘要（1053[b]11-24）。在這裡，我們明顯擁有了亞里斯多德對於第 11 個問題的正式回答。從解決在B卷中提出的關於「一」的問題開始，他順次地引向討論關於它的其他問題。然而，該卷在另一種意義上也與B卷相關聯。在 995[b]20，亞里斯多德曾提出這樣的問題——研究相同、相異、相似、不相似、相反，到底是誰的事情？在Γ卷的 1004[a]17，他曾回答說，這是形上學家的事情。對它們實實在在的討論，卻是出現在I卷第 4 至第 10 章。我們也看到，I卷回顧性地提到Z卷（1053[b]17）。那麼很清楚，它屬於主要的論文，雖然與它的其餘問題的關係有些鬆散。同樣明顯的

23

27　參見 990[b]4，1078[b]36。A卷的調子甚至比《論題篇》和《分析篇》的還少尖銳；參看《後分析篇》83[a]32 τὰ γὰρ εἴδη χαιρέτω · τερετίσματά τε γάρ ἐστι, καὶ εἰ ἔστιν, οὐδὲν πρὸς τὸν λόγον ἐστίν（該與理念說再見了，因為哼的是無稽之談，而且，即使存在，也與道理毫不相干）。當然，正如格蘭特（Grant）所提示的，也有可能亞里斯多德在經過一個時期對柏拉圖主義的強烈反對之後，採取了一種較為友好的態度；但是，對立的觀點似乎更有可能成立——A卷比M卷、《論題篇》和《分析篇》更早。M卷充斥的原始理念論的內容較少，更多的是柏拉圖、斯彪西珀斯（Speusippus）、克塞諾克拉特斯（Xenocrates）的數目理論，這個事實本身是它晚近性的強有力證據。

28　這裡的英文是unity（可譯為「單一」），也沒有引號，我們按苗力田先生在《亞里斯多德選集·形上學卷》（中國人民大學出版社 2000 年 8 月）中的譯法，譯為「一」，同時為避免讀者理解誤會，特加上引號。——中譯注

是，它在邏輯上出現於MN卷之後，而不是之前。否則，它就阻斷了在ZHΘMN卷中承擔的對實體本性的討論[29]。M卷的開篇之辭表達得相當明白：亞里斯多德剛剛結束了他對可感實體的討論。還應該注意到，N卷 1087^{b}33 沒有提及I卷第 1 章對「一」的更為充分的論述，這暗含著，I卷並不先於N卷。

　　那麼，情形似乎就是，ABΓEZHΘNMI構成了一部或多或少有些連續性的著作。毫無疑問，在梅納熱那份匿名的（Anonymus Menagii）亞里斯多德著作目錄中出現的就是那部 10 卷本的《形上學》。但是，它不是一部完成了的作品。如果我們問，B卷提出的問題在後來的卷次中是如何處置的，那麼，答案可以有如下述：

　　問題一的回答在Γ卷第 1、2 章（雖然不是按提出它的那種規範的形式），進一步的闡明則在E卷。存在之為存在的本性，是在ZH卷和Θ卷中討論的，這種存在，因此而被表明是形上學的主題，它被界定為排除偶性的存在和作為真的存在，包含「範疇意義上的存在」和「潛能與現實意義上的存在」。

　　問題二是在Γ卷第 3 章 1005^{a}19-^{b}8 回答的，而且，因此被宣稱屬於形上學的這個論題，在Γ卷的其餘部分也有考察。

　　問題三是在Γ卷第 1、2 章（尤其是 1004^{a}2-9）和E卷第 1 章回答的，對實體的進一步考察，則在ZH卷。

　　問題四是在Γ卷第 2 章 1003^{b}32-1005^{a}18（1004^{a}32 也明確地提及了這個問題）論述的。實體的某些主要屬性，則在I卷第 4 至第 9 章得到了進一步的考察。這樣，關於形上學的可能性及範

29　需要記住的是，《形上學》HΘMN卷恰好是第一句話都有一個連接性的小詞的那些卷次。如果ZHΘMN卷構成一個討論的關聯群組，這乃是我們應當期待的。

圍的所有預備性問題，都在Γ卷中找到了答案。

問題五是在MN卷中處理的。但是，這裡的這種探究，是對畢達哥拉斯派人士和柏拉圖主義者觀點的審查，對於亞里斯多德觀點的陳述而言，僅僅是個序言（πρῶτον τὰ παρὰ τῶν ἄλλων λεγόμενα θεωρητέον〔首先必須考察來自其他人的那些說法〕，M卷，1076ᵃ12）。M卷 1076ᵇ1、1077ᵃ1 明確提到了這個問題。

問題六和七沒有在任何地方做出專門的處理。但是，在Z卷第 13 章，附帶地給出了亞里斯多德對它們的答覆（對問題六的還參見Z卷第 10 章 1035ᵃ24、30；對問題七的再參見Z卷第 12 章 1038ᵃ19）。

問題八沒有專門的回答，但亞里斯多德對它的態度可以從Z卷第 8、13、14 章和M卷第 10 章中蒐集而出來。

問題九是在M卷第 10 章中回答的。

問題十沒有專門的處理，但亞里斯多德的觀點可以從Z卷第 7 至 10 章中蒐集出。

問題十一的回答在Z卷第 16 章 1040ᵇ16-24 和I卷第 2 章。I卷第 2 章 1053ᵇ10 明確提到它。

問題十二的回答在Z卷第 13 至 15 章和M卷第 10 章。M卷第 10 章 1086ᵇ15 明確提到它。

問題十三沒有專門作答，但亞里斯多德的答案可以從他現實先於潛能的學說（Θ卷第 8 章）中推演而出。

問題十四的回答在M卷第 1 至 3 章、第 6 至 9 章，N卷第 1 至 3 章、第 5、6 章，雖然不是專門提及的。

問題十四a沒有在任何地方作專門處理，但可以參見M卷第 10 章。

因此，從總體上看，B卷的計畫得到了很好地執行，雖然有

幾個問題沒有按照最初提出它們時那樣的形式來處理。亞里斯多德思考形上學問題的方式，在他對它們研究的過程中發生了某種變更，這是極其自然的。他讓自己的思想追隨「論辯之風」；但他絕沒有完全忘記B卷中提出的那些問題，並使我們不時地想到它們。

第二節　外在的各卷

　　尚待考察的還剩 4 卷，即α、Δ、K和Λ卷。在這些卷次中，α卷顯然阻斷了A和B卷之間的連繫。它沒有提及其他任何一卷，也沒有被任何一卷所提及。有些人試圖透過在 995ᵃ19 處插入對出現在B卷 995ᵇ5 的短句的隨意闡釋，把它和B卷連接起來，但這種企圖已被亞歷山大（Alexander）一勞永逸地揭穿了。該卷的標題就出賣了自己，表明它是在其他各卷早已編定號碼之後，後來，甚至有可能是最後插入性地附加到了《形上學》軀幹上的。最古老的抄本之一（E本）有一種注釋性說法，即：絕大部分學者都把該卷歸到了羅得島的帕西克勒斯（Pasicles of Rhodes）名下，他是亞里斯多德的一名學生，優苔謨（Eudemus）[30]的外甥[31]。亞歷山大（137.2）、阿斯克勒皮烏斯（113.5）和色利阿魯斯（Syrianus）（1.7、14.26、37.9、98.9）都認爲它是亞里斯多德寫的。亞歷山大對它所處的恰當位置有疑問，並且認爲它對於一般意義上的θεωρητικὴ φιλοσοφία

30　一般中譯爲歐德謨斯，這裡從苗力田先生在《亞里斯多德選集：倫理學卷》
　　（中國人民大學出版社，1999 年 12 月）中的譯名。——中譯注
31　阿斯克勒皮烏斯（Asclepius）（4.20）斷言，有些學者認爲A卷是由帕西克勒斯
　　寫的；這或許是由於A卷和α卷之間的一種混淆。

（思辨哲學）而言，是一篇殘破不全的序言（137.3-138.9）。他們都正確地認為，無論是思想，還是其語言，都完全是亞里斯多德式的。但是，該卷 3 章之間關聯性的缺乏，有力地強化了耶格爾的觀點：我們在其中擁有的，只是帕西克勒斯對亞里斯多德講演的些許零散性的筆記。該卷結束時的詞句相當清楚地表明，這個演講是物理學方面而不是形上學方面的一門課程的緒言（參見亞歷山大，137.13），所以，我們在這裡不得不應付這樣的情形：那些把他們手上現成發現的如此這般的材料抽出來和《形上學》放在一起的人，犯了判斷上的錯誤（阿斯克勒皮烏斯 4.4，參見亞歷山大 515.9）。

Δ卷明顯放錯了地方，同樣明顯的是，它是真正的亞里斯多德著作。該卷在E、Z、Θ和I卷中都被提到，正如在《物理學》和《論生成和消滅》中被提到一樣——或者被意思含糊的短語 ἐν ἄλλοις（在另外一些地方），或者是像 τὰ περὶ τοῦ ποσαχῶς（論多種意義諸問題），或者用這個題目的某種變化形式來提及；而且，在這個題目之下，它出現在第奧伊根尼·拉爾修（Diogenes Laertius）的名單之中，《形上學》本身卻沒有出現在其中。對《形上學》而言，它是有用的預備，但不是特別為它而做的預備。該卷討論的一些概念（例如：κολοβόν〔損害〕、ψεῦδος〔虛假〕）並不適合於《形上學》，並且，它顯然比物理學的著作更早，《形上學》的其餘部分就其現存形式而言，則更晚。

K卷由兩個完全不同的部分構成，且體現了兩個不同的問題。1059ᵃ18-1065ᵃ26 包含著對BΓE卷內容的較短敘述；1065ᵃ26-1069ᵃ14 則包含了對《物理學》第 2、3、5 卷一系列內容的抽取。這兩個部分之所以被巧妙地連接在一起，是由從偶性（它是E卷第 2、3 章的主題）到機會（它依據偶性而被界定）的轉移

提供的。K卷沒有被其他任何卷次所提及[32]，但它的第 1 部分卻預設了A卷爲前提（1059ᵃ19），且含有對較晚一卷（Λ卷？）一處不明顯的提及（1064ᵃ36）。對第 1 部分的考察表明，它不是對ΒΓΕ卷的機械性釋義（如像一位學生或許會做的那樣），而是對相同論題的獨立性處置，只不過省略了不少（例如：1002ᵇ32-1003ᵃ5，1007ᵃ20-ᵇ18，1008ᵃ7-ᵇ12），重新排列了不少，也插進了不少自己的東西（例如：1059ᵇ14-21、30、38，1061ᵃ20-ᵇ3，1065ᵃ14-21）。無論思想還是有著一個例外的語言，都完全是亞里斯多德式的。這個例外是，在 1060ᵃ5、17、20、ᵇ3、12，1061ᵇ8，1062ᵇ33 等處，對γε μήν這兩個小品詞的組合使用[33]。這並不證明它不是亞里斯多德所寫；一位作家可以在他生命的某一時期使用一個短語，後來又放棄它，況且策勒爾也指出，δέ γε顯然只是在《物理學》、《形上學》和《政治學》中使用，τε...τε則幾乎被限定在《政治學》和《倫理學》。但是，只要K卷的內容被認爲是亞里斯多德的，實際的形式到底是由於亞里斯多德，還是由於記錄下亞里斯多德演講的某位學生，並不是多大的問題。它太小的篇幅（在與ΒΓΕ卷比較的意義上），與其說支持了K卷代表的是一位學生的筆記——但不是與我們在ΒΓΕ卷擁有的同一的演講課程的筆記（它對那個演講而言，是極爲獨立的）——的觀點，倒不如說支持了這樣的觀點：它是在另外的場

32　Ι卷 1053ᵇ10、Μ卷 1076ᵃ39 和ᵇ39、1086ᵇ15 的那些提及，指向的是Β卷 1001ᵃ4-24、998ᵃ11-15 以及 997ᵇ12-34、999ᵇ24-1000ᵃ4 和 1003ᵃ6-17，而不是指向K卷中 1060ᵃ36-ᵇ6、1059ᵃ38-ᵇ14、1060ᵃ28-30 和 19-23 那些較少細節相似性的內容。

33　οὐδὲ μήν（沒……）在K卷這個部分出現兩次，卻沒發現它在亞里斯多德著作的其他地方出現（除了《物理學》第 7 卷之外，而該卷的真實性一直受到嚴重懷疑）。但是，反對K卷真實性的這個證據會被下面的事實削弱：在整部《形上學》中，對μήν的使用要比亞里斯多德的絕大部分著作經常得多。

合開出的相應的課程。

我們甚至可以推測，K卷代表的是一門比ΒΓΕ卷更早開出的課程。B卷似乎意味著理念學說還沒有被批駁；[34]即它屬於這樣的一門課程——A卷第 9 章被刪除，理念留待M卷再去討論。另一方面，K卷則意味著理念已被批駁（1059[b] 3）；即它屬於這樣的時期——第 9 章仍被保留在A卷中，沒有被M卷中它後來的形式所取代。[35]

K卷的後一部分建立在完全不同的根基上。它由幾乎逐字逐句源於《物理學》的選摘構成，沒有任何獨立的論述。挑選的技巧相當熟練，對所涉主題的說明非常清楚。挑選者對定義有一種特別的偏好（參見 1065[a]27、30、35、[b]1、16、22、33、1066[a]35，1067[b] 21、23，1068[b] 20、26、27、30、31，1069[a]1、5）。要確定這些選摘是亞里斯多德本人為了開設物理學論題方面的概要課程而做，還是某位學生所為，似乎是不可能的。如若是學生所為，那就很清楚，在他面前已有《物理學》的文本，而不是簡單地從亞里斯多德演講的筆記中去抽取；字句的相似性（甚至到小品詞）太大，以至於需要容許這後一種假定。K卷的這兩個部分合成單獨的一卷，反映出一個奇妙的問題；當一位編輯者發現一組論文以對偶性的討論結束，另一組論文則以對機會的討論開始時，就把它們放在一起，以裝配出尺碼合適的一卷，這樣做是極其自然的。無論如何，我們必須把第 2 部分看作是《形上學》的侵入者，因為設想既把物理學中又把形上學中的問

27

---

34 否則，在 997[a]35 說明的第 5 個問題就變得沒有意義了。正如耶格爾所指出的，997[a]3 預設A卷第 6 章對理念論的說明，而不是A卷第 9 章對它的批判為前提。

35 耶格爾在《亞里斯多德：發展史奠基》第 216-222 頁中指出，在K卷第 1 部分，有幾種跡象表明，亞里斯多德的立場比ΒΓΕ卷中的更加靠近柏拉圖主義傳統。

題弄進一室，進行一次單獨性的討論，是相當違背亞里斯多德原則的。

我們最後來考察Λ卷。Λ卷沒有提及《形上學》的其他各卷[36]。在其他卷次中，可能涉及Λ卷的有三段話。E卷 1027ᵃ19 說，關於每一事物都「大抵如此（for the most part）」還是有些東西永恆的問題，必須在以後討論，但除了在Λ卷第 6 至 8 章中外，並沒有做過。K卷 1064ᵃ36 更為明確地說，「如果有這種性質的（分離的和不動的）實體，那麼，我們將試圖證明它有」。另一方面，在Z卷 1037ᵃ12 中提到的是對這個問題──「是否有遠離可感實體質料的另一種實體，以及我們是否必須尋求不同於諸如數目或種類之類的某種實體」──的以後討論，指涉的似乎更有可能是MN卷。而且，其他兩處指涉性的話或許可能是一篇論文已佚失（或者從未寫過）的肯定部分，MN卷則是該論文序言性的批判部分（參見M卷 1076ᵃ10 中對該問題的表述：「是否有一種與可感實體分離的、不變的和永恆的實體」）。[37]因此，從這些指涉，根本不能做成支持Λ卷和《形上學》其餘卷次之間真實關係的證據。它呈現出一篇獨立作品的所有外貌。它的第一句話就把自己宣告為對實體的討論，根本沒有提及這個事實：ZH卷早已非常廣泛地處理過這個主題。

它的前 5 章討論可感實體的根本本性，因此而覆蓋了和ZH卷相同的領域，但它處理這個主題卻非常獨立，而且在某種意義

---

36 1072ᵃ4 的 εἴρηται δὲ πῶς（以某種方式已經說過了）被博尼茨正確地看成不是提及Θ卷第 8 章，而是提及Λ卷 1071ᵇ22-26；εἴρηται除了指同一卷或關係非常緊密的卷次的前述段落外，絕對地（simpliciter）幾乎不能指任何東西。

37 Λ卷自身不可能是MN卷的獨斷性續篇；它的兩個部分之間的關聯（參見該(b)卷第 6 章 1071ᵇ3 對第 1 章 1069ᵃ30 的提及）阻止了這種可能性。此外，1075ᵃ25 以下的話包含著一個爭辯，假如MN卷出現在前，該爭辯就無必要了。

上，它與《物理學》而不是《形上學》的其他卷次有著更多的親緣性；它和《物理學》第 1 卷第 6 章一樣，把可感實體分析成形式、缺失和質料（1069^{b}32，1070^{b}11-29，1071^{a}8、34），可將兩者對照。還要注意的是，ZH 卷主要充塞的是把可感實體分成形式和質料的邏輯分析，Λ 卷則更多從事的是對實存的可感事物的原因闡釋，所以，它出現在某個早期階段，並始終堅持動力因的必然性（1069^{b}36、1070^{a}21、28、^{b}22-35，1071^{a}14、20-24、28、34）。這樣，它就為宇宙有個單一的動力因的必然性證明準備了方式。

Λ 卷第 1 部分討論的所有這一切都極其簡潔。它所呈現出來的，更像為論文準備的筆記，而不是一篇實在的論文，這種性質，被以 μετὰ ταῦτα ὅτι（即「在此以後，記得說……」）開頭的兩句話（1069^{b}35，1070^{a}4）明白表示出來。

從這個事實——Λ 卷使形上學的存在以共同適用於不可變實體和物理學對象的某種本原的缺乏為條件（1069^{b}1）——出發，耶格爾推斷（《亞里斯多德〈形上學〉發展史研究》，第 122 頁），亞里斯多德本人到此時為止，還不確信有諸如形上學這樣的東西，所以，Λ 卷必定早於 ΓΕ 卷，早於 ZHΘ 卷，也早於《物理學》中明確斷言形上學存在的所有卷次，而且，它必定屬於 AB 卷時期，在這個時期，形上學正在被尋求，是 ἐπιστήμη ἐπιζητουμένη（在被尋求的科學）。他進一步認為（同上書，第 123 頁），上面的推斷被下述事實加強：在 Λ 卷中，形上學缺乏任何名稱，無論是 θεολογική（神學），還是 πρώτηφιλοσοφία（第一哲學）。但是，耶氏的第一個論證是不能令人信服的；人們也可以論辯說，Ε 卷是早期作品，因為 εἰ δ᾽ ἔστι τιςοὐσία ἀκίνητος, αὕτη προτέρα, καὶ φιλοΣοφία πρώτη（1026^{a}29）（如果

有某種不動的實體，她[38]就是在先的，並且是第一哲學）也是
條件句的表述。從少數幾頁中哲學名稱的沒有出現出發，是不
能推斷出什麼來的；而且事實上，σοφία（智慧）這個名稱出
現了（1075[b]20）。雖然與《物理學》類似的思考方式暗示爲
早期的起源，但這被認爲是可疑的，因爲其中提到了卡里普斯
（Callippus）的天文學理論，而他的年代幾乎不能被斷在西元前
330-325 年之前[39]。

剩下有待考察的是克里斯切（Krische）和郭德刻梅耶爾
（Goedeckemeyer）的觀點。他們認爲Λ卷第 1-5 章與K卷第 1-8
章是連續的，提供的是與ZHΘ卷的對應，正如K卷的那些章節提
供的是與BΓE卷的對應一樣[40]。必須指出，Λ卷第 1-5 章和ZHΘ
卷之間的親緣程度與K卷和BΓE卷之間的親緣程度沒有任何的相
似。Λ卷第 2、3 章和Z卷第 7-9 章的確有一般的相似性，但除此
之外，就幾乎沒有接觸點了。Λ卷沒有承接K卷第 1、2 章提出的

38　這裡的「她」係直譯，指「這門科學」，而不是指前面的「實體」。——中譯
　　注
39　參見赫斯（Heath）《薩摩斯的阿里斯塔庫斯》（*Aristarchus of Samos*），第
　　197、198、212 頁。耶格爾在《亞里斯多德：發展史奠基》第 229 頁以下陳述
　　了Λ卷屬於早期作品的其他而且更為有力的論證。比較Λ卷開卷處的注釋。他論
　　證說（第 366-379 頁），除 1074[a]31-38 之外，Λ卷第 8 章是後來加上去的，而此
　　時，歐多克索斯（Eudoxus）和卡里普斯的探究已經使得亞里斯多德確認，有必
　　要構造出更為精巧的天體運動的原因理論，而不僅僅論及第一動者。
40　克里斯切，《對古代哲學之領域的研究》（*Forschungen auf d. Gebieter alten
　　Philos.*）i，第 263 頁以下，郭德刻梅耶爾，《哲學史文獻》xx，第 521-542 頁；
　　xxi，第 18-29 頁。郭德刻梅耶爾認為以下段落是對應的：
　　1069[a]18-[b]2=Z卷第 1、2 章。
　　1069[b]3-34=H卷 1042[a]24-1044[b]20。
　　1069[b]35-1070[a]9=Z卷 1032[a]12-1034[a]7。
　　1070[a]9-13=Z卷 1029[a]2-7 或H卷 1042[a]26-31。
　　1070[a]13-30= H卷 1043[b]19-23，Z卷 1033[b]19-1034[a]8。
　　他他承認，Λ卷第 4、5 章在先前的各卷中沒有對應。

那些問題。還要注意的是，Λ卷第 1-5 章的相對尺碼和K卷第 1-8 章極不相同：K卷第 1-8 章的長度大約是BΓE卷的三分之一；而 Z卷的長度是Λ卷第 1-5 的 5 倍，ZH卷為 7 倍，ZHΘ卷則是 10 倍。Λ卷必定應該被作為是一篇完全獨立的論文，它的一個主要目標，是確立世界有一個永恆不動的動者存在。

第三節　插入的殘篇

現在要繼續講述的是，耶格爾提請注意（雖然並不總是第一次）的該文集的某些特徵。特徵之一，是在不同卷次的結尾處插入鬆散殘篇的傾向，在那些地方，大抵有紙卷結尾時留下的空間，或容易加上新的篇幅。他以一些例證，對這種情形的發生弄成了強有力的證據。

30

⑴他論證道（《亞里斯多德〈形上學〉發展史研究》，第 14-21 頁），A卷第 10 章是替代A卷第 7 章的較為晚近的版本，其意欲是讓它出現在該卷第 1-6 章對較早觀點的說明之後，並在該卷第 8-9 章對它們進行批判之前。

⑵K卷 1065ᵃ 26 直至結尾可能是更大規模的這種情形的插入（同上書，第 38-41 頁）。

⑶Θ卷第 10 章（它早已被克里斯特〔Christ〕和那托普懷疑了）是一種類似的插入（同上書，第 49-53 頁）。「作為真的存在」在E卷第 4 章中就已被明確地排除在形上學領域之外了，猶如在E卷第 2、3 章中把「偶性的存在」排除一樣。只有範疇的存在和潛能現實的存在才應由形上學討論，也正因如此，這些才在ZH卷和Θ卷第 1-9 章被分別討論。E卷的這個部分（即：其中應承要討論作為真的存在，而且承認真理是對

單純實在的把握，不同於判斷的真〔1027^{b}25-29〕）是較晚加進的，插入的時間在《論靈魂》430^{a}26 的學說已經完成，第 10 章也被插入Θ卷之後。（K卷沒有任何與該部分相當的內容，但那裡的文本是如此之短，以至於不能從中推導出任何東西。）

(4) 耶格爾論證說（同上書，第 53-62 頁），再次具有相當可能性的是，Z卷第 12 章對定義的統一性的討論與H卷第 6 章中的討論是成對的（doublet），而且很奇怪的是，它出現在這個主題為將來的討論恰被擱置下來之時（σκεπτέον ὕστερον〔應當以後考察〕，Z卷第 11 章，1037^{a}20）。在諸如ZH卷這樣緊密結合的整體中，竟會發現討論同一個主題卻又沒有相互提及的兩章，這確實奇怪。進一步說，Z卷第 12 章只不過是個殘篇，既然它沒有像亞里斯多德表示要做的那樣，在處理了由區分得到的那些定義之後討論由歸納得到的定義（1037^{b}27-1038^{b}34）。現在很清楚，第 11 章以對到此為止的Z卷內容的概述結束（1037^{a}21-^{b}7），第 13 章則以對一個新的起頭的預告開始。那麼，第 1-11 章就構成了該論證的一個確定片區，耶格爾也論證說，或許第 1-11 章和第 13-17 章占據了個別的紙卷（應該注意到，Z卷是《形上學》最長的一卷），那個孤立成對的東西[41]僅僅是由於方便被放在了第一個紙卷剩餘的頁面上。

　　上述的這些例證，沒有一個自身是完全確實的，但是，它們累積的效果卻會極為強烈的暗示，我們在這裡擁有的，是《形上學》編排中某些特點的真正原因（vera causa）。

---

[41] 指《形上學》Z卷第 12 章。——中譯注

α、Δ、K、Λ卷之所以被插入現在的位置，其動機或許有如下述：

(1) α卷插在A卷和B卷之間，是因為A卷結尾的話語似乎約定，要在B卷的主要ἀπορίαι（難題）之前，提出某些預備性的ἀπορίαι（亞歷山大，137.5-12）。

(2) Δ卷插在Γ卷之後，是因為Γ卷 1004ᵃ28 被認為是約定要對詞彙含意的多樣性進行考察（亞歷山大，344.22）；或許也因為，E卷 1026ᵃ34 是對Δ卷第一次回顧性地提及。

(3) Λ卷放在挨著MN卷的位置，是因為它像它們一樣，關涉的是永恆的、不可感的存在。

(4) K卷放在Λ卷之前，是因為Λ卷從表面看，似乎是ZHΘ卷的一個對應性的文本，就像K卷是BΓE卷的一樣（亞歷山大，633.25）。

第四節　《形上學》的最早版本

關於把這些不同的論文放在一起構成《形上學》的時間問題，我們很難作出斷定。亞歷山大（515.20）表達的意見是，兩個特殊的段落被「亞里斯多德放在了一起，但又被優苔謨分開了」。阿斯克勒皮烏斯（4.9）講的則是不同的故事，說亞里斯多德把整部著作送給了優苔謨，後者認為「要發表一部如此偉大的著作」是不合適的；在優氏死後，該書的一部分佚失了，後來的學者們透過抽引亞里斯多德的其他著作來填補那些空缺，並盡其所能地將其拼湊為一個整體。策勒爾曾經指出[42]，阿斯克勒皮

---

42 《王家科學院論文集》（*Abh. Königl. Akad. D. Wissensch.*）柏林，1887 年，第

烏斯的故事寓意著祕傳學說的觀念，而這個觀念肯定回溯不到優
苔謨，而且事實上，《形上學》不是以抽引於亞里斯多德其他著
作的東西拼湊在一起的。阿斯克勒皮烏斯的權威性無論如何都不
算很大。亞歷山大的假定更有可能性；優苔謨或許在形上學論文
方面做過某種編纂性工作，猶如他在倫理學論文方面做過的一
樣[43]。

　　亞里斯多德著作最爲古老的目錄，即第奧伊根尼・拉爾修
的目錄（它可能是以赫爾米普斯〔Hermippus，約西元前 200
年〕爲依據），並未包含《形上學》，但在 περὶ τῶν ποσαχῶς
λεγομένωνἢ κατὰ πρόσθεειν（論多種含意或基於添加）題目下
提到 Δ 卷。在梅納熱的匿名目錄中，給出了 μεταφυσικὰ κ（《形
上學》11 卷本），而且，在附錄中又有 τῆς μετὰ φυσικὰῑ（《形
上學》10 卷本）的字樣。這兩個資訊，指向的可能都是一部
10 卷本的《形上學》（正文之外加的符號，在第一個記數中
被排除了，在第二個中則被包括了）。普托勒馬優斯・切努斯
（Ptolemaeus Chennus，約在西元 100 年）的目錄包括了 13 卷本
的《形上學》（即沒有 α 卷，或者把它算作 A 卷的一個附錄）。
《形上學》這個名稱首次出現在奧古斯都大帝（Augustus）時代
大馬士革的尼可勞斯（Nicolaus of Damascus），人們一直普遍推
測，它是由安得羅尼科斯（Andronicus，約在西元前 60 年）在
編撰他的那版偉大的亞里斯多德著作時附貼上去的[44]；但耶格爾

---

156 頁。

43　像亞歷山大的一個那樣偶然的暗示，要比諸如阿斯克勒皮烏斯告之的那般苦心
　　推敲的故事更有意思。把 A 卷或 α 卷與優苔謨之甥連繫起來的這個故事（阿斯克
　　勒皮烏斯，4.21，以及《注解》〔Schol.〕589ª41，布蘭迪斯〔Brandis〕）與下
　　述觀點非常吻合：優苔謨在《形上學》方面做過某種編撰工作。

44　最早的標題是 τὰ περὶ τῆς πρώτης φιλοσοφίας（關於第一哲學的諸文）（《論

（《亞里斯多德〈形上學〉發展史研究》，第 180 頁）指出，對古典作家們的經典的增補，似乎不是在這個時期之後才做的。如果情形眞是如此，那麼，安得羅尼科斯的《形上學》就必定已經包含了 14（或 13）卷，而 10 卷本的《形上學》，當然也因此還有《形上學》這個名稱，就必定比安得羅尼科斯要早，雖然大概比赫爾米普斯要晚。但是，由於我們沒有比安得羅尼科斯版本更早的任何其他版本的線索，這個結論就必然留有非常可疑之處；同樣可能的是，對於古典作者們的經典在帝國開始時期就被固定下來了這條規則而言，亞里斯多德是個例外。

在《形上學》外部歷史[45]上，耶格爾發覺了一個奇妙之點。它的每一卷都有某種程度的獨立性，而且似乎有可能每卷最初都寫在單獨的紙卷上（在其他情形中間連線性小詞的普遍缺乏也暗示了這一點）。這些紙卷的篇幅大小必定應當是很不相等的。在 α、Γ、Ε、Η和Ι卷，即隔一卷（而且也只有這些卷）的結尾處，都出現有顯然意味著指向下一卷開篇的一個或全部的稿本詞句，就像在老式印刷的書中，每一頁的第一個字都作爲接字而印在前一頁的末尾一樣。耶格爾依此論證道（《亞里斯多德〈形上學〉發展史研究》，第 181 頁），出於商業的目的，《形上學》有可能被安排在 7 個紙卷中，每個紙卷包含兩卷的內容；而且，猶如單一的卷次篇幅不相等一樣，兩卷一組的篇幅也不相同。具體情

33

動物運動》，700^{b}9）。τὰ μετὰ τὰ φυσικά（自然學諸文後的諸文）這個標題是由於該著在亞里斯多德著作的完成版中所處的位置（阿斯克勒皮烏斯，1.19），而這個順序又可能是聽命於下述觀點的結果：從τὰ γνώριμα ἡμῖν（對我們可知的東西）（即物質性事物，在物理學著作中處理）進展到τὰ γνώριμα ἁπλῶς（絕對可知的東西）是恰當的（亞歷山大，171.6，阿斯克勒皮烏斯，1.7）。

[45] 這裡的「外部歷史」（the external history）僅指各卷的篇幅大小等，可能對應於前面所述涉及內容關係的「內部歷史」。——中譯注

形如下：

$$A\alpha卷 = 貝克爾本的 14\frac{1}{2}頁$$

$$B\Gamma卷 = 貝克爾本的 17\frac{1}{2}頁$$

$$\Delta E卷 = 貝克爾本的 15 頁^{46}$$

$$ZH卷 = 貝克爾本的 17\frac{3}{4}頁$$

$$\Theta I卷 = 貝克爾本的 13\frac{1}{2}頁$$

$$K\Lambda卷 = 貝克爾本的 16\frac{3}{4}頁$$

$$MN卷 = 貝克爾本的 17\frac{3}{4}頁$$

Λ卷末尾的接字性短語被認爲可能已經丟失了。

---

46 不是如耶格爾所說的 9 頁。

第二章　蘇格拉底、柏拉圖及柏拉圖主義者

第一節　蘇格拉底

在考察亞里斯多德對蘇格拉底的解說時，把他自己實實在在的文字擺在我們面前是很好的：

A. 987ᵃ 29-ᵇ9.

μετὰ δὲ τὰς εἰρημένας φιλοσοφίας ἡ Πλάτωνος ἐπεγένετο πραγματεία, τὰ μὲν πολλὰ τούτοις (the Pythagoreans) ἀκολουθοῦσα, τὰ δὲ καὶ ἴδια παρὰ τὴν τῶν Ἰταλικῶν ἔχουσα φιλοσοφίαν.

（在述說了各派的哲學之後，迎來了柏拉圖的論述，它在許多方面追隨這些人物〔指畢達哥拉斯派人士[1]〕，但也具有不同於義大利派哲學的一些特點。）[2]

M. 1078ᵇ 9-32.

περὶ δὲ τῶν ἰδεῶν πρῶτον αὐτὴν τὴν κατὰ τὴν ἰδέαν δόξαν ἐπισκεπτέον, μηθὲν συνάπτοντας πρὸς τὴν τῶν ἀριθμῶν φύσιν, ἀλλ' ὡς ὑπέλαβον ἐξ ἀρχῆς οἱ πρῶτοι τὰς ἰδέας φήσαντες εἶναι.

（關於理念，首先應考察基於理念本身的意見，不要把對數目本性的考察連在一起，而是像首先斷言理念存在的人們從一開始就認為的那樣。）

1　方括號內的說明為羅斯所加。——中譯注

2　本頁和下頁出現的對亞里斯多德希臘原文的中譯，參考了苗力田先生在《亞里斯多德選集・形上學卷》中的譯文，但不少地方有改變。——中譯注

34

ἐκ νέου τε γὰρ συνήθης γενόμε-
νος πρῶτον Κρατύλῳ καὶ ταῖς Ἡρα-
κλειτείοις δόξαις, ὡς ἁπάντων τῶν
αἰσθητῶν ἀεὶ ῥεόντων καὶ ἐπιστήμης
περὶ αὐτῶν οὐκ οὔσης, ταῦτα μὲν καὶ
ὕστερον οὕτως ὑπέλαβεν·

（從年輕時起，他首先就與克拉底魯熟悉，並知曉赫拉克利特學派人士們的意見，即一切可感覺之物總在流變，關於它們的知識是不存在的，他在後來也仍持這樣的觀點。）

Σωκράτους δὲ περὶ μὲν τὰ ἠθικὰ
πραγματευομένου περὶ δὲ τῆς ὅλης
φύσεως οὐθέν, ἐν μέντοι τούτοις τὸ
καθόλου ζητοῦντος καὶ περὶ ὁρισμῶν
ἐπιστήσαντος πρῶτου τὴν διάνοιαν.

（蘇格拉底致力於倫理方面的問題，毫不過問整個自然的事情，他在這些問題中尋求普遍的東西，而且是懂得把思考集中在定義方面的第一人。）

συνέβη δ᾽ ἡ περὶ τῶν εἰδῶν δόξα
τοῖς εἰποῦσι διὰ τὸ πεισθῆναι περὶ
τῆς ἀληθείας τοῖς Ἡρακλειτείοις
λόγοις ὡς πάντων τῶν αἰσθητῶν ἀεὶ
ῥεόντων, ὥστ᾽ εἴπερ ἐπιστήμη τινὸς
ἔσται καὶ φρόνησις, ἑτέρας δεῖν
τινὰς φύσεις εἶναι παρὰ τὰς αἰσθητὰς
μενούσας· οὐ γὰρ εἶναι τῶν ῥεόντων
ἐπιστήμην.

（那些人之所以提出關於理念的意見，是因為他們相信赫拉克利特學派人們的說法是真的，即一切可感之物總在流變，所以，如果真有某種知識和智慧存在，那麼，在可感之物之外，就必定存在著另外某種不動的本性；因為對流變者的知識是不存在的。）

Σωκράτους δὲ περὶ τὰς ἠθικὰς
ἀρετὰς πραγματευομένου καὶ περὶ
τούτων ὁρίζεσθαι καθόλου ζητοῦντος
πρῶτου (τῶν μὲν γὰρ φυσικῶν ἐπὶ
μικρὸν Δημόκριτος ἥψατο μόνον ...
οἱ δὲ Πυθαγόρειοι πρότερον περὶ
τινων ὀλίγων ... ἐκεῖνος δ᾽ εὐλόγως
ἐζήτει τὸ τί ἐστιν· συλλογίζεσθαι
γὰρ ἐζήτει, ἀρχὴ δὲ τῶν συλλογι-
σμῶν τὸ τί ἐστιν ... διὸ γάρ ἐστιν
ἅ τις ἂν ἀποδοίη Σωκράτει δικαίως,
τούς τ᾽ ἐπακτικοὺς λόγους καὶ τὸ
ὁρίζεσθαι καθόλου· ταῦτα γάρ ἐστιν
ἄμφω περὶ ἀρχὴν ἐπιστήμης)—ἀλλ᾽
ὁ μὲν Σωκράτης τὰ καθόλου οὐ
χωριστὰ ἐποίει οὐδὲ τοὺς ὁρισμούς·
οἱ δ᾽ ἐχώρισαν, καὶ τὰ τοιαῦτα
τῶν ὄντων ἰδέας προσηγόρευσαν.

ἐκεῖνον ἀποδεξάμενος διὰ τὸ
τοιοῦτον ὑπέλαβεν ὡς περὶ ἑτέρων
τοῦτο γιγνόμενον καὶ οὐ τῶν αἰσθη-
τῶν ... οὗτος οὖν τὰ μὲν τοιαῦτα
τῶν ὄντων ἰδέας προσηγόρευσε,
τὰ δ' αἰσθητὰ παρὰ ταῦτα καὶ κατὰ
ταῦτα λέγεσθαι πάντα.

（他 [3] 接受了這種看法，不過
他認為定義是關於另一些東
西的，而不是有關可感事物
的。……他把這些東西說成理
念，可感之物全在它們之外，
並根據它們而被述説。）

（當蘇格拉底致力於研究倫理
方面的德性時，首先尋求的
是關於它們的普遍定義〔因為
在自然哲學家中，德謨克利特
僅僅接觸到很少一點……畢達
哥拉斯學派的人們先前涉及
到某些少數問題……那些人
言辭優美地探討了是什麼的問
題；因為他探討了推理，而是
什麼正是推理的起點……因為
有兩件事情應該公正地歸於蘇
格拉底，即歸納推論和普遍定
義；這兩者都是關於知識的起
點的〕。——但是，蘇格拉底
既沒有把普遍的東西，也沒有
把定義弄成分離之物。是那些
後繼者們把這些東西分離出來
了，並稱之為理念。）

在《形上學》中，其他地方指名道姓提及蘇格拉底的只有一
處，出現在M卷 1086^{a}37-^{b}5：

3　指柏拉圖——中譯注

τὰ μὲν οὖν ἐν τοῖς αἰσθητοῖς καθ' ἕκαστα ῥεῖν ἐνόμιζον καὶ μένειν οὐθὲν
αὐτῶν, τὸ δὲ καθόλου παρὰ ταῦτα εἶναί τε καὶ ἕτερόν τι εἶναι, τοῦτο
δ' . . . ἐκίνησε μὲν Σωκράτης διὰ τοὺς ὁρισμούς, οὐ μὴν ἐχώρισέ γε τῶν
καθ' ἕκαστον· καὶ τοῦτο ὀρθῶς ἐνόησεν οὐ χωρίσας.

（他們認為基於個別的可感之物都在流變著，它們沒有什麼東西
是不動不變的，普遍則在它們之外，是不同的另外某種東西。這
種觀點……是由蘇格拉底透過定義提出來的，不過他並沒有與基
於個別的東西分離；不使其分離的這種做法是正確的。）

　　亞里斯多德在哲學的歷史上給蘇格拉底派定的角色是一位
比較謹慎的角色。在他對以前哲學家們的評論中，他是直接從畢
達哥拉斯學派過渡（987ᵃ29）到柏拉圖，蘇格拉底只是當作影響
柏拉圖思想發展的人物之一而被偶爾地介紹。亞里斯多德的證據
有什麼價值？泰勒（Taylor）教授作了三點說明：⑴「除了從柏
拉圖那裡學到的，或在『蘇格拉底派之人』（Socratic men）的
著作中讀到的東西之外，亞里斯多德既沒有，也不能期待擁有任
何關於蘇格拉底生平和思想的特別知識」[4]；⑵「在亞里斯多德
的文集中作出的關於蘇格拉底的每一個重要說明，都能在柏拉
圖的對話中追查到現存的來源」；[5]⑶「亞里斯多德並沒有在他
的記述裡進行某種更高的批判，而只是把他在柏拉圖和其他人
的Σωκρατικοὶ λόγοι（蘇格拉底的言論）中所讀到的東西，作為
對一位真實歷史人物的戲劇性的忠實介紹簡單地加以接受。」[6]
關於上述的第一點說明，我大體上贊同，但我寧願說，亞里斯

35

4　《蘇格拉底諸面相》（*Varia Socratica*），第 40 頁。
5　《蘇格拉底諸面相》（*Varia Socratica*），第 40 頁。
6　《蘇格拉底諸面相》（*Varia Socratica*），第 41 頁。

多德多半是從柏拉圖及其學院的其他成員那裡得到他關於蘇格
拉底的全部知識的。亞里斯多德是在蘇格拉底死後 15 年才出
生的，假如真有一些關於蘇格拉底的故事傳到了住在斯塔吉拉
（Stagira）[7]的他那裡，那也可以相當肯定地說，在成為柏拉圖
的那所學校（the School of Plato）的一名學生之前，他是不可能
知曉有關蘇格拉底哲學觀點的任何重要東西的。但是，在泰勒教
授的第一點主張和另外兩點主張之間，存在著一條巨大的鴻溝，
因為後兩點實際上忽略了這樣的事實：除了那些對話之外，亞里
斯多德還擁有柏拉圖的ἄγραφα δόγματα（不成文的學說）（在另
外的著作中[8]，他提到過這一點），以及在學院中流行的整個口
頭傳說，正是憑藉這些，他才有了蘇格拉底和柏拉圖兩人教誨的
知識。依據其對亞里斯多德「在另外的地方」關於蘇格拉底陳述
的考察，泰勒教授闡明了自己的真實立場：這所有的一切──至
少是具有哲學重要性的一切──都是或（正像我寧願斷言的）興
許可能是從柏拉圖的對話中得來的。然而，前面從M卷摘引的那
些段落中的第一段，乍看起來（prima facie）表明的是對泰勒教
授所主張的後兩點的有力反對。因為按照對其話語的通常解釋，
亞里斯多德斷言的是，蘇格拉底沒有造成理念的「分離」，但是
柏拉圖造成了；而且，既然亞里斯多德所反對的分離普遍被假定
為是常常由柏拉圖放入蘇格拉底口中的[9]那樣一類分離，那麼，
一般就會推出這種結論：亞里斯多德在歷史上的蘇格拉底和對話

36

7　亞里斯多德的家鄉，17 歲到雅典前他一直住在這裡。該城位於希臘北部。──
中譯注

8　《物理學》209[b]15。

9　例如：在〈巴門尼德篇〉130B中。蘇格拉底說，他相信χωρὶς μὲν εἴδη αὐτὰ
ἄττα, χωρὶς δὲ τὰ τούτων αὖ μετέχοντα（既是理念自身的分離，也是分有它
們的事物的分離）。參見〈斐多篇〉74A及C。

中的蘇格拉底之間作出了區分，並且認為後者表達的不是蘇格拉底的，而是柏拉圖本人的觀點。這或許意謂著，亞里斯多德並沒有按其表面價值把這些對話當作對蘇格拉底觀點的歷史性紀錄，而是運用獨立的判斷來對待它們。

　　為了避免這種困難，泰勒教授假定，「最初斷言理念存在的那些人」（即前面引自M卷的那段話中提到的因主張分離的理念而與蘇格拉底不同的人們）不是柏拉圖及他的追隨者，而是麥加拉學派中「半畢達哥拉斯派和半愛利亞派」[10]之人（包括歐幾里得〔Euclides〕和特爾潑辛〔Terpsion〕）〈智者篇〉248A的 εἰδῶν φίλοι（主張理念的朋友們），他們斷定「在 γενέσις（過程、事實[11]）和 οὐσία 之間的絕對的分離[12]，而且正是基於這點（on this ground），柏拉圖在〈智者篇〉中是不同意他們的。

　　對這個假定的回應處在M卷的這段和A卷的那段的比較中。在A卷中，亞里斯多德沒有講到分離，在M卷中，他沒有提到柏拉圖，但是，在兩卷的兩個段落中，都提到赫拉克利特派的影響，在兩個段落中，介紹蘇格拉底的方式也是一致的，而且，最後陳述的一致性（雖然在數目上有變化）表明，「最初斷言理念存在的那些人」在M卷中恰恰意指柏拉圖和他的正統派弟子。泰勒教授問：「如果把柏拉圖作為『最初斷言 εἴδη（理念）存在的那些人』而與添加 εἴδη 是數目觀點的另外某個人區別開來，為什麼亞里斯多德不斷地將『數目』學說歸因於柏拉圖本人呢？」[13]但是，在 1078^{b}9-12 中的差別，不是兩個人之間的，而

10　《蘇格拉底諸面相》第 87 頁。

11　γένεςις 的原意是「起源」、「生成」，羅斯在這裡英譯為 process 和 fact，可能是為了突出與之對應的 οὐσία 的穩定性和內在性。——中譯注

12　《蘇格拉底諸面相》第 84 頁。

13　《蘇格拉底諸面相》第 70 頁。

是理念論的兩種形式之間的，一種是在它被最早相信理念的人們開初（ἐξ ἀρχῆς〔從一開始〕，同上，11）把握時的那種純粹的和單一的理念論，另一種是理念數（Idea-numbers）論。早期的柏拉圖和他最初的弟子與晚期的他自己和諸如克塞諾克拉特斯（Xenocrates）之類的晚期弟子們相比，是有差別的[14]。亞里斯多德把柏拉圖看作是理念論的作者，這種看法似乎被《尼各馬可倫理學》1096^{a}12 的話所證實，那裡說：καίπερ προσάντους τῆς τοιαύτης ζητήσεως γινομένης διὰ τὸ φίλους ἄνδρας εἰσαγαγεῖν τὰ εἴδη（由於理念是由那位可愛之人引進的，探討這類問題就變得令人頭痛[15]）。假如把理念論退回到在他本人出生之前就已死了很久的蘇格拉底之時，亞里斯多德有可能說這樣的話嗎？

那麼，亞里斯多德用以和蘇格拉底進行對比的人，正是柏拉圖，而不是麥加拉學派諸士（the Megarians）。這只能意指以下兩種情形中的一種或另一種。⑴他把對話中的蘇格拉底當成歷史上的蘇格拉底來處理，並將放進他嘴裡的觀點與柏拉圖在對話中透過他人之口表達的，或以自己的口授教誨所表達的其他觀點進行對比。或者⑵，他不把對話中的蘇格拉底對等處理成歷史上的蘇格拉底，而是處理成柏拉圖自己觀點的代言人，並把這些觀點與他相信是由蘇格拉底本人曾經持有的那些觀點進行對比。

上述的第一點被A卷中的那段和M卷中的那段所蘊含的意思所排除，即，在它專門的意義上首先使用ἰδέα（理念）這個字的人不是蘇格拉底，而是與他形成對比的其他那些人。眾所周

---

14 參見偽亞歷山大（Ps.-Al.）740.18（注意：單數ὑπέλαβεν〔他曾回答，他已接受〕），741.22。

15 亞里斯多德在那裡探討的是揭露理念論的困境，由於他既要愛智慧維護真理，又得揭敬愛的恩師之短，所以覺得「令人頭痛」。——中譯注

知，這個字不斷地在這樣的意義上被對話中的蘇格拉底所使用。所以，我們被逼著進到上述的第二點，即亞里斯多德在歷史上的蘇格拉底和對話中的蘇格拉底之間作出了清楚的區分。這與下面的假定一點都不矛盾：他所知曉的蘇格拉底的一切，全都是從柏拉圖學院，或許甚至是從柏拉圖本人那裡學到的。做這樣的假設是自然而然的：柏拉圖在對話中有時把蘇格拉底用作柏拉圖派觀點和非蘇格拉底觀點的代言人，這在學院中是能得到很好理解的，而且，柏拉圖在他的口授教誨中也完全可以這樣做。

泰勒教授從《論詩》1447^{b}11 中講到的Σωκρατικοὶ λόγοι（蘇格拉底的諸言論）出發論證說[16]，透過這些，亞里斯多德想要表達一種現實主義風格的創作方法，在其中，真理對於生活是第一重要的，所以在其中，柏拉圖把實際上是他自己持有的、完全不同的那些觀點歸給蘇格拉底是不合理的。但是可以肯定，重要之點在於，在亞里斯多德看來，恰如索弗榮（Sophron）和克塞那庫斯（Xenarchus）的模擬劇一樣，Σωκρατικοὶ λόγοι是詩歌或戲劇的形式，不是歷史的形式，它們需要的是普遍真理，不是特殊的真理。它們是詩歌，雖然是用散文寫的，正如恩培多克勒的著作不是詩歌，儘管是用詩行寫的一樣。

如果非要逼出邏輯結論的話，泰勒教授的觀點所寓意的是，無論何時，只要柏拉圖有原創的觀點要表達，他都小心謹慎地將它們放入某位純粹想像出來的人物口中。例如：在以巴門尼德和蒂邁歐的名字命名的對話中，由他們表達的觀點必定猶如蘇格拉底表達的那些觀點一樣，是歷史性的，而且，柏拉圖哲學遺留給我們的一切，就是由「陌生人」在〈智者篇〉、〈政治家篇〉和

38

---

16 《蘇格拉底諸面相》第 55 頁。

〈法律篇〉中所說的東西，以及我們（主要從亞里斯多德那裡）學到的關於理念數理論的東西。亞里斯多德是柏氏最有才幹的學生，被稱爲「學校之心」（mind of the school），他在關於那些對話的根本性質上，完完全全地弄錯了（就像這種觀點寓意著他的那樣），有這可能嗎？他誤解柏拉圖的某些觀點，是極有可能的，但是，當柏拉圖實際上僅僅是在說明其他一些人的觀點時，他卻認爲是在書寫原創哲學，這似乎不可能。

　　如果有人問爲什麼亞里斯多德在M卷中如此含糊地提及「最早相信理念的人們」，而不指名道姓地說柏拉圖，其答案部分地在M卷和N卷具有的本性中可以找到，部分地是由於亞里斯多德沒有得到他的信任而產生的微妙。(1)MN卷研究的是各種實際的甚或僅是可能的意見，這些意見是以盡可能非個人化的方式被處理的。它通篇全是一般思維意義上的不同形式的批評，對畢達哥拉斯派、柏拉圖、斯彪西珀斯（Speusippus）和克塞諾克拉特斯都是共同的。「畢達哥拉斯派」是個極爲模糊的說法，以致亞里斯多德覺得可以無拘無束地經常使用它，但是，僅僅說到過柏拉圖一次[17]，一次也沒有提及斯彪西珀斯和克塞諾克拉特斯；所有這三位都以最爲模糊的詞彙經常被提及[18]。(2)在批判柏拉圖時，亞里斯多德似乎不大情願指名道姓地談論他。在《形上學》指名說到柏拉圖的那些段落中，A卷 987^{a}29-998^{a}17 主要是歷史性的，極少批判；A卷 988^{a}26，990^{a}30，Z卷 1028^{b}19 純粹是歷史性的；B卷 996^{a}6，1001^{a}9 純粹是猶豫不定的（aporematic[19]）；

---

[17]　1083^{a}32。

[18]　例如：1076^{a}19-21：οἱ μὲν（有些人，指柏拉圖）……οἱ δὲ（有些人，指克塞諾克拉特斯）……ἕτεροι δέ τινες（還有另外某些人，指斯波西普斯）。

[19]　aporematic這個形容詞可能源出於希臘文ἀπόρημα（動詞形式爲ἀπορέω），希臘名詞的基本意思是「疑問、猶疑」，所以我們譯爲「猶疑不定的」。——中譯注

在Γ卷 1010^{b}12、Δ卷 1019^{a}4 中，亞里斯多德採用了一個柏拉圖的論證和一個柏拉圖的區分：E卷 1026^{b}14、K卷 1064^{b}29、Λ卷 1070^{a}18 表示了有限制性的贊同（οὐ κακῶς〔不壞〕和英語中字面上的同義語相比，在希臘語中只是非常輕微的稱讚）；Λ卷 1071^{b}32-1072^{a}4 表達的是部分同意，部分批判；M卷 1083^{a}32 談到，柏拉圖在一個特殊之點上的觀點要比他的那些追隨者的好些；只是在I卷 1053^{b}13 以下，柏拉圖的觀點受到了簡單的攻擊。我們必須把Δ卷 1025^{a}6 追加到這最後的一段，在那裡，有個〈小希庇阿斯〉（*the Hippias Minor*）（並不必然地被當作是柏拉圖所相信的）中的特殊論證被描述成虛構。另一方面，在A卷第 9 章、Z卷第 6、8、11、14、15 章和M卷、N卷出現的對理念論的批判中，也沒有明確地提及柏拉圖，只有兩處例外：⑴A卷 991^{b}3 = M卷 1080^{a}2，輕蔑性地提到〈斐多篇〉，⑵M卷 1083^{a}32，比較讚賞上述的提及。似乎可以肯定，當亞里斯多德在攻擊柏拉圖的理論時，他好像力圖避免直接指名柏拉圖。

有一個雖然微小但卻有趣的問題，即亞里斯多德是否（正如被所謂「費茲格納爾德的規則」〔Fitzgerald's Canon〕所主張的[20]）把歷史上的蘇格拉底作為Σωκράτης（不加冠詞的蘇格拉底）來提及，而把柏拉圖的蘇格拉底作為ὁ Σωκράτης（加冠詞的蘇格拉底）來提及。泰勒教授認為[21]，這個規則是相當沒有道理的。在希臘語中，一般的習慣是，在和人的名字一起時，冠詞被省略，只有三種例外：(a)提到的某個人雖然在上文中已被命名，但卻沒有冠詞（在這裡，冠詞ὁ等於「已說過的那

20　W. 費茲格納爾德，《亞里斯多德〈尼各馬可倫理學〉精選》，第 163 頁。
21　《蘇格拉底諸面相》第 41-51 頁。

位」）：(b)提到的某個人在場而且被指出了；(c)提到的是一位
特別著名的人物：庫赫勒（Kühner）講述的習慣就是如此。[22]
一般而言，亞里斯多德的習慣與此是一致的。在《形上學》A
卷，有 50 處提到哲學家和詩人時沒帶冠詞，但有兩處帶了，
一處是ὁ γὰρ Παρμενίδης（因為巴門尼德），在 986[b]22，另一處
是ὁ μὲν γὰρ Πλάτων（因為不僅柏拉圖），在 990[a]29（這兩處都
可以用上面講的(a)來解釋）。在《形上學》的其他各卷，我們
發現Πλάτων（不加冠詞的柏拉圖）出現 11 次；在一段中[23]，
最好的抄本被區分為在Πλάτων和ὁ Πλάτων（加冠詞的柏拉圖）
之間，而後一種形式在這些卷次的其他任何地方均沒有出現。
在《修辭術》中，被提到的歷史人物至少有 234 次沒有使用冠
詞，只有（就我所知的而言）21 處（與可被「費茲格納爾德的
規則」解釋的那些不同）話中他們帶著冠詞出現了[24]；其中的一
些[25]可用上述的(a)來解釋，其餘的或許用(c)解釋。另一方面，
Σωκράτης在亞里斯多德的真實著作中不帶冠詞地出現了 19 次，
帶冠詞的有 22 次。這同時就暗示著，和這個名字一起使用冠詞
必定有某種特別的緣由，而這個自然而然出現的緣由就是，蘇
格拉底既是一位歷史人物，又是一位在柏拉圖對話中的人物。
當他以後一種資格被提及時，冠詞的使用可以被解釋為一種諸
如ὁ ἐν Φαίδωνι Σωκράτης（〈斐多篇〉中的蘇格拉底）、ὁ ἐν τῇ
Πολιτείᾳ Σωκράτης[26]（《理想國》中的蘇格拉底）這樣表達的

40

22　《希臘語語法》第 462 節(a)。

23　Λ卷 1070[a]18。

24　1357[B]34，1364[a]19，1365[a]28，1367[a]9、[B]17、19，1368[a]20，1377[a]19、22，
　　1384[B]15，1386[a]19，1392[B]12，1398[a]17、[b]31，1399[a]33，1400[b]17，1401[b]32，
　　1402[b]11，1405[b]24、30，1417[a]7。

25　1357[b]34，1398[a]17。參見《政治學》，1274[a]31 以下，《論詩》1453[a]24-29。

26　《論生成和消滅》，335[b]10，《政治學》，1342[a]32。

一種一般性形式。如果這種區別是亞里斯多德所企圖的，我們就應期待著發現他在使用Σωκρατής時一般與過去時連用，而在使用ὁ Σωκρατής時則與現在時連用。與過去時連用的Σωκράτης出現在〈辯謬篇〉183ᵇ7，《論動物的部分》642ª28，《形上學》987ᵇ1，1078ᵇ17，1086ᵇ3，《尼各馬科倫理學》1127ᵇ25，1144ᵇ18、28，1145ᵇ23、25，1147ᵇ15，《政治學》1260ª22，《修辭術》1398ª24，1419ª8，與現在時連用的ὁ Σωκράτης出現在《政治學》1261ª6、12、16、ᵇ19、21，1262ᵇ6、9，1264ª29、ᵇ7，1291ª12，1316ª2、ᵇ27。還有一些其他段落，雖然其中的動詞沒有幫助說明其意思到底是真實的蘇格拉底還是柏拉圖的蘇格拉底問題，但含意還是明確的。在《後分析篇》97ᵇ21、《形上學》1078ᵇ28、《修辭術》1390ᵇ31，這些地方雖然沒有任何冠詞，但其含意清楚地要求指向歷史上的蘇格拉底。在《政治學》中，出現了一些帶有冠詞的段落（包括 1263ª30、1264ª12、ᵇ24、29、37，也包括上面已經提到的那些），只有一處例外，在上下文中，指名說到《理想國》，而且也正在討論它的理論。（這個例外是 1265ª11 的πάντες οἱ τοῦ Σωκράτους λόγοι〔蘇格拉底所有的那些言論〕，在這裡，冠詞的使用是適當的，既然亞里斯多德正在引用柏拉圖的對話；但特別參照的是〈法律篇〉。亞里斯多德或者一不小心，把蘇格拉底說成彷彿是那篇對話中的一個人物，或者故意把「雅典的陌生人」和蘇格拉底視為同一個人。格洛特（Grote）認為，柏拉圖本打算弄成這種同一，且沒有把主要的說話者稱為蘇格拉底，僅僅是因為眾所周知，蘇格拉底從來沒有在克里特島，而這正是安排對話場景的地方。）這樣，費茲格納爾德的規則就證明是 35 段，而不是 41 段。再者，如果冠詞偶爾地和過去時一起出現，也毫不奇怪；「正如

米考伯爾先生〔Mr. Micawber〕說過的（said）」就比「正如米
考伯爾先生所說（says）」不自然。《尼各馬可倫理學》1116^{b}4
的ὁ Σωκράτης ᾠήθη（蘇格拉底曾認為）提及的是〈拉刻斯篇〉
125、〈普羅泰戈拉篇〉360；《修辭術》1367^{b}8 的ὁ Σωκράτης
ἔλεγεν（蘇格拉底說過）提到的是〈墨涅克諾斯篇〉235D。還
有四個例外的段落。在《政治學》1342^{b}23，我們讀到ἐπιτιμῶσι
καὶ τοῦτο Σωκράτει（在這點上，他們責怪蘇格拉底），顯然，
這裡涉及的是《理想國》；但是(a)蘇色米爾（Susemihl）和伯
奈特（Burnet）認為這句話出現於其中的那個片段是假託的，而
且(b)，如果它是真作，科克・威爾遜（Cook Wilson）教授的訂
正，即在τοῦτο之後接τῷ Σωκράτει就極有可能是正確的。在《修
辭術》1415^{b}30，我們讀到λέγει Σωκράτης ἐν τῷ ἐπιταφίῳ（蘇格
拉底在葬禮致辭中說），這裡涉及的是〈墨涅克塞諾斯篇〉；
下面這種看法是可以原諒的：在這一段話中，位於相似的文字σ
之前的ὁ消失了。在《形上學》1078^{b}30、《修辭術》1398^{b}31 的
ὁ Σωκράτης顯然指的是歷史上的這個人，但前一段屬於庫赫勒
（Kühner）講的(a)情形，後一段可能屬於他的(c)情形。

　　從總體上看，這個規則得到了亞里斯多德其他專用名稱的
用法非常有力的證實。例如：在《尼各馬可倫理學》第 7 卷，
拜瓦特爾（Bywater）注意到[27]，我們在 1145^{a}21、1146^{a}21、
1148^{a}33、1149^{b}15、1151^{b}18 等處，見到了該規則所要求的冠詞，
只是在 1145^{a}20 沒有見到。在《政治學》中，有 20 處遵守了該
規則[28]，只有 1342^{b}23（上面已處理過）和 1338^{a}28 沒有顧及，

41

27　《亞里斯多德〈尼各馬可倫理學〉文本校勘論稿》（*Cont. to Text. Emend. Of Aristotle's Nic.Eth.*）第 52 頁。

28　拜瓦特爾，《亞里斯多德論詩歌藝術》，第 228 頁。

而在後一處，要恢復成〈ὁ〉Ὀδυσσεύς（奧德修斯）也是自然的。在 1262^{b}11，ὁ Ἀριστοφάνης意指〈會飲篇〉中的阿里斯多芬（Aristophanes）。在《修辭術》中，至少有 18 處例證遵守了該規則。拜瓦特爾僅僅承認了兩處例外，一處是 1415^{b}30（上面已處理過），另一處是 1400^{a}27，我們是可以將其恢復成〈ὁ〉Ὀδυσσεύς的。然而，泰勒教授曾經指出，有那麼幾段話，其中提到的文學人物是兩位，但只有一位帶冠詞[29]，彷彿亞里斯多德是以爲，他這樣做就給了他的意思以足夠的暗示。在 1413^{b}26（Ῥαδάμανθυς καὶ Παλαμήδης〔赫拉達曼蘇斯和帕拉麥德斯〕）冠詞例外地被省略了。正如我們已經見到的，在《修辭術》中，對歷史人物也偶爾使用冠詞，而且，在這部完成得最爲精巧的亞里斯多德著作中，似乎是韻律方面的原因導致了常規性原則的減弱。在《論詩》中，至少有 31 處例證使用了與該規則相符的冠詞[30]，只有下面幾處例外：1454^{a}30 的ὁ θρῆνος Ὀδυσσέως ἐν τῇ Σκύλλῃ（在《斯庫拉》中奧德修斯的哀號）（這實際上不是個例外，因爲θρῆνος Ὀδυσσέως大抵是提及《斯庫拉》這個部分的按規則變化的方式）；1454^{b}26 的Ὀδυσσεύς；1454^{b}31 的Ὀρέστης（奧瑞斯特斯）；1460^{a}30 的Οἰδίπους（俄狄浦斯）；1456^{a}22 的Σίσυφος（西修福斯）。在o之前以及偶然地在σ之前ὁ的消失顯然就是exceptio probans regulam。[31]

在《形上學》中提及蘇格拉底表明，亞里斯多德認爲，是柏

---

[29] 1396^{b}15，1399^{a}1、^{b}28，1400^{a}27，1401^{b}35。

[30] 1451^{a}22，1452^{a}25、27、^{b}5、6、7，1453^{b}6、23、24 三處、29，1454^{a}1、2、5、29、31、^{b}14，1455^{a}5、6、7、27、^{b}18，1460^{a}30、^{b}26，1461^{a}12、29、^{b}5、7、21 兩處。

[31] 這是一句拉丁語格言，直譯爲「例外證明規則」，意譯成「唯有例外，故存規則」更有意味些。——中譯注

拉圖「分離了」理念，而蘇格拉底則沒有分離。但是，我們必須同意泰勒教授的看法[32]，即，這個措辭的意思根本是不清楚的。亞里斯多德的意思似乎是，蘇格拉底達到共同術語之定義的企圖（無論是在柏拉圖的對話中還是在《回憶錄》[33]中，都有許多這樣的例子），使其把注意力集中於普遍的東西，但是，蘇格拉底和亞里斯多德本人一樣，並沒有得出普遍作爲與特殊物分離的東西而存在的結論；也就是說，要麼他完全沒有討論該主題的理論，要麼他像亞里斯多德一樣認爲，普遍僅僅作爲共同的要素存在於特殊物之中。當然，把普遍從特殊物中區分出來，這在某種意義上是「分離」它。但分離地去思考它（如果沒有弄錯這個思想的話），這就寓意著普遍是不同於特殊物的一種實在。亞里斯多德的意思是，柏拉圖主義者們不僅把普遍視爲與特殊物不同，而且視爲有一種分離的存在，即(1)視爲完全不是作爲一個要素存在於特殊物中，或(2)視爲既存在於特殊物中也與它們分離而存在。既然他經常提到柏拉圖關於特殊物分有理念的學說，那就寓意著理念作爲一個要素存在於特殊物中。所以，他關於柏拉圖學說的觀點必定從屬於剛剛述及的那些觀點。

　　要判明他的這些指責是否正確，是個困難的事情。柏拉圖的不少語言適合於招致指責，但是，很難說他只不過是以一種強調和生動的方式表達了關於普遍不同於特殊的學說，以及關於普遍之重要性的學說，這種學說，亞里斯多德和柏拉圖一樣相信。

---

32 《蘇格拉底諸面相》，第 69 頁以下。

33 這裡的《回憶錄》指的是蘇格拉底的另一學生克塞諾豐（中譯又爲色諾芬，西元前 426？－前 354 年）寫的那本，吳永泉先生的中譯本叫《回憶蘇格拉底》（商務印書館，1984 年）。按第奧伊根尼·拉爾修的說法，「他第一個記錄蘇格拉底的對話，並以《回憶錄》爲題公之於眾。」（《名哲言行錄》第 90 頁，徐開來、溥林譯本，廣西師範大學出版社，2010 年）——中譯注

然而，又難以設想亞里斯多德會如此澈底地誤解他的老師，把這
位他多年來大抵天天都有接觸的恩師實際上只是強調和表達的差
異的東西當作觀點的根本差異。更有可能的是，他有眞實的理由
假定：柏拉圖和他的正統追隨者們，(1)在把諸如παράδειγμα（模
型）和εἰκών（影像）之類的語詞應用到理念和它的特殊物時，

43　表達的是相信極不同於特殊事例的普遍物的存在，而且(2)，在他
們醉心於普遍時，丟掉了特殊物的視角，而這些特殊物，畢竟是
關於普遍的任何理論必須由此開端的事實。[34]

　　泰勒教授關於蘇格拉底的觀點中，還有某些需要引起注意的
其他諸點。亞里斯多德斷言，有兩件事情可以歸給蘇格拉底——
歸納論證和一般定義。泰勒教授認爲，歸納論證在任何特定的意
義上都不是蘇格拉底的特徵。[35]當然，斷言蘇格拉底發明了歸納
論證或許是不眞實的，就如同（按洛克的説法）假定上帝「對人
並不曾十分吝嗇，他並不曾只把人單造成爲兩腳的動物，而使亞
里斯多德給他們再添上理性」[36]一樣。泰勒教授能夠毫無困難地
從早期希波克拉底的（Hippocratean）著作中找出使用ἐπάγεσθαι
（歸納、引證）於歸納論證的例證。但是可以肯定，任何人都能
看出，在蘇格拉底（無論是像《回憶錄》中描述的那樣，還是像
眾所周知的柏拉圖「蘇格拉底的」對話中描述的那樣）那裡，他
是透過各種特殊情形的考察，來仔細地檢驗一般性的意見，這種
做法，與以前的希臘哲學各派是不同的，亞里斯多德在這裡，也
正是把他們和蘇格拉底進行對比。在這個意義上，把歸納論證作

34　〈巴門尼德篇〉的第一部分足以清楚地表明，柏拉圖本人看到了理念論中蘊含
　　的那些危險；至於他是否成功地避開了那些危險，則不很清楚。

35　《蘇格拉底諸面相》第 72 頁以下。

36　《人類理解論》第 4 卷第 17 章第 4 節。這裡的譯文引自關文運先生譯中文本下
　　卷第 669 頁，商務印書館 1983 年 5 月。——中譯注

爲某種特徵歸給他被證明是完全正當的。同樣地，在他對一般定義仔細地、連續不斷地探尋中，我們發現，無論是克塞諾豐的（the Xenophontic）蘇格拉底，還是柏拉圖的蘇格拉底，所追求的東西都是與前蘇格拉底哲學那種冒失的、無批判的定義[37]，或者僅僅以描述或例證默許常識來取代定義極不相同的。

　　如果我們的論證是可靠的，那麼，亞里斯多德的證據並不「贊成這個觀點，即柏拉圖對蘇格拉底的戲劇性描述，在其所有的要點上都完全是歷史性的」。[38]它是與這個觀點相反的。無論我們是否認爲它明確反對這個觀點，都有賴於我們對提出來支持這個觀點的其他論證力量的評估，也有賴於我們對亞里斯多德的評估，他作爲哲學史上事實的目擊者，見證了他自己時代以前的兩代人。關於後一點，即他幾乎有 20 年的柏拉圖學院成員資格，這無疑寓意著，他關於蘇格拉底的證據是有很大重要性的。他可以是理念論的一位無情批判者，在某些方面也可以是一位草率的批判者，但是，在事實問題上，即關於它是柏拉圖自己的理論，還是柏拉圖透過蘇格拉底之口表達的蘇格拉底的理論的問題，他是不可能弄錯的。

　　討論支持泰勒教授觀點的其他論證，完全不是我的意圖。每個人肯定都佩服他和伯奈特教授所發展起來的技巧，以及透過論證支撐的他們關於對話中的蘇格拉底就是歷史上的蘇格拉底的假設，這個假設把新的生氣帶進了柏拉圖對話的研究。盡力運用這個假設既是有理的，也是重要的。泰勒教授曾經結論性地表明[39]，即使是那些與他觀點不同的人，他們通常所接受的蘇格拉

44

37　《形上學》，1078^{b}21。

38　《蘇格拉底諸面相》第 89 頁。

39　在《柏拉圖的蘇格拉底傳記》（*Plato's Biography of Socrates*）中。

底傳記中的諸多主要事實，在柏拉圖的對話中也可找到，而且有可能沒有其他來源進入他們承認的那傳記。

　　他從對話中蒐集來拼湊在一起的有關蘇格拉底「生平」和「秉性」的概貌，構成爲一個連貫而又逼眞的整體。但是，關於第一位闡述理念論的人到底是蘇格拉底還是柏拉圖的問題，亞里斯多德的權威對我而言似乎才是決定性的。這與把蘇格拉底在〈斐多篇〉[40]中關於他思想發展的早期歷史的說明當作本質上眞實的來接受並不矛盾。亞里斯多德並不是要告訴我們，蘇格拉底只是一位道德學家，他對物理學或者形上學問題從來就沒有任何的興趣。他說的意思是，當蘇格拉底致力於[41]倫理問題而不是致力於作爲整體的自然「之時」，柏拉圖把他認作自己的老師，也就是說，蘇格拉底對柏拉圖的影響屬於他一生經歷的較晚部分，而此時，正如泰勒教授自己所主張的，賜給卡勒豐（Chaerephon）的神諭弄偏了他的生活趨向，使他從 φροντιστήριον[42]（就其情形而言，它很有可能是半阿那克薩戈拉，半畢達哥拉斯派的[43]）的頭領轉變成流行倫理見解的批判者和倫理術語定義的探究者。年代學本身使這成爲可能。泰勒教授主張[44]，那道神諭是在伯羅奔尼薩斯戰爭開始（即西元前431年前）以前被賜予的。柏拉圖是在這場戰爭爆發之後3年才出生的，僅僅是這個理由也會使下面的推論成爲可能（如果我們依照伯奈特教授和泰勒教授的主張，把那道神諭視爲蘇格拉底經歷中

45

---

[40] 見該篇 96A-100A。

[41] πραγματευομένου（忙於），A卷 987^{b}2 = M卷 1078^{b}18。

[42] 這是阿里斯托芬在《雲》中說蘇格拉底開設的「思想所」。——中譯注

[43] 《柏拉圖的蘇格拉底傳記》第 24 頁。

[44] 同上書第 26 頁。

的轉捩點[45]）：蘇格拉底不是柏拉圖經由熟悉畢達哥拉斯派觀點（按亞里斯多德的說法，理念論還是從這些觀點之中發展出來的）的中介，而毋寧說更如亞里斯多德所寓意的，他對柏拉圖的影響與畢達哥拉斯派無關。

第二節　柏拉圖觀點的來源

現在，我們可以轉到亞里斯多德對柏拉圖觀點來源問題的說明上來。按照他的看法[46]，柏拉圖的哲學「在大多方面追隨[47]畢達哥拉斯」，但因受另外兩方面的影響而有所改變：⑴早期熟悉的被如克拉圖魯（Cratylus）[48]所反映的赫拉克利特的觀點，因此而所得結論就是堅信，由於可感事物總是處在流變中，它們不能成爲知識的對象；⑵被蘇格拉底發現倫理術語的一般定義的努力所影響。這裡，有三件事情多少有些令人吃驚：⑴把柏拉圖的學說認定爲本質上和畢達哥拉斯學派類似；⑵提到早期和克拉圖魯熟悉；⑶根本沒有提及埃利亞學派的影響。

⑴關於第一點，必須記住，在亞里斯多德的心目中，裝著整體性的柏拉圖的教誨，包括理念數的學說，而這在他的對話中是沒有被發現的，所以，大都沒有進入我們關於他哲學的通常概念中。柏拉圖學派整個的這一方面顯然就是從畢達哥拉斯學派發展而來的。即使是本來意義上的理念論，也與畢達哥拉斯學派有著很大的相似性。亞里斯多德是透過更爲乾脆

---

45 同上書第 19 頁。

46 《形上學》987ª30。

47 即相類似。參見A卷 987ª30 的注釋。

48 一般的中譯為「克拉底魯」，這裡依希臘文按照苗力田先生《亞里斯多德選集・形上學卷》所譯。——中譯注

的如下斷言[49]來說明兩個學派之間的關係的：當畢達哥拉斯學派主張可感事物因其對數目的模仿而存在時，柏拉圖主張它們由於分有形式[50]（Forms）而存在。從「模仿」到「分有」的變化，他看成僅僅是用詞上的變化，而從「數目」到「形式」的變化，他看得更加重要。後來[51]，他詳述了他的說明。他斷言，柏拉圖和畢達哥拉斯學派在以下兩點上是一致的，即(a)都把單一視為實體，而不是屬性，(b)都把數目當作可感事物實體性本質的原因。但是，柏氏和他們又有三點區別，即(a)不把形式的質料原則描述為單一的東西、「無限」，而說成是「雙數」（dyad），大和小，(b)斷言數目與可感事物是「分離」的，而不是這些事物的本身，(c)把數學對象設定為形式和可感事物之間「居間」的實在。最後[52]，他把柏氏與畢達哥拉斯學派學說的第二點分歧以及形式的引入說成是由於ἡ ἐν τοῖς λόγοις σκέψις（在理性[53]中的思索），而把第一點分歧說成是由於眼下我們不需要關心的某種原因。

ἡ ἐν τοῖς λόγοις σκέψις這個短語回指到那個較早的說法，即蘇格拉底對定義的全神貫注在柏拉圖思想的發展中是一個重要的因素。那麼，這整段話的結果就是，柏拉圖的理念（Ideas）理論本質上類似於畢達哥拉斯的數目理論，兩個變更是由於蘇格拉底堅持苦心探詢定義的重要，把單一和數目

---

49 《形上學》987[b]9。

50 羅斯書中討論柏拉圖哲學時，多數時候用的「理念」（Ideas），偶爾也用「形式」（Forms）。其實，這只是英譯問題，它們在希臘文中是同詞源的。——中譯注

51 《形上學》，987[b]22。

52 同上，29。

53 苗力田先生在《亞里斯多德選集・形上學卷》第 24 頁將這裡的λόγοις譯為「原理」。——中譯注

認作與可感事物分離的某種東西，並引入形式。這是什麼意思？我們從其他的一些段落知道，畢達哥拉斯學派視事物與數目同一，他們說，正義「是」數目四，機會「是」數目 7，如此等等。即使是可感事物，也被認為與數目同一，而且，正如其中所蘊含的，數目並不按它們的真實本性被理解為某種抽象的、獨立於任何特殊質料（它們可以在其中被例證）的東西，而是把它們自身認作質料。事實上，他們還不曾理解非質料存在的觀念。對定義問題的關注本性上導致了與畢達哥拉斯派理論的雙重分歧。即(a)導致柏拉圖領悟到，一個數目必定不同於它可以被體現於其中的各種特殊事物，而且(b)導致他看出，把數目推舉為其他事物的十足本質（the very essence）是不適當的；例如：正義有它自己的本性，而不是與 4 或其他任何數目同一。按照亞里斯多德的說法，這些是蘇格拉底對定義的探尋所產生出來的柏拉圖學派特色的兩種方式，正是這些特色，使柏派和畢達哥拉斯學派區別開來。這是邏輯探究影響形上學觀點的一個例證。

47

(2)一切可感事物皆在流變之中，因而不可能有對於它們的知識，這個認識是作為基礎性的假定出現在整個對話中的，當然，該假定其實不需要被經常強調，因為它毫無疑問地被視作理所當然的事情。我們從對話中或許所不應知道的是，柏拉圖早期與克拉圖魯熟悉。我認為，這幾乎不可能只是亞里斯多德從〈泰阿泰德篇〉和〈克拉圖魯篇〉中得出來的推論；在那些對話中，沒有對此的絲毫暗示。它似乎是大概直接源出於柏拉圖的一片真實的訊息；而且，它多少也強化了這個觀點——關於蘇格拉底，亞里斯多德也不完全依賴對話

來獲取其資訊。他關於克拉圖魯的另一資訊片段[54]，很有可能也出自相同的來源。

(3) 我們或許可以嘗試著假設，埃利亞學派諸君被包括在了「義大利學派諸君」（Italians）中間，按亞里斯多德的說法，柏拉圖的哲學在大多數方面都追隨這些人。但是，無論前面所說的還是使用該詞的其他段落[55]所關涉的，都表明，意指的只是畢達哥拉斯學派。爲什麼亞里斯多德在這裡沒有提及埃利亞學派，其原因可能是，他把柏拉圖敘述爲是從克拉圖魯和從蘇格拉底那裡學到埃利亞學派的教誨的。赫拉克利特派堅持一切可感事物的流變，蘇格拉底對有某種東西能夠被知曉和被定義的事實的持守，引導柏拉圖得出了埃利亞學派的推斷：有非感知的實在，它是知識的對象[56]。埃利亞學派的思想是由克拉圖魯和蘇格拉底傳遞給他的。但是，有人漏掉了對麥加拉的愛利亞派人士歐幾里得（the Eleatic Euclides of Megara）的提及，在蘇格拉底死後，柏拉圖投身於他，並受到了他的很大影響[57]。

亞里斯多德說[58]，這些非感知的知識對象，柏拉圖稱爲「理念」，而且這寓意著，他是在這種專門的含意上使用這個詞彙的第一人。研究希臘哲學的學者們受惠於泰勒教授很多，因爲他在《蘇格拉底諸面相》中就直到亞歷山大大帝（Alexander the Great）之死時的εἶδος和ἰδέα的日常用法作了廣泛的研究。沒有一個人想到，柏拉圖使用這兩個詞是在一種嶄新的意義上，與它

---

54 Γ卷 1010[a]12。

55 《形上學》987[a]10，988[a]26，《論天》293[a]20，《天象學》342[b]30。

56 《形上學》987[b]5，1078[b]15。

57 參見伯奈特《希臘哲學》（Greek Philosophy）第 1 卷，第 230-237 頁。

58 《形上學》987[b]7。

們的先前用法完全無關。但是，就它們的先前用法而言，出現了某些爭論，泰勒教授的觀點似乎被吉萊斯皮（Gillespie）教授關於他論證的研究所反駁[59]。其一是「『實在本質』的意義是首要的，『邏輯等級』的意義是次要的或衍生的」[60]；其二是，這兩個詞「無論它們以最原始的含意出現在任何地方，都有一層由於它們在畢達哥拉斯學派幾何學中的意味而具有的意義」。[61]吉萊斯皮教授表明，在希波克拉底的著作中，εἶδος經常在下述這樣的含意上被使用：它大多持守的是「族類」（class）的邏輯意義，有如一位非哲學的英國人口中的「形式」、「種類」、「類型」等詞語一樣。他還表明，沒有任何證據支撐這個信念：在畢達哥拉斯學派歷史中的早期階段似乎出現過的εἶδος的「幾何學形象」（geometrical figure）含意對該詞的一般用法有任何影響。關於柏拉圖的用法，重要的是要注意到，當他使用這兩個詞時，暗含從屬性的屬格，而且，他所說的「形式」，連帶著暗指它們是形式的那些東西。這就等於宣布了εἶδος意指「單純實在」（simple real）的說法不成立；對於柏拉圖，形式「是」單純實體，但那並不是這個詞「意指」的含意。事實上，對於柏拉圖的用法，泰勒教授的另一個翻譯——「實在本質」似乎恰好是正確的。

　　亞里斯多德對理念論的態度，以及如何定性他對該理論的批判，是共同性知識的問題，因而沒有必要引入到這裡討論的這些問題之中。但是，如果去考察亞里斯多德對於可能發生在理念論中的某些變更的本性到底弄明白了什麼，還是值得的。

---

[59]　《古典季刊》vi，第 179-203 頁。

[60]　《蘇格拉底諸面相》第 181 頁。

[61]　《蘇格拉底諸面相》，第 180 頁。

第三節 「較早的和較晚的理念論」

我們首先必須考察傑克遜博士（Dr. Jackson）的觀點，他認為較早的和較晚的理念論能夠在那些對話中追蹤查找出來[62]。他主張，較晚的理論在兩個主要的方面與較早的理論有區別。(1)它把理念世界限制在非常狹小的範圍內；它僅僅承認動物和植物類型的理念和四元素的理念，否認關係的理念、否定的理念、人造物體的理念。(2)它把特殊物與理念之間的關係不再說成是分有關係，而說成是模仿關係。

(1)亞里斯多德似乎暗含有這樣的意思：柏拉圖承認只有ὁπόσα φύσει（由於自然而那樣的）的理念，即只有由於自然而存在的那些事物的理念；[63]而且他還告訴我們，在他的那個時代，柏拉圖主義者們的流行學說不僅否認人造物體的理念，也否認關係理念和否定理念[64]。柏拉圖本人是否否認後兩種類型的理念我們不知道，但我們被確切地告知，他否認第一種類型的理念，而且似乎有可能是這樣的情形：導致他否認這種理念的理由或許也導致了他否認另外兩種理念。但是，傑克遜博士關於這種否認會在那些對話中發現的主張似乎是錯誤的。為了達到這種結果，他不得不把〈巴門尼德篇〉（僅就它得到某種確定的結論而言，為了適合每個共同的名稱，它再次肯定了相信理念的必要性）處理成彷彿它否認這種必

---

[62] 《語言學雜誌》（*Journal of philology*）x.第 253-298 頁，xi.第 287-331 頁，xiii. 第 1-40 頁，第 242-272 頁，xiv.第 173-230 頁，xv.第 280-305 頁。參見泰勒教授在《心靈》（*Mind*）v.（新列）304 頁注，第 307-311 頁提出的令人信服的批評。

[63] Λ卷，1070^{a}18。

[64] A卷，991^{b}6，990^{b}16、13。

要性。他不得不把〈智者篇〉的 μέγιστα γένη（最大的屬）處理成完全不是理念，因為它們都是像存在和非存在一樣的抽象概念，而不是動物、植物或元素；而且，當他面對〈蒂邁歐篇〉中對正義、美等諸如此類的理念沒有任何述說時，他不得不把這種情形處理成：這證明在柏拉圖寫作〈蒂邁歐篇〉時，他並不相信這些理念；而此時的事實是，柏拉圖在那裡之所以不談論這類理念，是因為他正在書寫物理學方面的內容，而這類理念是極不適合放在該處討論的。

　　亞里斯多德的陳述恰好提到了已被討論很多的內容。眾所周知的是，柏拉圖在幾段對話中說到了人造物體的理念[65]。鑑於這個事實而早已被提出來的那些理論被恰當地一一列舉，並在羅賓（Robin）的《柏拉圖學派關於理念和數的理論》（*ThéoriePlatonicienne des Idées et des Nombres*）（這是一本很有學識而且尖銳的著作）中得到了很好的討論。[66] (a)據說，在柏拉圖談到「人造物」（artefacta）的理念時，他是以漠然的甚或半帶詼諧的口氣說的[67]。作為答覆，必須指出，「人造物」的理念是被這種一般學說，即凡有共同名稱之處就有理念的學說所要求的，而且，在《理想國》的第 10 卷中，床和桌子的理念構成了柏拉圖反對藝術的論證的主要部分。(b)據說，亞里斯多德在斷言柏拉圖只承認自然物體的理念問題上，誤解了他。[68]但是，亞里斯多德的陳述與

50

65　《理想國》596[B]，597[C]，〈克拉圖魯篇〉389[B、C]。
66　見該書第 174 頁以下。
67　下面這些著述也如此：普羅克洛（Proclus）《〈蒂邁歐〉評注》（*InTim.*）29c，i.344.8，迪爾（Diehl）；拉韋松（Ravaisson）《文集》（*Essai*）i.294 以下；博尼茨，第 118 頁以下。
68　策勒爾在《柏拉圖研究》（*Plat.Stud.*）第 262 頁也是如此看法。

克塞諾克拉特斯提出的作為表達柏拉圖觀點的下述界定是一致的：τοῦτον ὡς ἀρεσκόμενον τῷ καθηγεμόνι τὸν ὅρον τῆς ἰδέας ἀνέγραψε · αἰτία παραδειγματικὴ τῶν κατὰ φύσιν ἀεὶ συνεστώτων ... χωριστὴ καὶ θεία αἰτία.（他〔即克塞諾克拉特斯〕由於對其導師〔即柏拉圖〕的遵從，寫下了關於理念的這個定義：它是那些總是依照自然而聚合起來的東西的範型因……是分離且神聖的原因。）(c)正如傑克遜博士所主張的[69]，據說柏拉圖改變了他的見解。但是，亞里斯多德並沒有說到理念論中在這個方面有任何變化，在對話中也沒有發現變化的任何實在的證據。(d)據暗示，改變其理論的只是柏拉圖的弟子們。伯克曼（Beckmann）[70]推測，柏拉圖的名字是後來加在明確稱謂他的那一段話中的。但是，在較為平和的方法被首次嘗試之前，我們不應求助於對文本的猛烈抨擊，而且，我們必須對克塞諾克拉特斯的證言給予一定程度的考慮。(e)羅賓暗示，柏拉圖否認的只是模仿藝術產品的理念，這些模本僅僅再現了它們的原本的外在形式，但並不否認有用藝術產品的理念，因為它們有著被其目的指示的，和自然物體一樣真實的形式；而且他也暗示，亞里斯多德把柏拉圖誤解為將後一種產品的理念也否定了。這種暗示符合《理想國》的學說，在該篇裡，實際的床只是理念的一次遷移（就像自然物體一樣），而畫出的床則是兩次遷移。根本沒有畫出的床的理

---

[69] 下述著述亦如此：蘇色米爾（Susemihl）《柏拉圖哲學的起源發展》（*Genet. Entwickl.*）ii. 540；宇伯威格（Ueberweg）《研究》（*Unters.*）226 以下，《哲學史綱要》（*Grundr.*）i⁹.191；策勒爾《希臘哲學》（*Ph. d. Gr.*）ii. 1⁴. 703, 947；亨澤（Heinze）《克塞諾克拉特斯》（*Xenokr.*）53 以下。

[70] Num Plato artefactorum ideas statuerit（於是，柏拉圖建立了創制者的理念），第 29-35 頁。參見阿爾貝蒂（Alberti），《柏拉圖著作的精神和次序之問題》（*Die Frage über Geist u. Ordn. d. plat. Schrift.*）第 75 頁以下。

念：它的παράδειγμα（模型）不是一個理念，而是那張實際的床。假如這個看似非常有理的暗示是正確的，那麼一般而言[71]，克塞諾克拉特斯和柏拉圖學派就必定由於拒絕artefacta（人造物品）兩種類型的理念而超越於柏拉圖，亞里斯多德歸給老師的東西也就只適於弟子們了。

關於否定的、易腐物的，以及關係的理念問題，參看A卷990^{b}13-16 的解釋可能就足夠了，從那裡將會看出，相信柏拉圖本人持有的較早和較晚理論之間存在明顯區分的觀點，沒被亞里斯多德的陳述所支持。

(2)在傑克遜博士的另一篇主要論文中，他認為在柏拉圖較後的理論裡，理念不再被認作內在於特殊物中，而被視為超越性的，理念與特殊物的關係僅僅像原型對模本。但是，他的依據依然比較軟弱無力。他在此處主要依賴的〈巴門尼德篇〉解開了超驗理論之謎，但相反地，也同樣完全解開了內在理論之謎，而且，該篇對話的結論是，承認兩個相似的比喻都沒有完全表達柏拉圖依舊主張的觀點，即想方設法使特殊物與之相關的東西，以及特殊物的存在所依存的東西，必定是理念。進一步說，傑克遜博士賴以立足的關於理念世界範圍的亞里斯多德論據，他要用在理念和特殊物之間的關係之本性這一問題上，是完全不行的。亞里斯多德把μέθεξις（分有）視為柏拉圖說明數目與可感物之間關系的特色，而且，他也把這，即μίμησις（模仿）視為柏氏與畢達哥拉斯學派說明該關係方式的字面上唯一的區別[72]。所以，在傑克遜博士那

51

---

[71] A卷 991^{b}6。

[72] A卷 987^{b}10。

裡最為重要的區別，亞里斯多德卻看得很小。[73]關於這個問題，在亞里斯多德那裡完全沒有較早和較晚的柏拉圖理論的任何暗示。

在亞里斯多德那裡，有不少柏拉圖理論的證據，但是這些理論在對話中很難甚或根本找不到任何蹤跡，因為它們部分地似乎屬於在 ἄγραφα δόγματα（未成文學說）中表達的柏拉圖較晚的思想，部分地是由於斯彪西珀斯和克塞諾克拉特斯所完成的發展。

第四節　理念數和理念的空間量度

第一階段是出現在《形上學》M卷第 6-8 章的 ἀςύμβλητοι ἀριθμοί（難以理解的數目）的學說。和我們從對話中知曉的理念論相比，這不是實在的進步或背離；就數目的理念來說[74]，它僅僅是要明確那包含在它們的存在理念中的東西。理念數只不過是本性的數，即普遍的 2、3 等等，而它們全都是由 2、3 等等作為特殊例證的成員集合而來的。從它們作為理念的本性出發，可以推出，它們是各自很不相同的，不能比較的[75]，即不能把一個說成是另一個的部分。2 不是 4 的一半。本性的數目也不是各個單位（units）的集合[76]。所以，假如柏拉圖主義者們忠於他們的

52

73　參見《形上學》991ᵃ20。

74　對於這一點，參看〈斐多篇〉101ᵉ5。

75　《形上學》1080ᵃ17，1083ᵃ34。

76　色利阿魯斯，113.24τὸ δὲ καὶ ἀριθμὸν ἐν ἐκείνοις (sc. τοῖς εἰδητικοῖς ἀριθμοῖς) τὸν μοναδικὸν εἰσάγειν καὶ διὰ τοῦτο διπλασίαν ποιεῖν τὴν αὐτοδυάδα τῆς αὐτομονάδος, σφόδρα ἐστὶν ἐπιπόλαιον · οὐ γὰρ διὰ ποσότητα μονάδων ἕκαστος τῶν ἐκεῖ ἀριθμῶν ἔχει τὴν ἐπωνυμίαν ἣν εἴληφεν, ἀλλὰ κατά τινα χαρακτῆρα θειοτάτης καὶ ἁπλουστάτης οὐσίας...ὅμοιον οὖν μοναδικὸν πλῆθος ἐπιζητεῖν ἐν τοῖς εἴδητι κοῖς ἀριθμοῖς καὶ ἧπαρ ἢ σπλῆνα σπλάγχνων τε τῶν ἄλλων ἕκαστον ἐν τῷ αὐτοανθρώπῳ.

（把在那些〔即理念數〕中的數作為單位性的東西引入進來，並由此使得 2 本

原則，那麼，亞里斯多德攻擊他們的問題，即，在理念數中的諸單位是可比較的還是不可比較的問題，就會完全失敗。他們的答案就會是，在理念數中，根本就沒有單位。柏拉圖持有這種觀點是「可能的」，但有些柏拉圖主義者肯定不持有。亞里斯多德斷言（《形上學》1080^{b}8），這些觀點，即(a)所有單位都是可比較的，(b)在每個數目中的單位彼此可以比較，但是不可與另外某個數目中的單位比較，都在柏拉圖主義者中間找到了支持，但是，他沒有明白地把其中某個觀點指定給柏拉圖。鑑於他們學說的一般本性，我們或許可以把(a)歸給斯彪西珀斯，而把(b)，即折衷性的理論歸給克塞諾克拉特斯。第三種觀點(c)，即所有單位都不可比較，則沒有任何一個支持者（同上，1080^{b}8，1081^{a}35）。

　　或許還應該補充一句：正如我們從對話中得知的，與理念數的信念一樣，理念空間量度的信念也蘊含在柏拉圖派的理論中。這些也必定是「不可比較的」。四邊形的理念不比三角形的理念更大或更小，也不與此相等，它們也不能加在一起以形成另外某種形狀的理念。關於理念的μεγέθη（大），亞里斯多德不得不言說的東西的實體，是在這篇論文的較後部分指出的。

第五節　居間者

　　它是這樣的一種學說：數學數和數學的其他對象構成居間於理念和可感物體之間的實在序列。亞里斯多德明確地把這種

身成為 1 本身的兩倍，這是極其膚淺的。因為，並不是由於諸單位的量，而是由於最為神聖和最為單純的實體的某種印記，在那裡的每個數方才具有了它所擁有的名字。……因此，在理念數中尋找眾多單位性的東西，就如同在人身上尋找肝臟、脾臟或其他內臟器官中的每個。）

學說歸於柏拉圖[77]，而且他還清楚地告訴我們這種學說的根據是什麼[78]。數學對象不可能是可以感覺的特殊物，因為它們是永恆的、不變的；它們也不可能是理念，因為它們有許多相似者，而每個理念都是唯一的。例如：「底邊相同，且在相同平行線之間的兩個三角形面積相等」的定理。這兩個三角形是什麼？它們是與三角形的那個理念不同的。從它作為普通物的本性來看，該理念是唯一的。假如有兩個三角形的理念，那麼，就會不得不還有另一個它們分有其形式的真正理念[79]。另一方面，柏拉圖似乎論證過，這兩個三角形不可能是可感的三角形，既然假如現在存在的一切可感的三角形不再存在，而該定理卻依然真；它們必定是永恆的，可感三角形則是暫時的。所以，它們必定屬於實在的第三等級。同樣，當我們說 2 加 2 等於 4 時，我們不是在說 2 的那個理念，既然假定它成雙然後加到自身是荒謬的。我們也不是在說可感物的 2，既然即使一切可感的 2 都不復存在，該定理也是真的。

「居間者」學說並非是一種純粹空想的，可以忽視的學說。它是對一個實在問題的回答，該問題涉及到「任何」（any）的觀念。當我們斷言「人（man）是有死的」時，我們意指的是什麼？我們並非意指「抽象的人」（manness）有死；更不意指人類有死；也不意指A、B和C，以及某些確定的人有死。我們意指的是，任何人（any man）都有死，而且，假定這個命題的主語是一個分離的實在也並非不自然。該論證可以被延伸到數學領

---

[77] A卷，987[b]14。在此處的注釋中，我曾試圖表明，該學說是源於對話中所表述觀點的自然而然的結論，儘管除了〈蒂邁歐篇〉之外，沒有在任何對話中實際表述過。

[78] 《形上學》987[b]16。參見該書B卷，1022[b]14。

[79] 《理想國》597[c]。

域之外，而且適用於一切科學的對象。當兩個經濟人形成某種關係時會發生什麼，政治經濟學要對此作出說明。這兩個經濟人是誰？他們不是經濟人的那個理念，他們也不是血肉之軀的人。柏拉圖並沒有顯得要把居間者的學說擴展到純粹數學之外，但亞里斯多德注意到了它在該領域外擴展的邏輯必然性，如果它在該領域內被主張的話。天文學必定有一個第三種天處在理念的天和物質的天之間作爲它的對象；光學、聲學和醫藥科學也必定有「居間的」對象[80]。

　　亞里斯多德自己關於數學（或者毋寧說關於幾何學）對象的概念，本身也給它們指定了居間者的位置，雖然不是作爲另外兩級分離實在之間的一個分離實在的等級。按照他的看法，幾何學對象被認作是從其可感性質中抽象出來的可感之物。只要簡單地把可感事物看作具有某種外形的邊界，你就是在考慮幾何學的對象。但是，進一步的抽象行爲是可能的。你不僅可以思考可感之物的「可感質料」，而且你也可以盡情想像幾何學對象的「可思（intelligible）質料」，它們的外延[81]，然後，你就達到了直線的本質、圓的本質等等，即我們透過等式來表達的它的構造的公式，而這種本質，柏拉圖主義者們的表達方式較爲原始，他們指定數目一爲點或「不可分的線」的形式，2 爲線的形式，3 爲面的形式，4 爲體的形式。[82]亞里斯多德似乎接受了 τὸ εὐθεῖ εἶναι（作爲直的存在）（等於 δυάς〔2〕）和 τὸ εὐθύ（直）之間的區別。[83]因此，幾何學的對象是非常具體的可感事物與抽象的最終

---

[80] B卷，997^{b}15-32，M卷，1077^{a}1-9。

[81] Z卷，1036^{a}11。

[82] 《論靈魂》404^{b}18-25。

[83] 同上書，429^{b}18-20。參考《形上學》H卷，1043^{a}33。

54

結果，即純形式之間的居間者。

　　但是，亞里斯多德或許會說，他並沒有把任何分離的存在派定給居間者或抽象的最終結果，而柏拉圖主義者們卻把一種分離的存在派定給了這二者，這就造成了他自己的觀點與柏拉圖主義者觀點之間的一切差異。這樣，他們之間爭論的是非曲直就轉成他關於理念的討論所出現的那同一個關鍵點，即，柏拉圖主義者們所謂的 χωρισμός（分離），是意指他們承認事實的分離，還是僅僅承認「分離的」事物之間可認知的差異。

55　　　數學對象的「分離」和理念的分離還有另一方面的相似性。亞里斯多德說到，τὰ μαθηματικά（諸數學對象）與 τὰ αἰσθητά（諸可感事物）的區別恰如抽象與具體的區別。他說，把青銅球的青銅抽離出來，你將發現一個數學的球體。但是，你將發現的事實上是一個極不完美的、近似於球體的東西。在某些上下文裡，亞里斯多德注意到了這個事實；他指出，在幾何學中，我們可以「假定沒有 1 尺長的線是 1 尺長」，而且我們的證明不會因此而受損。同樣，他知道，在幾何學作圖中使用的「直線」和「圓」其實並不是眞正的直線和圓。[84] 但是，在他對 τὰ μαθηματικά 的存在方式的說明中，並沒有考慮這個事實。另一方面，在柏拉圖那裡，對這個事實的知覺必定應該是他把數學對象與可感之物分離開來的動因之一。τὰ μαθηματικά 不是（而亞里斯多德主張它們是）存在於可感事物之中的性質；它們是諸如等邊等角的立體一樣完美的圖形，感覺之物只是近似於它們。在這個方面，τὰ μαθηματικά 的分離很像理念的分離。因爲那些理念也不是（亞里斯多德也暗示它們是）同等地、完美地存在於每個特殊

84　M 卷，1078ᵃ19，B 卷，997ᵇ35-998ᵃ4，《前分析篇》49ᵇ35。

事物之中的性質；它們是諸如理想的美和理想的正義那樣的東西，超越一切被讚譽爲美的對象和一切被認作正義的行爲。在這方面，它們和亞里斯多德的普遍不相似。

　　柏拉圖把數學對象指定爲分離的存在，他這種做法正確嗎？對亞里斯多德而言，面、線和點僅僅潛能地存在於現實存在的可感物體中。面是在體上可被分割的東西，線是在面上可被分割的東西，點是線上上可被分割的東西。柏拉圖斷言它們的現實存在，而且這種斷言也無疑正確。欲把一個球體一切爲二，並不會將它的兩半所共有的那個面帶入存在，要沿著已有的面推進你的刀才行。

　　因此，簡要而言，「居間者」學說⑴關鍵在於「任何（any）X是Y」這種類型命題的存在上。就此而言，該學說是不成立的。例如：在算術命題中包含的許多的 2，是日常生活的若干對子（pairs），透過抽象出它們的特定本性，而且僅僅是關於它們作爲對子的共同本性而被思考。事物的每一個對子都是一個 2；雖然從另外的觀點來看，它也可以被其他的數目稱謂（正如所謂的一個星期也是 7 天），但這並不妨礙它是完全而又完美的一個對子。毫無疑問，如果不考慮特殊的「任何」，就很難說明我們如何能夠判斷所有的對子；然而，需要做的事情不是承認特定的實在，而是對判斷本性的縝密反思。

　　⑵但是，關於幾何學的對象，就要開始另一番考察了。日常生活裡的「球體」和「圓」完全不是球體和圓，它們也不是適合於幾何學命題的東西。這樣的命題適合於完美的幾何圖形，而這些圖形是思想認可其存在於空間中的，雖然它們的邊界與任何可感圖形的邊界都不相符。正是這些完美的圖形，連同「數學數」，是柏拉圖的居間者。

56

亞里斯多德明白，蘊含在算術眞理中的數，無論它們怎麼樣，都必須保留，但不是其他任何數，所以，他否認理念的數，保留「數學的數」，雖然他認爲它們沒有任何「分離」的存在。但是實際上，正如柏拉圖在理念數和可感集成物的對比中所描述的，數學數恰恰是算術並不需要的那些數。假如亞里斯多德否認它們，接受理念數，或許會做得更好。

亞里斯多德承認，關於τὰ μαθηματικά，有三種與他自己不同的觀點。它們是：(a)柏拉圖的觀點，認爲它們是κεχωρισμένα τῶν αἰσθητῶν（與可感之物分離的）[85]；(b)畢達哥拉斯學派的觀點，認爲它們在可感事物之中，而且構成這些事物，可感之物是面的集成，歸根到底是數目的集成；[86](c)居中的觀點，認爲它們作爲分離的實在而ἐν τοῖς αἰσθητοῖς（在可感之物中），雖然和αἰσθητά（可感物）占據著相同的空間[87]。亞歷山大[88]認爲，第三種也是畢達哥拉斯學派的觀點，但它明顯地區別於[89]被描述爲畢達哥拉斯學派的那個觀點[90]。而且進一步說，它也與那些僅適於反對理念論信徒的論證[91]相對立。所以，它應被看成是半畢達哥拉斯學派、半柏拉圖學派的折衷主義思維方式的表達。

第六節　理念數源出於第一原理

在柏拉圖理論的發展中，更進一步的情形是，理念數源出

85　B卷，997[b]12-998[a]6，M卷，1076[a]34。

86　A卷，987[b]27，M卷，1080[b]2、16，N卷，1090[a]20-23。

87　B卷，998[a]7-19，M卷，1076[a]33。

88　724.33-38。

89　M卷，1080[b]2。

90　同上，16。

91　B卷，998[a]11，M卷，1076[b]1。

於形式原理「一」（the One）和有著不同稱謂的質料原理。作爲「大和小」（the great and the small）而被描述的質料原理，在《形上學》A卷 987^{b}20、25，988^{a}8-14、26，《物理學》187^{a}17，203^{a}15，209^{b}33 等處，被明確地歸之於柏拉圖。上述的最後一段話特別有趣：「柏拉圖應該說明，爲什麼理念和數目不處在地點之中，既然τò μεθεκτικόν（分有者）就是地點，不論τò μεθεκτικόν是大小還是質料，就像他在〈蒂邁歐篇〉中所寫的那樣。」[92]辛普里丘（Simplicius）注意到，柏拉圖用大和小的名稱來稱謂被動的質料，出現在他的論善的未成文的演講中。辛普里丘的說法可能是正確的。〈斐利布篇〉24A中的「更大─和─更小」（more-and less）是這個短語的較早形式。

在《形上學》A卷 987^{b}25、33，988^{a}8-14，亞里斯多德提到，柏拉圖把質料原理描述成「雙數」（dydad）。進一步說，這條原理經常作爲「不相等」或「不均等」而被提及，而且，這個說法與「大和小」[93]的聯合，暗示著它也是柏拉圖本人使用的。

質料原理作爲「不定的雙數」而被更爲經常地提及。與承認質料對這個問題的重要性相比，關於這個說法是否也是柏拉圖使用的問題，一直存在著更多的爭論。這個說法經常與上面提到的那些稱謂中的任何一種都無關係，但是，在《形上學》M卷 1083^{b}23-36，N卷 1088^{a}15，1090^{b}32-1091^{a}5 等處，它又與「大和小」關聯了，並因此而被推測性地歸給了柏拉圖。這種看法，

---

[92] 此處譯文根據徐開來譯亞里斯多德《物理學》單行本第 84 頁，中國人民大學出版社，2003 年。

[93] N卷，1088^{b}28。

被下面這些人所強化：泰奧弗拉斯托斯（Theophrastus）[94]、亞歷山大[95]、辛普里丘[96]、色利阿魯斯、阿斯克勒皮烏斯和赫爾謨多魯斯（Hermodorus，他是柏拉圖的一名直授弟子）[97]。儘管有這種證據，但特倫德倫堡（Trendelenburg）、蘇色米爾和策勒爾〔在《柏拉圖研究》（Platonische Studien）〕仍認為，「不定的雙數」不是一種柏拉圖的表述，海因策（Heinze）則主張，它是克塞諾克拉特斯特有的表達。但是，策勒爾後來放棄了這個觀點，M.羅賓[98]表明，這種觀點所依據的論證是軟弱無力的。基本不用懷疑，這種表述也是柏拉圖在其演講中使用的。然而，有一段話[99]應該給予特別的注意。亞里斯多德斷言，「有這麼一些人，把與『一』相聯合的原理當作不定的雙數，但卻理由充足地對『不相等』這個措辭不滿，因為從它不可能推出結論；然而，他們逃脫的，只是把不相等，即一個關係詞當元素所必然相隨的許多困難」；也就是說，柏拉圖隨意地將「不相等」和「不定的雙數」用來表述質料原理，而他的一些追隨者，卻由於上述的原因，用後一個說法把自己限制了；在他們那裡，該說法或許成了比在柏拉圖那裡更為重要的專門詞彙。

在一些段落中，質料原理被說成是「複數」（plurality），而且這說明，或寓意著，將其說成「複數」的思想家們和使用上述諸詞彙的那些人是不同的[100]。將N卷 1091^b30-35 和

94　殘篇xii.33，維默爾（Wimmer）。

95　56.16-21，33-35，85.16-18。亞歷山大提到了亞里斯多德對柏拉圖論善的演講的紀錄。

96　《物理學》454.22-455.11（引用亞歷山大）。

97　摘引辛普里丘《物理學》247.30-248.18（參看 256.31-257.4）。

98　第 649-654 頁。

99　N卷，1088^b28。

100　M卷，1085^b4-10，N卷，1087^b5、6、8、30，1091^b31，1092^a35-^b1。

1091^{a}29-^{b}1、Λ卷 1072^{b}30-34 進行比較，就可產生這樣的猜想：斯彪西珀斯採用了這個說法，而且普魯塔克（Plutarch）書中的一段話[101]（如果它值得信賴的話）表明，克塞諾克拉特斯也採用過。

在《形上學》N卷 1087^{b}16，亞里斯多德告訴我們，有些柏拉圖主義者把理念數的質料原理描述為「多和少」（the many and few），其根據是，「大和小」作為理念的「空間量度」的原則更合適[102]。在這裡，我們再次發現了在柏拉圖學派的內部，柏拉圖本人描述質料原理的修正證據。N卷 1087^{b}17-21 也指出了同樣的變化，在那裡，我們被告知，有些思想家用更為一般的表述τὸ ὑπερέχον καὶ τὸ ὑπερεχόμενον（超過的和被超過的）來取代「大和小」。塞克斯都·恩披里科（Sextus Empiricus）[103] 把這看作本質上是畢達哥拉斯學派的對立意見之一[104]，M.羅賓也大體上暗示出[105]，以這種方式描述質料原理的人，是希帕蘇斯（Hippasus）學派柏拉圖化（Platonizing）的畢達哥拉斯主義者們。

最後，據說還有另一些人把質料原理描述為τὸ ἕτερον（另一個）或τὸ ἄλλο（別一個）[106]。θάτερον（阿提卡方言，等於ἕτερον）作為對質料原理的表述出現在柏拉圖那裡[107]，但在亞里斯多德文本中，他把那些將這些說法用作對質料原理正式稱謂的

59

---

[101] 《論靈魂的創生》（De An. Procr.）ii.1.1012d。

[102] 參見N卷 1088^{a}18、^{b}5-13，1089^{b}11-14。

[103] 《反數學家》（Adv. Math.）第 10 卷，第 263 頁以下。

[104] 參見亞歷山大，56.16。

[105] 第 659 頁。

[106] N卷，1087^{b}26。

[107] 〈蒂邁歐篇〉，35A，B。

人和柏拉圖區別出來。亞歷山大斷言他們是畢達哥拉斯學派的
人[108]，他的這種斷定很可能是正確的；〈蒂邁歐篇〉的這個專門
術語與其說是柏拉圖的，還不如說極有可能是畢達哥拉斯學派的。

　　要找到柏拉圖主義者們實施生成數目系列的大膽嘗試的
清晰路徑是很困難的。對亞里斯多德來說，不定的雙數的功
能本質上是生雙的（δυοποιός）[109]。它是一類可被賦形的質料
（ἐκμαγεῖον）[110]，具有把分派給它的模型產生出兩個模本的
特性。它「接受確定的雙數，並造出兩個雙數」。[111]所以，亞
里斯多德才能夠說，柏拉圖的元素僅僅能夠產生τὸν ἀφ᾽ ἑνὸς
διπλασιαζόμενον（ἀριθμόν）[112]（源出於一的成雙的東西〔數
目〕）。2、4、8 等都是由不定的雙數透過倍增的系列從「一」
產生出來的。亞里斯多德敘述了[113]數目產生的三種方式。「一
種方式是，如果一落在偶數上，奇數就產生」（即透過加法）；
「另一種方式是如果雙數落下」（即落在一上），「2 和它的冪
就產生」（即透過乘法）；「再一種方式是，如果奇數落下」
（即落在偶數上），「其他偶數就產生」（即透過乘法）。如果
把這條思想線索貫徹下去，到 10 為止的數目就有如下述地產生
出來了：

---

[108] 798.23。參見達馬斯修斯（Damascius）《論原理》（De princ.）306；ii.172.20
接續，呂埃勒（Ruelle）. Ἀριστοτέλης δὲ ἐν τοῖς Ἀρχυτείοις ἱστορεῖ καὶ Πυθαγόραν
ἄλλο τὴν ὕλην καλεῖν.（亞里斯多德在《阿爾庫特斯諸論》中述說，畢達哥拉斯將
這質料叫作另一個。）

[109] M卷，1082ᵃ14，1083ᵇ35。

[110] A卷，988ᵃ1。

[111] M卷，1082ᵃ13。

[112] N卷，1091ᵃ10。

[113] M卷，1084ᵃ3。A卷 987ᵇ34 的解釋對於從中推出的任何結論來說，都是有疑問
的。

$$1 \times 2 = 2 \qquad 2 \times 2 = 4 \qquad 4 \times 2 = 8$$

$$2 + 1 = 3 \qquad 4 + 1 = 5 \qquad 8 + 1 = 9$$

$$3 \times 2 = 6 \qquad 5 \times 2 = 10$$

$$6 + 1 = 7$$

但實際上，事情無疑不是這樣的，柏拉圖並非把數目想像成產生出來的存在。這個介紹只說明了質料原理是個雙數的事實，並沒有說明它的存在的不定，也沒有說明在柏拉圖那裡，它的根本特徵即「大和小」表現於外的到底是什麼：「雙數」似乎只不過是在提及質料原理的這種二性特徵時的方便表達方式[114]。再者，產生數目的這種方式就奇數而言，只是加法（按照亞里斯多德自己的觀點，這是產生數目的唯一方式）[115]，而就偶數而言，又只是乘法，這只不過是被縮短了的（abbreviated）加法；但是，柏拉圖恰好是在這上面（in this）把理念數和數學數區別出來的，即後者是可以附加的（addible），而前者不是。[116]

60

有多種跡象表明，柏拉圖主義者們是透過很不相同的路徑著手的。在《物理學》206[b]27 中，亞里斯多德適當地解釋了爲什麼柏拉圖把質料原理稱爲「大和小」。「正是因爲如此，柏拉圖也制定出了兩種無限。他認爲，在增加和減少兩個方向上，超

---

[114] 亞歷山大 56.8-13 給出了一種略微不同的解釋。他說，雙數之所以被選作質料原理，是因爲在數目系列中，它是一之後的第一個數，而且在其最低的詞項中，包含有大量和少許，既然它的因數是在 2：1 的比率中。但是，這個說明把「數目」2 當作了所有的數目（包括它本身）的質料原理。質料原理不是數目 2（「確定的雙數」），而是不定的雙數；亞里斯多德小心翼翼地維持著這種區別。

[115] M卷，1081[b]14。

[116] 同上，1082[b]28-36。

過界限並推進到無限都是可能的」[117]。這恰是我們在〈斐利布篇〉中獲得的ἀπειρία（不成熟的）圖景。從無限大到無限小的排列，以及，要成爲任何確定的量，都必須被πέρας（終點）確定，或按亞里斯多德的說法，被「一」確定，這是個模糊的量。有如亞里斯多德通常將其描述爲存在一樣，它不是兩個東西，即大和小，而是像他偶爾稱它的[118]，是大—和—小（the great-and-small），即有著相反潛能的一個東西。正如辛普里丘表述的[119]（摘引亞歷山大，而後者又依次引自柏拉圖論善的演講），「每個數目，在它是個特定的數目，是一和確定的範圍內，分有『一』；在它被分開且是個複數的範圍內，分有不定的雙數」。進一步，弄明白這個問題，尤其是弄明白把質料原理描述爲不相等的問題，辛普里丘的摘引[120]源於赫爾謨多魯斯。按照他的說法，柏拉圖把存在著的東西劃分成兩個類別，即καθ᾽ αὑτά（由於自身的）（例如：人和狗）和πρὸς ἕτερα（有關另外的），後一類又依次分成πρὸς ἐναντία（有關反面的）（例如：善和惡）和πρὸς τι（關係）（例如：左和右、高和低）。在πρὸς ἕτερα類中，有些是確定的，另一些則不確定。「而且，那些被說成是相對於小的大的東西，全都有更大和更小，會被更高程度上的更大或更小推到無限。同樣，『更寬』和『更窄』、『更重』和『更輕』，以及所有的這類詞彙，都將被推向無限。但是諸如『相等』、『靜止』、『合調』之類的詞彙，就不容許有更多和更少，相反，它們的對立面卻容許，因爲一種不相等比另一種更

---

[117] 此處譯文依據徐開來據希臘原文譯《物理學》第 74 頁，故與英文本略有不同。——中譯注

[118] B卷，998ᵇ10，M卷，1083ᵇ23、31，N卷，1087ᵇ8。

[119]《物理學》454.22-455.11。

[120] 同上書，247.30-248.18。

不相等，一種運動比另一種更運動，一個不合調的東西比另一個更不合調。再者，處在對子類型中（即πρὸς ἐναντία詞彙的對子和πρός τι詞彙的對子）的這所有的情形[121]，除了一個要素（即『一』）之外，都容許更多和更少，所以，這類情形的含意，就被稱為不穩定、無限、無定形，由於是對存在的否定，也被稱為非存在」。從辛普里丘那裡進一步引用是重要的：他在其中斷言，雙數ἐπὶ τὸ τῆς ἀπειρίας ἀόριστον（在無限的不定上面）的運動κατ᾽ ἐπίτασιν καὶ ἄνεσιν（按照繃緊和放鬆〔的方式〕）進行[122]。

　　依照這些提示，以及依照柏拉圖如同在〈斐利布篇〉中表達的思想，最有可能的情形似乎是：柏拉圖認為理念數不是作為透過加法或乘法而達到某種東西的，而是（雖然非常含糊）有如在ἀπειρία的大一和一小的無限潮漲潮落中由限界原理決定的接連不斷的休息場所。但必須記住，按亞里斯多德的說法，「克塞諾克拉特斯」把理念數和數學數視為同一。若按他對該問題的說明，似乎會出現更加數學性的數目產生，而且有可能亞里斯多德的說明更多的是以克塞諾克拉特斯，而不是以柏拉圖為基礎的。如果我們對柏拉圖意思的理解是正確的，那麼在他那裡，質料原理就是大一和一小，一種能夠無限擴展也能夠無限限定的單一的東西。但是，亞里斯多德卻習慣性地說成大和小。所以，似乎有可能克塞諾克拉特斯預先假定了兩個質料原理，即大和小，而且可能把它們認作被「一」弄得相等，並因此而把它們每一個認作構成數目2的單一之一。把「一」視為與奇數同一[123]，或與奇數中

62

---

[121]這裡的閱讀和翻譯都有疑問。

[122]445.1。

[123]M卷，1084ᵃ36。

的中間單元同一[124]，或許也是屬於這種思維方式。

　　乍看起來，有一處陳述和我們提出的說明有矛盾。在M卷1081ª22 中，亞里斯多德說，「在最初的 2 中，各單一同時生成了，或者，如該理論的首位主張者所言，生成於不相等（因為它們是由這些的相等所產生的）或別的什麼」。在這裡，把柏拉圖本人信作認為質料原理有兩個不相等的部分，它們被形式原理弄得相等，並因此產生出在數目 2 中的兩個單一[125]。然而，關於這種產生方式，亞里斯多德表示了些許懷疑，他問：「是每個單一都來自弄相等了的大和小，還是有的來自小有的來自大？」[126]或許，他在這裡提出的還是關於柏拉圖的意思的微弱而模糊的證據。很有意味的是，雖然他在這裡暗含著在質料原理中有兩個「不相等」，但並沒有稱之為複數的「不相等」（the unequals），而是單數的「不相等」（the unequal），或「不均等」（inequality）。[127]至於為什麼要如此稱謂質料原理，其理由在前面摘引的赫爾謨多魯斯的那條殘篇中已經給出了。「不相等的」是「不確定的」同義語，因為如果僅僅知道一物與另一物不相等，那麼關於它的實際大小，我們什麼確定的東西都不知道。我們幾乎不能夠懷疑，下面兩種說法的第一種似乎更為真切地表達了柏拉圖的意思：一是斷言數目 2 產生於ἐκ τοῦ ἀνίσου ἰσασθέντος，即產生於已被「一」弄得相等了或界定了的那個不相等或不確定的東西，2 是亞里斯多德的短語ἐξ ἀνίσων ἰσασθέντων（產生於弄得相等了的一些不相等）。

---

[124]同上，1083ᵇ29。

[125]參見N卷，1091ª23，在這裡，沒有指名道姓地提柏拉圖。

[126]M卷，1083ᵇ23。

[127]B卷，1001ᵇ23，I卷，1056ª10，Λ卷，1075ª32，N卷，1087ᵇ5、7、9-11，1088ᵇ29，1089ᵇ6、10，1091ᵇ31，1092ᵇ1。

　　回到推測性的克塞諾克拉特斯的說明，值得注意的是，亞里斯多德斷言[128]，「柏拉圖主義者從質料產生出許多東西，但形式卻只產生一次。」這似乎意味著（當然，和亞里斯多德對此的評論有關），形式原理，即「一」，僅僅是在單一的一個數目的生產中有作為，當然，這個數目必定是第一個數，即 2；[129]似乎也可以推出，後續的各數目不是由「一」的作用，而是由另外某個形式原理作用於不定的雙數而產生的。而且事實上，4 被描述為由數目 2 作用於不定的雙數所產生[130]，8 則由數目 4 作用於不定的雙數所產生[131]。同樣地，我們也可以推測，3 產生了 6，5 產生了 10。但是，3、5、7 和 9 又是如何產生的？在一段話中[132]，亞里斯多德告訴我們，柏拉圖主義者斷言奇數沒有任何產生，但在其他地方，他則說，「一」是奇數[133]，或更確切地說，是奇數的中間單一[134]。情形可能是，當被問及奇數中的奇數單一從何而來時，克塞諾克拉特斯回答說來於「一」本身。如果這種推測是對的，「一」就發揮了雙重功能。在 2 的產生中，它是形式原理，或對不定的雙數起限定作用；在源於 2 的 3 的產生中，它是產物中一個實際的要素，在源於 4 的 5、源於 6 的 7、源於 8 的 9 的產生中，均皆如此。亞里斯多德實際上譴責柏拉圖主義者以這種雙重的方式使用「一」：「他們以兩種方式把『一』弄成第一原理──一方面，它扮演形式和本質，另一方面，扮演部分和

63

---

[128] A卷，988[a]2。

[129] M卷，1081[a]22，1084[b]37。

[130] 1081[b]21，1082[a]12，33。

[131] 1082[a]30。

[132] N卷，1091[a]23，見那裡的注釋。

[133] M卷，1084[a]36。

[134] 1083[b]29。

質料。」[135]引起這種錯誤的原因是，「他們既從數學的觀點，又從一般定義的觀點出發來探討這個問題」[136]；也就是說，他們犯了亞里斯多德在其他地方譴責克塞諾克拉特斯[137]所犯的那種錯誤，即把數學上對數目的處理和哲學上對數目的處理混淆了。亞歷山大對奇數中的奇數單一給出了一種不同的說明——它是在由「一」決定之後，不定的雙數的眾多部分之一；[138]但是，這種說明與亞里斯多德的陳述是不一致的。

　　M.羅賓[139]對奇數的產生持一種不同的觀點。假定「不定的」東西在增加。然後M.羅賓說，柏拉圖主義者把「一」認作是當不定的東西首先達到它原初大小的兩倍時，阻止這增加過程。數目 2 就是這樣產生的。但是，不定的雙數還在繼續增加，當它再次 2 倍自己時，「一」又一次阻止它，4 就是這樣產生的，8 也以同樣的方式產生。再者，還可以假定不定的東西在從 2 出發增加的同時，以相同的比例從 4 出發減少；「一」在它們相遇之處的那個點上阻止這兩個過程，3 就產生出來了。6 是從 3 出發產生的，正如 4 從二出發產生一樣。5 從 4 和 6 出發產生，猶如 3 從 2 和 4 出發產生一樣，10 從 5 出發，猶如 4 從 2 出發。最後，7 從 6 和 8 出發產生，9 從 8 和 10 出發產生，猶如 3 從 2 和 4 出發產生一樣。這個說明具有很大的價值，它除了無限的增加和減少外，沒給不定的雙數分派任何功能，而且，除了限定這種增減，也沒給「一」指定任何任務，這樣，該說明就很

64

---

[135] 1084^{b}18。

[136] 同上，24。

[137] 沒有點名，但我們能夠非常肯定地說，指的是克塞諾克拉特斯。參見本書第 lxxiv-lxxvi頁。

[138] 57.22-28。

[139] 第 446-450 頁。

好保持了與〈斐利布篇〉的一致，正如與《物理學》206ᵇ27 的一致一樣。在我看來，它的缺陷是，它所描述的如此這般的過程我們既不能恰當地歸於柏拉圖，也不能合適地歸於克塞諾克拉特斯，而是他們兩人之間的十字交叉點。當數目像柏拉圖所做的那樣，不被看作集合，而被看作特別不同的形式或普遍時，每個數目的本質，就不是它包含有如此眾多的單一（因為它全然不包含任何單一），而是，它是前面那個數目的後繼者；在這個方面，我們完全可以假定柏拉圖占了弗雷格（Frege）的先機。從這點來看，柏拉圖最不可能以任何其他方式，而不是以它們的自然順序生成從 2 到 10 的數目。但另一方面，暗示的那種生成方式也不可能是克塞諾克拉特斯的，因為他沒有考慮到亞里斯多德的如下陳述：在奇數中的奇數單一被解釋為是「一」自身。較為可能的是，克塞諾克拉特斯以已經暗示過的那種方式，透過把一加到偶數上，從而生成奇數。

第七節　理念的空間量度的由來及其在理論中的地位

在一些段落中，我們讀到「數目之後的那些東西」、「理念之後的那些東西」、「後於數目的那些種類」[140]。除了我們到目前為止處理過的那些之外，這些是很不相同的進一步的實在系列——理念量度，它與數學量度有關，正如理念數與數學數相關一樣。就像關於數目的看法存在諸多差異一樣，在這裡，他們自己也存在同樣的意見分歧。有人（即柏拉圖）把理念量度和數學量度區別開來；另一些人（如斯彪西珀斯）只相信數學量度，

---

[140] A卷，992ᵇ13；M卷，1080ᵇ25，1085ᵃ7。

也只以數學的方式言說；還有些人（如克塞諾克拉特斯）相信數

65　學量度，但以非數學的方式言說[141]。猶如在數目的場合，關於理念量度由此推出的原理問題，柏拉圖主義者之間也存在細節上的差別。(1)按照有些人的看法，質料原理的大和小有不同的類別，即，對於線是長和短，對於面是寬和窄，對於體是深和淺；同時，在回答「一」是形式原理時，他們也有差別[142]。關於質料原理的這種觀點，回應了柏拉圖把大和小視作數目的質料原理的看法，而且這有可能是柏拉圖的觀點。(2)另一些人認為形式原理是點，質料原理則是「類似於複多」的某種東西[143]。正如把複多指定為數目的質料原理的人有可能是斯彪西珀斯一樣，這裡被提到的人也有可能是他。對他來說，點和「類似於複多的某種東西」應該是「數學的」量度的原理，既然他不相信理念量度。歸給(1)觀點持有者們的關於形式原理的意見分歧，有可能是在B卷 1001^b24 中陳述的那種，在那裡暗示出，量度的形式原理或者是「一」自身，或者是「某個數目」（亞歷山大也是這樣解釋M卷 1085^a13 的）。後一種觀點在N卷 $1090^b20\text{-}24$ 中得到了更為確切的表述，在那裡，亞里斯多德提到，柏拉圖主義者們「從質料和數目」推導出量度——「長出於數目 2，面出於 3，體出於 4，或出於其他數目。」[144]如果我們轉到Z卷 $1028^b25\text{-}27$，就會發現，在提及了柏拉圖和斯彪西珀斯（兩人都被指名道姓）的觀點之後，亞里斯多德繼續說，「但還有一些人斷言，形式和數目有著相同的本性，而且，一切其他的東西，都由它們而來，線和

---

[141]M卷，$1080^b24\text{-}30$。

[142]A卷，992^a10；M卷，1085^a9，1089^b11；N卷，1090^b37。

[143]M卷，1085^a32。

[144]參見Z卷，1036^b13。

面，直到天的實體和可感之物」。這段話的第一層意思，指出理念數和數學數的同一性，我們有很好的理由將此觀點歸給克塞諾克拉特斯，至於線和面隨數目而來的看法，似乎涉及到當下正在討論的觀點，即理念數成爲理念量度的形式原理。所以，這種觀點或許可以歸給克塞諾克拉特斯；這種歸與被泰奧弗拉斯托斯的一段話[145]所支持，在那裡，克塞諾克拉特斯由於堅持貫徹從第一原理——「類似於可感的、可知的、數學的甚至神聖的東西」出發來解釋宇宙萬物的內容而受到稱讚。

關於柏拉圖本人，亞里斯多德清楚地說明[146]他持有「相反的」觀點，將那種點視爲只不過是一種「幾何學的獨斷」或習慣，雖然他把不可分割的線說成是線的第一原理。要確切地斷言是什麼使得柏拉圖採用了線的構成源出於不可分割的線這一奇怪的觀點，[147]是不可能的，但是，我們可以推測[148]，或許是因爲，他不能相信它由可以分割的線，即無限可分的線構成（顯然，他擔心這似乎會陷入糟糕的無窮倒退中去），或者，他不能相信它由點構成（正如畢達哥拉斯學派斷言的那樣）。亞里斯多德有一種較爲眞實的連續性概念，而且明白線由「可以分割的」，即無限可分的線構成。

M.羅賓[149]認爲，在柏拉圖的等級系統中，理念量度占據的是理念數目和理念之間的位置。按照他的看法，這個等級系統是：

---

[145]殘篇xii.11 結尾，12，維默爾。

[146]A卷，992ᵃ20。

[147]羅斯英文本中沒有「我們可以推測」這句話，是我們便於讀者理解加上的。——中譯注

[148]因爲還有其他的一些理由可能有助於使柏拉圖確立這個信條，參見《形上學》A卷 992ᵃ20。

[149]第 470 頁。

$$
\left\{
\begin{array}{l}
\text{理念數目。}\\
\text{理念形狀。}\\
\text{理念。}
\end{array}
\right.
$$

$$
\left\{
\begin{array}{l}
\text{數學數目。}\\
\text{幾何形狀。}\\
\text{可感之物。}
\end{array}
\right.
$$

數目是組織系統的規則（laws）、範本或模型，依照它們，理念和可感之物得以構成，扮演這兩個等級之間中介物角色的理念形狀或幾何形狀處在它們之間。但是，與理念分離的理念數目似乎和亞里斯多德的陳述不相容，而且（我認為），柏拉圖的等級系統或許更有可能有如下述：

$$
\text{理念的}\left\{
\begin{array}{l}
\text{數目}\\
\text{量度}
\end{array}
\right\} = \text{理念}
$$

$$
\text{數學的}\left\{
\begin{array}{l}
\text{數目}\\
\text{量度}
\end{array}
\right\} = \text{中介物}
$$

$$
\text{可感之物。}
$$

67

亞里斯多德把理念量度描述為「理念之後的東西」、「數目之後的東西」，而且描述為正如有別於數學量度一樣地有別於理念。[150] 但是，從他的整個說明來看，顯而易見，它們與數學量度相關，恰如理念數與數學數相關一樣。事實上，它們是直線、三角形、四面體等等的本質或普遍本性。正因為它們不是數目，

---

[150] A卷，992^b13-18。

亞里斯多德才推斷它們不是理念。[151]然而，更爲準確的說法興許是：它們構成一個比理念數更爲低級，但更爲複雜的理念組群——更爲複雜是因爲（無論如何，根據該理論的一種形式）它們把理念數作爲一種要素包含在其中；數目 2 是線的形式原理，數目 3 是面的、數目 4 是體的形式原理。宇宙中每個等級的實在，都是形式和質料的結合，但隨著我們從理念數進到理念量度，進到數學量度，再進到可感之物，形式要素就變得愈來愈妨礙質料。

第八節　理念與數目的同一

現在，我們進入到柏拉圖理念論發展史上或許可以稱爲最後的狀態，從我們熟知的對話來看，這是一種在該理論的發展中很少具有合法性的狀態。亞里斯多德相當確定地暗示，柏拉圖主張一切理念都是數目[152]。M.羅賓討論過理念數和理念之間的關係[153]。他講到了三者擇一的可能性：(1)二者是同等的，(2)數目次於理念，(3)理念次於數目。依靠泰奧弗拉斯托斯書中的一段話[154]的支持，他採用了第三種觀點。如果按字面含意接受，亞里斯多德本人所說的意思似乎蘊含著，上述三種觀點沒有一種是

---

[151]同上。這預設了一個前提：柏拉圖的所有理念均與數目同一，這是我們馬上將會處理的一個問題。

[152]A卷，987^{b}18-25。

[153]第 454 頁以下。

[154]殘篇xii.13，維默爾。Πλάτων μὲν οὖν ἐν τῷ ἀνάγειν εἰς τὰς ἀρχὰς δόξειεν ἂν ἅπτεσθαι τῶν ἄλλων, εἰς τὰς ἰδέας ἀνάπτων, ταύτας δ᾽ εἰς τοὺς ἀριθμούς, ἐκ δὲ τούτων εἰς τὰς ἀρχάς. （因此，在往本原的引領中，柏拉圖似乎透過下面這些做法來處理那些不同於理念的事物，即把它們引向理念，再把理念引向數，然後再從數出發前往本原。）

眞實的，相反，柏拉圖只不過視理念和理念數目同一[155]。但是
泰奧弗拉斯托斯的說明卻被塞克斯都・恩披里科所支持[156]；甚
至，如果我們接受亞里斯多德關於柏拉圖把理念和數目描述爲相
同的實在的陳述，那麼，就和下面這個說法一致了：柏拉圖似乎
應該認爲，當他把它們描述爲數目時，他正在給出的，是對它們
的本性更爲終極的說明。M.羅賓在《柏拉圖研究》（*Platonische
Studien*）中[157]，討論了博尼茨[158]的也是策勒爾的理論，即：數
目介於純粹性質的理念和純粹數量的μαθηματικά（數學對象）
之間。策勒爾後來似乎放棄了這種觀點，而且，針對這種觀
點，M.羅賓正確地主張數目是純粹的性質，在它們中，「原理
（『一』和不定的雙數）的相互作用以最爲直接也最爲明顯的方
式表現出來」。[159]的確，甚至亞里斯多德提出這個問題——在柏
拉圖那裡「理念是數目」（而不是「數目是理念」）的方式也暗
示著，對柏拉圖而言，數目不（像策勒爾認爲的）僅僅是理念的
符號，而毋寧說是最初引導他從可感事物到理念的那種抽象過程

---

[155] A卷，991^{b}9，992^{b}16；Λ卷，1073^{a}18；M卷，1081^{a}7，1083^{a}18。

[156] 《反數學家》10.258 ἰδοὺ γὰρ καὶ αἱ ἰδέαι ἀσώματοι οὖσαι κατὰ τὸν Πλάτωνα
προϋφεστᾶσι τῶν σωμάτων, καὶ ἕκαστον τῶν γινομένων πρὸς αὐτὰς γίνεται · ἀλλ᾽
οὔκ εἰσι τῶν ὄντων ἀρχαί, ἐπείπερ ἑκάστη ἰδέα κατ᾽ ἰδίαν μὲν λαμβανομένη ἓν εἶναι
λέγεται, κατὰ σύλληψιν δὲ ἑτέρας ἢ ἄλλων δύο καὶ τρεῖς καὶ τέσσαρες, ὥστε εἶναί τι
ἐπαναβεβηκὸς αὐτῶν τῆς ὑποστάσεως, τὸν ἀριθμόν, οὗ κατὰ μετοχὴν τὸ ἓν ἢ τὰ δύο
ἢ τὰ τρία ἢ τὰ τούτων ἔτι πλείονα ἐπικατηγορεῖται αὐτῶν. （看吧，按照柏拉圖主義
者的看法，理念是無形的，但卻引領有形之物，每個生成之物，都根據它們生
成；但是，它們並不是存在物的本原，既然每個理念據說都要由於自身地分有
一才能存在，2、3 和 4 則是依據其他的或另外的聯合，所以，支持它們的那個
是什麼的東西，是數目，正是由於它，透過分有一，才有了往下的 2、3 或它們
的更多的那些。）

[157] 第 263、298 頁。

[158] 《形上學》（*Met.*）第 541 頁。

[159] 第 458 頁。

的最後產物[160]。為了把理念描述為數目，描述為「一」和大一和一小的後續產物，對他自己而言，他似乎可能會以最為清晰的方式，來陳述這個事實，該事實在後期對話中被如此經常地表述，以至於在理念世界中，正如有單一一樣，也有了複多。而且對他來說，被「一」接續產生的數目系列也似乎更可能最為清晰地表達理念的那個等級系統——透過較少的或較多的中介而與最高的理念連接——該系統存在於他思想中的時間，與他寫作《理想國》一樣早。如果情形果真如此，那麼，正如「一」是善的數目[161]，較簡單和較廣泛的理念就該由較低的數目來代表，較複雜和較不廣泛的理念則由較高的數目代表。所以，M.羅賓相信數目與理念之間的關係和數學對象與可感事物之間的關係是一種平行關係[162]，他的這種看法可能是正確的。

〈斐利布篇〉中有一段對話，或許有助於我們弄明白最終導致柏拉圖把理念和數目視為同一的這種傾向。在解釋πέρας（限定、規定、有限等）時，他說[163]，他所謂的限定，「首先指相等的和相等，然後指倍數和數目對數目，或尺寸對尺寸的每種比例。」最後[164]，他把「限定一族」（the family of the limit）界定為「相等的和倍數的一族，是把目的引入矛盾紛爭的一切，而且透過數目的傳入，使它們均勻和和諧」。這是極為明顯地把限定

---

[160] 參見N卷，1091^{b}13：τῶν δὲ τὰς ἀκινήτους οὐσίας εἶναι λεγόντων οἱ μέν φασιν αὐτὸ τὸ ἓν τὸ ἀγαθὸν αὐτὸ εἶναι · οὐσίαν μέντοι τὸ ἓν αὐτοῦ ᾤοντο εἶναι μάλιστα. （在那些斷言有不動的諸實體存在的人們當中，有些人說一自身就是善自身，但善的實體（本質）最是一。）

[161] N卷，1091^{b}13；《優臺謨倫理學》，1218^{a}24，阿里斯托克塞洛斯（Aristox.）《和諧要素》（*Harm. Elem.*）ii，第30頁，邁博姆（Meib.）。

[162] 第466頁。

[163] 25A。

[164] 25E。

原理和數目視爲同一。柏拉圖似乎是在追求一條新的探究路線，而沒有考慮它和理念論的關係。但是，他後期對話的這種傾向卻把我們帶入這樣的假設：他承認πέρας（有限）和ἀπειρία（不成熟）在理念世界中，猶如在感覺世界中。該分析適用於兩個世界的這種推論在亞里斯多德的陳述中有著更爲確實的根基，因爲他斷言，理念[165]數的原理就是外物的原理。稍後他又說[166]，如果理念數和可感事物的質料原理都是大和小，那麼，理念數的形式原理就是「一」，可感事物的形式原理則是理念（即理念數）。然而，前一個陳述被證明是正當的；二者的原理都是「一」與大和小，只有一種例外，即在可感事物中，大和小被使用兩次以上，一次和「一」一起產生理念，一次和理念一起產生可感事物。

那麼，被柏拉圖使用的「限定」一詞或許意指既在理念中又在可感事物中的形式要素。理念是可感事物中的限定原理；而在〈斐利布篇〉中，柏拉圖現在卻說到了這種程度：限定必定是數目性的，而且正由於它是數目（this），才有成爲形式原理的資格。從這種說法出發，到斷言理念是數目就沒有很大距離了。在〈斐利布篇〉中[167]，他已經把它們稱爲元一（henads）和單子（monads）了。

與所有理念與數目同一相比，亞里斯多德甚至還把更爲令人吃驚的某種說法歸給了柏拉圖。在《形上學》中[168]，他說，有些思想家把理念數的系列限定在 10，而另一些人則認爲是無限的；在《物理學》中[169]，他斷言柏拉圖把它限定在 10。這種

70

---

[165] A卷，987^{b}19。
[166] 998^{a}10，參見^{b}4。
[167] 15^6，B1。
[168] Λ卷，1073^{a}19；M卷，1084^{a}12。
[169] 206^{b}32。

觀點雖然令人吃驚，但在希臘哲學中卻有相似者。畢達哥拉斯學派認爲事物是數目；他們準備著告訴你（雖然並非總是全體一致地），婚姻、機會或公正是什麼數目。他們也把數目的序列限定在 10；之所以如此限定，是因爲他們受到了流行的記數法的影響[170]。同樣，柏拉圖或許也認爲，高於 10 的數目能被認作只是到 10 爲止的數目的結合——雖然這涉及到把更高的自然數目認作συμβλητοί（能結合到一起的）問題，與他自己的原理相矛盾；而且他或許認爲，有 10 個單純的理念，其餘的一切都由它們合成。但是，把「理念」限定在 10 的這種想法歸給他，依據的只是亞里斯多德單一的一段話，況且有可能的是，亞里斯多德把他老師只是附帶講的某些話（obiter dictum）看成是一本正經的了。

如果我們問柏拉圖把什麼數目指定給了確定的理念，要給出答案是不容易的。材料非常缺乏。在兩段有不同上下文內容的話中，亞里斯多德把 3 認作人的理念，[171]但在另一段話中，2 顯得也有這種資格，[172]而且，亞里斯多德可能僅僅是爲了論證的需要而作的假定。在另一段中，[173]他列數了「在 10 以內」生成的某些實在，即它們或者是從低於 11 的數目生成的，或者是直接從第一原理生成的。這段話難以理解，但從泰奧弗拉斯托斯的說明[174]來看，最有可能的推測是，所提到的那些東西直接與第一原理相關聯，所以，這段話給我們的，不是與數目同一的任何實在的例證。關於數目與事物的同一，最爲重要的一段話是《論靈

---

[170] 參見費洛勞斯（Philolaus），殘篇ll，第爾斯（Diels）本。

[171] M卷，1081ª11，1084ª14。

[172] 1084ª25。

[173] 同上 32。

[174] 殘篇，xii.12。

魂》404[b]18 以下，在那裡，我們得知，在柏拉圖的「論哲學的演講」（lectures on philosophy）中，αὐτὸ τὸ ζῷον（生物自身）是從「一」的理念和最初的長、寬、高推衍而來[175]（即與 10 這個數目同一，因為 10 = 1 + 2 + 3 + 4）[176]。再有，νοῦς（理智）是一，ἐπιστήμη（知識）是 2，δόξα（意見）是 3，αἴσθησις（感覺）是 4。這兩種同一不是同等奇怪的。事實上，2 是能夠確定一條線的點的最小數目，3 是能夠確定一個面的最小數目，4 是能夠確定一個體的最小數目。雖然線、面、體不是數目，但它們的數的規定性在座標幾何學中卻為真理的發現提供了有力的引擎。然而，心智方面的能力與數目的同一卻不是這樣的。在那裡，我們是處在純粹想像的領域；我們退回到了畢達哥拉斯學派視正義與 4 同一、婚姻與 5 同一的水準上。如若柏拉圖的思想最終是在這個方向上運行（情形似乎就是如此），那麼，亞里斯多德把他視為主要是畢達哥拉斯學派的一位追隨者[177]，並抱怨哲學已經變質為數學[178]就毫不奇怪了。

第九節　斯彪西珀斯和克塞諾克拉特斯

現在，我們可以順著《形上學》中的種種暗示，力圖追查柏拉圖的主要後繼者們。斯彪西珀斯只被指名道姓地提到過兩次，克塞諾克拉特斯則完全沒有提及，但是，透過某種明顯的推論，我們能夠得知有關他們的很多東西。

---

[175]參見 Z 卷，1036[b]13；M 卷，1084[b]1；N 卷，1090[b]22。
[176]這裡有個說法的轉換：2、3、4 分別指長、寬、高即線、面、體。——中譯注
[177]A 卷，987[a]30。
[178]992[a]32。

提到斯彪西珀斯的段落是：(1)Z卷 1028^{b}21，在那裡，我們讀到：「斯彪西珀斯提出了更多的開始於『一』的實體（也就是說，比柏拉圖承認的『理念』、數學對象和可感事物更多[179]），每種實體都有最初的來源，有的源於數目，有的源於量度，還有的源於靈魂；而且以這種方式，他拉長了實體的系列。」[180](2)Λ卷 1072^{b}30：「有些人，像畢達哥拉斯學派人士和斯彪西珀斯，假設最美的和最好的東西不在開端處，因為，雖然植物和動物的最初來源是原因，但美好和完滿卻在產生於這些來源的東西中，他們的看法是錯誤的。」

從上述這些引證，斯彪西珀斯哲學的兩個特徵就顯現出來了：(1)他承認更多的不同等級的實在，而不像柏拉圖只承認三種，並把它們看成是彼此分離的，認為每一個都有各自的原理；而且像柏拉圖一樣，他也把由之開始的「一」作為他的第一原理；(2)他把「價值」看成在宇宙演化中後來出現的東西，並認為第一原理和它們的最早產物、數目均不具有善。

有了這些關於他觀點本性的指徵，確認涉及他的其他段落就不怎麼困難了。在Λ卷 1075^{a}36 中，簡略地提到了他的哲學的第二個方面。在N卷 1092^{a}11-17，再次提及了該方面：「把宇宙的最初來源與動物和植物的最初來源相類比的那個人，他的判斷是不正確的，因為他斷言更加完美的東西總是來自不確定、不完美的東西，依此道理，第一東西的情形亦如此，所以，『一』自身甚至就不是一種現實（reality）了。」1092^{a}21-^{b}8 的那一節似乎主要關涉的是斯彪西珀斯，斷定的依據來自於諸如下述的一些指

72

---

[179] 括弧內的解釋不是亞里斯多德的原文，是羅斯加的。——中譯注
[180] 參見該處注。

徵：把單一和複多作為第一原理來論及[181]，把數目作為第一存在物來論及[182]，並暗示數目從它的第一原理「猶如從種子」[183]產生。所以，在 1092[a]17-21，插入性的句子（在其中，亞里斯多德指責一位不點名的思想家或若干思想家，因為他或他們認為地點和數學上的立體是同時產生的）或許也涉及斯彪西珀斯。

有兩段話和上面提到的第一段[184]連接起來，就引導我們到達他理論的一個新的方面。這兩段話是：⑴Λ卷 1075[b]37：「那些說數學數目是第一實在[185]並斷言有系列實體存在，且每一個實體都有不同原理的人，把宇宙實體弄成了不相關聯的偶發事件的鏈條（因為按這種觀點，一個實體無論存在還是不存在，對另一實體就沒有任何關係了），且設立了許多原理」。⑵N卷 1090[b]13：「進一步，如果我們不是太懶散，關於作為整體的數目與數學對象問題，我們就會探究較早的實在與較晚的實在沒有任何關係這個事實；對於那些斷言只有數學對象存在的人來說，因為如果數目不存在，空間量度仍將存在，而且，如果空間量度不存在，靈魂和可感物體仍將存在。但是，從觀察到的事實可以判定，自然並不像一部拙劣的悲劇一樣是不相關聯的偶發事件的鏈條。」如果需要進一步的證據證明我們經常提到的那個觀點──理念不存在，τὰ μαθηματικά 才是首要實在──是斯彪西珀斯的，透過把上面的Λ卷 1072[b]30 和N卷 1091[a]29-[b]1、[b]22-25 進行比較，就提供

[73]

---

181 [a]28。

182 1.22。參見Z卷，1028[b]21 以上；Λ卷，1075[b]37；M卷，1080[b]14，1083[a]21；N卷，1090[b]13-20、23 以下。

183 參見Λ卷，1072[b]35；N卷，1092[a]12 以上。

184 Z卷，1028[b]21。

185 這裡和後面兩個地方出現的著重符號是我們加的，英文本用的是斜體字來強調。──中譯注

出來了。亞里斯多德在這裡說：「在元素和第一原理與善和美的關係上……有一個疑難，即，到底某種原理是我們所謂『善自身』和『至善』的這類東西，還是並非如此，而是它們乃後來發生的。有些宇宙論者似乎和現今的某些思想家一致，他們也斷言情形並非如此，而是只有到了事物的本性已經發展起來之時，善和美才在其中顯現。他們的這種看法，防止了那些斷言『一』是原理的人的確遇到的實際困難……爲了避免疑難，有些人，即那些贊成『一』是第一原理和元素，但只是數學數目的人，否認了〈善在第一原理中間〉，但一個大的困難卻出現了。」

　可見，在亞里斯多德講述那個理論——即由於擔心陷入困難而否認理念的存在[186]，而是斷定τὰ μαθηματικά的獨自存在，並數學地談論它們[187]——的那些段落中，提及到的人確實就是斯彪西珀斯。

　上面已經引用過的N卷 1091^{a}29-^{b}25 的那段關於把善歸給「一」而出現困難的話，在^{b}32 又透過下面的陳述接續上了：「所以，有位思想家避免了把善歸給『一』，其理由是，既然生成（genesis）來自相反者，那就必然會推出惡是多的本性」。從這裡可以推出（帶有很大的或然性），斯彪西珀斯就是那位被提到的，把「一」和多描述爲數目的第一原理的思想家[188]，而且也可能是那位把點（它「與『一』相似」）和「與多相似的某物」視作空間量度的第一原理的思想家。[189]

　下面的兩段話不在《形上學》中，但可以被用來進一步幫助

74

---

[186] M卷，1086^{a}2。

[187] Λ卷，1069^{a}36；M卷，1076^{a}21，1080^{b}14，1083^{a}20-24，1086^a、29；N卷，1090^{a}7-13、25、35。

[188] Λ卷，1075^{a}32；M卷，1085^{b}5；N卷，1087^{b}6、8、27、30，1092^{a}35。

[189] M卷，1085^{a}32。

說明上述的斯彪西珀斯哲學的面貌。

(1) 《尼各馬科倫理學》1096[b]5：「畢達哥拉斯學派關於善的說法似乎更有道理些，他們把『一』安排在諸善的隊伍中；斯彪西珀斯也被認為是其追隨者」。亞里斯多德把斯彪西珀斯的觀點看作在兩個方面最為類似柏拉圖派觀點意義上的畢達哥拉斯主義：(a)他不把美和善安排在事物的起始，而認為它們出現在發展的過程中[190]；(b)不主張「理念」學說，而是把τὰ μαθηματικά認作首要實在[191]。斯彪西珀斯和畢達哥拉斯學派在現在這段話中的聯姻顯然與上述第一點有關係。這個暗示的意味不清楚，但似乎是，當柏拉圖把「一」與善視為同一時，斯彪西珀斯只不過把「一」認作若干善中間的一種，而且，既然它是第一原理，那麼，在像後來的進化產物（譬如靈魂）那樣的高級階段，他就認為它不具有善了。

(2) 泰奧弗拉斯托斯殘篇xii.11 結尾處和 12。在那裡，泰奧弗拉斯托斯譴責斯彪西珀斯以及除了克塞諾克拉特斯之外的所有柏拉圖主義者，認為他們沒有把源於第一原理之物的演繹推進得足夠遠。「它們產生出數目、平面及立體，他們展示了，從不定的雙數生發出諸如地點、虛空、無限之類的某些東西，從數目和『一』生發出諸如靈魂等某些實在，……但是，他們沒有解釋天體的生成或其他事物的生成」。這一點，被第奧伊根尼·拉爾修所證實，在他開列的斯彪西珀斯

---

[190] Λ卷，1072[b]31。

[191] M卷，1080[b]16。把質料原理描述為複多也是畢達哥拉斯學派的數目的特性（touch）；參見Λ卷，986[a]24。在他對 10 這個數目意味的成見中（《算術神學》〔*Theol. Arithm.*〕第 61-63 頁，阿斯特〔Ast〕），斯彪西珀斯不止一次地表現出向畢達哥拉斯主義的回歸。據說他曾經寫過一本論畢達哥拉斯學派的數目的著作（同上書，第 61 頁）。

著作的目錄清單中，幾乎完全沒有自然學方面的論著。[192]

　　克塞諾克拉特斯是柏拉圖和斯彪西珀斯之後柏拉圖學派最為傑出的成員，假如他不在《形上學》中被委婉地說到，那就太不可思議了。我們有強有力的理由假定，他就是經常被提到的那位把「理念」與數學對象視為同一的思想家，他和區分開它們的柏拉圖，也和只相信數學對象的斯彪西珀斯形成對比。[193]因為不可能看不到下面兩段話之間的相似性：一段是Z卷 1028[b]24，提到有些思想家「斷言『形式』和數目有著相同的本性，一切其他的事物皆由它們而來，線段和平面，直到天體的本性和可感之物」；另一段是泰奧弗拉斯托斯的，在其中，與其他柏拉圖主義者受到的待遇不同，克塞諾克拉特斯得到了讚揚，因為他從相同的第一原理推演出每一事物，並「給予每一事物，諸如可感物、可知物、數學物，以及進一步的神聖物各自在宇宙中的位置。」[194]所以，我們可以非常自信地假定，那位經常作為視「理念」與數學對象同一[195]，且透過建立「他自己特有的假說」，並「有效地破壞數學數目」[196]來這樣做而被提及的人，就是他。尤

---

[192] 《名哲言行錄》iv.4 以下。

[193] 亞里斯多德在《形上學》M卷 1083[b]2 中，把克塞諾克拉特斯的觀點認作 3 人中最錯誤的，而且結合了一切可能的不利因素。

[194] 應該把這兩段話和塞克斯都・恩披里科在《反數學家》vii.147 的話進行比較。在那裡，據說克塞諾克拉特斯承認了三類實體，即可感實體＝「天之內」的東西、可知物＝沒有（without）天的東西、意見的合成物或對象＝天本身（它之所以是合成物，是因為它既可透過視覺感知，也可藉助天文學知曉）。策勒爾（ii.14，1012，n.7）把泰奧弗拉斯托斯那段話的τὰ μαθηματικά和塞克斯都・恩批里科這段話的οὐρανός（天、天空）看成是同一的。但是，把這些話和Z卷 1028[b]25 合起來考慮，我們似乎達到了下面的分類：(1)可知物，包括(a)理念數目，(b)空間量度（這兩種東西被泰奧弗拉斯托斯多少有些漫不經心地分別描述為可知物和數學物）；(2)半可知、半可感物＝天＝神聖之物；(3)可感物。

[195] Λ卷，1069[a]35；M卷，1076[a]20，1080[b]22。

[196] M卷，1083[b]1-8，1086[a]5-11。

其是，他在兩個方面被說成是「非數學地言說數學之事」——他斷言，一切量度都不能被分成量度，任意取的任何兩個單一都不會弄成一個 2[197]。與第一個方面相關，必須記住，克塞諾克拉特斯是「不可分割的線」這一學說的主要支持者，而該學說是論著《論不可分的線》（*De Lineis Insecabilibus*）直接針對的。第二個方面使我們能夠把克塞諾克拉特斯視作與亞里斯多德斥責相信「不能比較的單一」[198]的那些人為伍之人。

76

在一段話中[199]——它包含著對正在討論的這同一位思想家的明白陳述〔κινεῖν τὰ μαθηματικὰ καὶ ποιεῖν ἰδίας τινὰς δόξας *1.28*, ὁποιασοῦν ὑποθέσεις λαμβάνοντας *30*, προσγλιχόμενοι ταῖς ἰδέαις τὰ μαθηματικά *31*（〈有人〉想改變數學對象並弄出某些獨特的意見（28 行），提出的是隨便什麼性質的假定（30 行），把數學對象和理念拼湊在一起（31 行））〕，我們被告知，議論中的思想家們「認為量度出於質料和數目，線[200]出於數目 2，面好像出於 3，體出於 4 或可能出於另外的數目。」那麼，克塞諾克拉特斯或許是和在M卷 1084^a37-$^b2$ 再次提到的在理念量度的原理問題上持特殊觀點的那些人為伍的[201]。

最後，有理由假定，那位保留對質料原理「不定的雙數」的描述，但卻放棄對其「不相等」的描述的人[202]，就是克塞諾克拉特斯。

---

[197] M卷，1080^b28。

[198] M卷，第 6 章。

[199] N卷，1090^b20-32。

[200] 英文是lengths，本可譯為「長」，這裡依上下文的內容譯為「線」。——中譯注

[201] 《論靈魂》404^b16-25 暗示，柏拉圖本人也持這種觀點。

[202] N卷，1088^b28-35。對於克塞諾克拉特斯關於形式原理和質料原理諸觀點的細節性討論，參見策勒爾ii.1⁴. 1014，n.3。

第三章　亞里斯多德的形上學學說

第一節　《形上學》的方法

亞里斯多德的方法有三個主要的特徵，可以被表述如下。

(1) 猶如他在其他幾部著作中的一樣，他從對以前思想的歷史回顧開始，在其中，他展現四種原因是怎樣被相繼認識的。但是，不應該作這樣的假定：正是由於有意識地受到了前輩們著作的影響，他才達到了四因學說。該學說在《物理學》中就已經建立了，該書只是介紹。[1]對較早思想的研究，其意圖僅在確證該學說的完整，或提出四因之外的其他原因，而且事實上也是做的前一項工作。對於亞里斯多德，我們大體可以說，他相信自己直接觀看到了的事實，但是，他的思想被他前輩們的，尤其是柏拉圖的思想所染之色，遠比他知曉的更多。

(2) [2]他的方法是疑問式的（aporematic）。他說[3]，本質上，要從主題的諸多疑難的一種清楚觀點開始，從公平地考察在每個主要問題上前後（the pros and cons）的看法開始。因此，整個一卷（B卷）都關注這樣的介紹，沒有任何得出獨斷性結論的企圖。不僅是在這裡，而且在《形上學》的許多其他部分

77

1　A卷，983ª33。

2　這裡的(2)和後面的(3)，英文原本均沒有分段，整個在一長段中，我們是為了醒目才分成三段的。——中譯注

3　B卷，995ª27-ᵇ4。

（特別是Z卷），其方法都完全是疑問式的。在從一種觀點出發沒有確定結論地討論了一個問題之後，亞里斯多德常常用這樣的話語——「讓我們嘗試新的開始」——起頭，著手從另一種觀點出發繼續討論它。作爲一個整體的《形上學》，表達的不是一個獨斷性的體系，而是心靈在其探究眞理中的歷險。

(3) 在絕大部分篇幅中，所採用的方法不是從已知的前提到它們確立的結論那樣的形式邏輯三段論式論證法。對於形上學來說，最爲重要的事情是確立眞理，而這些眞理是根本性的，不能從某種更爲根本的東西推導出來。它們的任何直接證據都不可避免地會是一種默認起點（petitio principii）。所以，恰當的程序是試圖不要任何證據，而是透過展現否定它們所得的荒謬結論從而肯定它們。這種程序被亞里斯多德自覺地採納爲關於「思想的法則」[4]，而且在他的許多其他討論中，實際上也被遵循了。我們可以一般性地斷言，他在《形上學》中的方法，不是從前提推進到結論，而是倒過來，從常識性觀點和差異出發，進到某種雖無精準表達但卻較爲正確的眞理，並透過指出其否定方的結論來證實這種眞理。

第二節　形上學的主題

　　亞里斯多德在不同的地方，對形上學的主題作出過不同的說明。在A卷，σοφία（智慧）被說成是對「第一本原

4　Γ卷，1006^{a}5-28。對於亞里斯多德《形上學》方法觀念的一些進一步的評述，參見作者對Γ卷 1003^{a}21、E卷 1025^{b}7-18 的注釋。

（principles）和原因」的探究。[5]這個公式性的表述重複出現在Γ卷[6]，並加上了這樣的話：這些原因必定是某物自身本性方面的原因，而這只不過是τὸ ὄv（存在，是）本身。那麼，形上學所研究的，就不是決定實在的這個或那個部門的本性，而是決定作爲整體的實在之本性的那些原因。這些原因有四種，即質料、形式、動力因和目的因[7]，它們是被較早的思想家們逐步認識的，構成了A卷的主題。但是，需要注意的是，按照亞里斯多德的觀點，這些原因之一的質料不會現實地出現在整個實在中：諸天體的第一動者和若干次級動者都是純形式。

　　除了實在（the real）的原因，Γ卷還加上了形上學研究的另一個主題——實在的本質屬性[8]，他所指的，是諸如相同、相反、相異、種和屬、整體和部分之類屬性的關係以及諸如完美、單一之類的屬性[9]。雖然在該著作的不同部分之中，只是附帶性地討論了這其中的一些概念，但I卷則是較爲特別地集中討論它們。

　　在E卷，也同樣是在系統講述主題問題[10]。但在那裡[11]，也發現了它的一個不同的表述系統。知識的分支首先被分成實踐的、

5　982[b]9。

6　1003[a]26。

7　這裡的「目的因」是對英文final cause的中譯。在亞里斯多德那裡，它的正規表述是τὸ οὖ ἕνεκα εἶναι（也經常被簡化爲τὸ οὖ ἕνεκα等），直譯應爲「其所爲的那個東西的存在」，爲把它譯爲一個術語，同時也爲了盡可能體現亞里斯多德本人用語的原始性和古樸性，譯者在以前的《亞里斯多德全集》等翻譯和有關論著中，都譯成「何所爲」、「有所爲」等，當它作爲原因時，則譯爲「所爲因」。由於羅斯一直譯爲final cause，爲體現尊重，我們在翻譯他的這部著作時，譯爲「目的因」。——中譯注。

8　1003[a]21。

9　1004[b]1-8，1005[a]11-18。

10　1025[b]3，1026[a]31，1028[a]3。

11　第2章。

創制的和思辨的[12]。最後這一分支爾後再被分成(1)物理學，它研究雖可分離存在，但卻不能無運動的對象；(2)數學，它研究雖無運動，但卻不分離存在，而是置留於質料中的對象；(3)如果有既無運動又分離存在的對象，它們就是先於另外兩門的第三門科學的主題，——說它先於，是因為它的主題問題，由於是永恆的，要先於暫時的和可變的，由於是分離存在的，就比僅僅透過抽象行為來分開考察的問題更為根本。這門科學是「神學」。那麼到此為止，是否有神學這樣的科學（thing）存在就是一個問題；這又依賴於這樣的問題：是否有無變化卻又分離存在的實在，即純粹的形式存在。但是，對是否有這樣的一種形式存在的探究無疑會被認為本身就是神學的一個分支；假若答案是否定的，那否定的就會是它的整體。神學這個名稱只在這裡和K卷相對應的那段話中[13]出現。對形上學更為常見的稱謂是σοφία和πρώτη φιλοσοφία（第一哲學）。但是，當形上學的主題不被描述為「作為」（qua）存在的存在，而是存在的一個特殊類別時，θεολογική（神學）就是對它的一個合適的稱謂。亞里斯多德繼續說[14]，主題問題的兩種觀點都是可以成立的；或許有人疑問，第一哲學的研究範圍是普遍的，還是只涉及實在的一個特殊類別。但是，他加上說，兩種觀點是可調和的；如果有不變的實體存在，對它的研究就會是第一哲學，而且，正因為它是第一的，

79

---

12 這裡的英文分別是the practical，the productive和the theoretial，直譯應為「實踐的、生產的和理論的」，但亞里斯多德的原文分別是πρακτική、ποιητική和θεωρητική，即實踐學（或行為學）、創制學（或創造學）和思辨學（或理論學），所以我們把後兩者譯為「創制的」和「思辨的」。尤其是「創制的」科學，亞里斯多德主要研究的是修辭學和詩學（廣義的文藝創作），講的是創制規則等，如果譯為「生產的」，很容易使讀者誤解為生產日常的生產或生活用品。——中譯注

13 1064^b3。

14 1026^a23。

所以是普遍的。爲了研究首要類別的存在，形上學就要研究作爲存在的存在。存在的眞正本性不是呈現在不能分開存在而只是作爲一個要素存在於具體的整體裡的東西中，也不呈現在受潛能和變化影響的東西中——按柏拉圖的說法[15]，它是存在和非存在之間的東西，而只呈現在既是實體的又無變化的東西中。

　　把形上學限定到對存在的一個部門（department）的研究（對其餘諸部門的研究僅僅是因為它們的本性要歸於這個部門）發生在Λ卷。在那裡，它的主題問題首先就被限定在作爲宇宙「第一部分」的實體。其次，實體不像在E卷中那樣被分成可變的和不變的兩類，而是分成三類——永恆的可感物（天上的物體）、可滅的可感物和不可感物。前兩類被說成是物理學的主題[16]，因此，討論可感實體的[17]第 2-5 章必定被看成討論不動的或不可感實體的第 6-10 章的序言。然而，不僅Λ卷第 2-5 章，而且Z卷至Θ卷的較大部分內容，都是在討論被包含在可感實體中的本原的，假如非要把它們看成僅僅是處理形上學事務的序言，那就不會是那種形式，即被包含在可感事物之中的本原之一，以及在這些卷次中主要討論的那個本原，也是在「神」和運動天體的「理性」（Intelligences）中分離而不變存在的東西。不能說亞里斯多德在實踐中很好地維持了物理學和形上學之間的差別，而且也許要注意到，《物理學》的大多數內容就是我們應該稱之爲形上學的東西。它不是對於自然法則的歸納性探究，而是對物質性事物及其發生在它們中的各種事件的一種「先在性」（a priori）分析。

15　《理想國》，477A。

16　1069^{a}36。

17　1069^{b}3。

第三節　形上學主題的進一步規定

在說明了對分離而不變的存在的研究就是對存在之爲存在的研究之後，E卷接著著手排除作爲不相干的存在的某些含意，即⑴偶性的或附隨性的存在[18]，⑵作爲眞的存在[19]。

⑴[20]形上學不研究偶性的存在，因爲它全然不能被研究。例如：一棟房屋具有不確定數目的偶然屬性，它或許被某些房客發現很合意，有一些則覺得對健康有害，另一些則認爲有利。科學不能考察這種不定系列的屬性；例如：建造的科學專注的是房屋的建造，即，它將是一棟房屋，一個「生活用品和貨物的遮蔽所」[21]，而忽略它的那些附隨的屬性。同樣，幾何學研究的也不是三角形任意的和每一個屬性，而只研究「作爲」三角形而屬於它的那些屬性。特別是，任何科學都要排除對邏輯上謎難之題的討論，它們不是從科學的主題問題的特有本性，而是從事物的一般本性中出現的。建築術的興趣不在任一房屋「實踐上都不同於其他每一事物」的事實；幾何學不考察一個三角形是否與其角等於兩直角的另一個三角形相同；音樂藝術也不追問「是音樂的東西」與「是文學的東西」到底是否相同。

所以，形上學不研究主體和屬性（即不是從主體的本性流出，而只附隨地或偶然地屬於它的那種屬性）的那些關係。它之所以不研究這些，是因爲它們全然不是知識的對象。被亞里斯多

---

[18] 第2、3章。

[19] 第4章。

[20] 英文本這裡沒有分段，但從上下文的邏輯關係看，我們認爲分段更合理些。——中譯注

[21] H卷，1043[a]16。

德關注的似乎是兩種可能性。(a)作爲法則的例外，偶然或許有它自身的法則。如果A通常是B，那麼，在某些條件下，A總不是或通常不是B或許就是一條法則[22]。然而，如果這條法則被發現，那麼，表面的偶然就會被看成不是偶然，所以，依然沒有關於偶然的知識。但是(b)，在人類的行爲中，而且在其他場合或許也如此，亞里斯多德承認有眞實的偶然事件，雖然它絕不能夠成爲知識的對象。如果一個人以某種方式行爲，他註定要遭遇暴死，但是，從中並不能必然地推出，他將以那種方式行爲，而且直到他那樣做了，也不能確定他是否將暴死[23]。

　　在亞里斯多德那裡，「偶然的」這個觀念多少有些複雜。συμβεβηκός（偶性的、偶然的）的首要意思是被諸如「附隨的」、「巧合的」之類的語詞所暗示的那種含意。根據亞里斯多德的看法，科學的對象就是盡可能地展現有如在定義中表達的，從其本質必然流出的那些事物的屬性。但是，科學在其效能上恆常落空。例如：卡里阿斯臉色蒼白，但蒼白不能從人，即卡里阿斯所屬的「最低的種」（infima species）的本質中演繹出來。蒼白是附隨於卡里阿斯的。然而，這並不意味著他的蒼白不是某種原因的必然結果；它是從構成卡里阿斯的質料中的某種東西流出來的。[24]

81

　　在當下的這段話和在Δ卷第 30 章中，「偶然」被描述得很不一樣。所謂偶然，就是既不總是也不多半發生的意思──作爲法則例外。例外的情形，只是附隨地隨之而來。再者，這種描述並不意味著對因果關係的任何破壞。例外可以服從它自身的較爲

22　1027^{a}25。

23　同上，32-^{b}14。

24　I卷，1058^{a}29-^{b}12。

狹小的法則。

　　然而，在亞里斯多德的偶然觀念中，還有第三個因素，它似乎寓意著客觀的偶然性，而不僅僅是與我們現在的知識不完備相關的那種偶然性。在世界的發展史中，實際上有一些新的開端，它們並不是先前發生的某種事情所決定了的結果。[25]不僅在當下的這段話中，而且在討論這個主題的其他主要段落中，都蘊含有這層意思。在《解釋篇》第 9 章，亞里斯多德論證說，排中律不適於關於未來的判斷。當然，如果「A將或者是或者不是B」，它是眞的；但如果「或者A將是B或者A將不是B」，它就不是眞的。其理由是，在人類的思慮和行爲中，有一個ἀρχή（開端、本原）——對於未來事件眞正的新的起點。[26]在《論生成和消滅》第 2 卷第 11 章中，因果必然性的領域被限定在週期性的運行的那些事物內——天體的旋轉，季節的更替，雨成雲及雲成雨的循環等等。在必然性的這個框架內，似乎不僅在人的自由意志方面，而且一般而言，在地球演化史的細節方面，都爲偶然性留下了空間。

⑵不被形上學研究的存在的另一種含意是「作爲眞的存在」。
　　它之所以被排除，是因爲它不屬於對象，而屬於思維的陳述，所以，它不被形上學，而被邏輯學研究。亞里斯多德的確承認「虛假的東西」的觀念，所以，也可推測他承認「眞實的東西」的觀念。但是，或者(a)「虛假的東西」意指非存在的東西，「眞實的東西」意指存在的東西，在這種場合，虛假和眞實不是在它們本來的含意上使用，而且，我們不得

---

[25]　1027^{b}11。

[26]　19^{a}7。

不處置的不是「作為真的存在」，而是作為存在（existence）
的存在（being）。或者(b)虛假的東西是產生某種不存在的現
象的東西，猶如布景畫或睡夢一樣[27]。大體而言，這些不是形
上學的主題，而是心理學的主題。[28]

　　存在的兩層主要的含意——範疇分類的存在和潛能現實的存
在——依然有著只有剖析（cuts acrooss）前一層含意才能弄清的
區別，既然它是在每個範疇之內被發現的[29]。前一層含意是在Z
卷和H卷中研究的，後一層含意則在Θ卷中研究。

第四節　範疇

　　範疇學說[30]是一種特別費解的學說，其原因部分地源於亞里
斯多德講述簡潔，關於他要研究的精準對象，我們缺乏任何非常
確切的資訊，部分地源於我們不知道包含著該學說不同方面的各
種著作的相關年代。但是，有諸多獨立根目錄據[31]的支持，我們
可以得到有關他那些著作的推測性的年代學排列，這個排列就其
主要的輪廓而言，是被絕大多數學者接受的。在相關的各著作
中，《範疇篇》可以排在第一，依次相隨的是《論題篇》、《辯
謬篇》、《分析篇》、《形上學》Δ卷、物理學諸著作、《倫理
學》和《形上學》的其餘各卷。《範疇篇》的真實性曾受到懷

82

27　Δ卷，1024b 17-26。

28　「作為真的存在」在Θ卷第 10 章和在E卷第 4 章一樣，都有討論。

29　τῶν εἰρημένων τούτων（在已經說過的這些中），Δ卷，1017^b 2；τούτων（在這些
　　中），Θ卷，1051^b 1。

30　對於我沒有涉及的對該學說不同方面的討論，參見約瑟夫（Joseph）《邏輯學導
　　論》（Introduction to Logic）第 3 章。

31　主要的根據是一著作與另一著作的關涉系統，如果我們認為某些著作的形成是
　　大體同時的，就會呈現出一致的年代學圖景。

疑，但理由不充分，如果它是眞實的，我們就可以合理地假定，這部詳盡闡述該學說的著作，比那些通常只是婉轉提到該學說的著作更早一些。[32]

　　在《範疇篇》中，該學說是作爲τὰ κατὰ μηδεμίαν συμπλοκὴν λεγόμενα（基於不結合的各種説法）之含意的分類而被引入的，例如：「人」、「牛」、「奔跑」、「獲勝」等，與它們相反的是「人奔跑」、「人獲勝」之類的κατὰ συμπλοκὴν λεγόμενα（基於結合的各種説法）。換言之，它是語詞和短語的[33]，而不是句子或判斷之含意的分類。亞里斯多德的興趣是邏輯學的，不是語法學的，但是，他是透過對語詞（即我們用符號來表示的對象）的考察而走近思想對象的分類的。特倫德倫堡（Trendelenburg）認爲該學說完全是以語法學的考察爲基礎的；但是，博尼茨在表明這種看法（即，亞里斯多德在語法抽引不出的地方抽引出了諸多差別，卻沒有顧及語法抽引得出的某些差別）是一種言過其實的觀點時，也存在著小小的困難。

　　《範疇篇》透過非常一般的語詞γένη（屬）而論及諸多範疇。[34]αἱ κατηγορίαι（複數的「範疇」）這個詞彙，或者是它的某種變形，從《範疇篇》一開始起，就在使用著，因此，弄明白它到底意指什麼，就很重要了。κατηγορεῖν（表示、表明、斷定等）在「斷言」的意義上[35]的正規用法暗含著，κατηγορία（單數的「範疇」）的意思或指「斷定」（predication），或指「述

<hr />

[32]　《前分析篇》49ᵃ7、《論靈魂》402ᵃ25、410ᵃ15 可能是肯定參考的《範疇篇》。

[33]　之所以是語詞（words）和短語（phrases）的，而不是詞彙（terms）的含意，是因為後者本質上是命題的詞彙，而亞里斯多德在這裡所思考的，是思想的對象及其對它們的稱謂，不是命題。

[34]　11ᵃ38、ᵇ15。

[35]　κατηγορεῖν是κατηγορία的動詞κατηγορέω的不定式，該詞的主要意思是「控告」、「指責」等，「斷定」等是次要的含意。——中譯注

語」（predicate），而且，在其他涉及上下文關係的內容中，還發現它意指這兩種含意[36]。但是，《範疇篇》中的分類不是述語的分類。這被兩個事實表明。⑴上面摘引的亞里斯多德的例證表明，τὰ κατὰ μηδεμίαν συμπλοκὴν λεγόμενα包括的命題的主語不少於述語；⑵第一個範疇，即實體範疇，被分成兩個部分，而且，在最嚴格、最根本和最完全的意義上，實體被說成是既不斷言一個主體，也不存在於一個主體之中的東西，例如：一位個別的人或一匹個別的馬。而這個觀點，即個別實體構成第一範疇首要部分（subdivision）的觀點，被亞里斯多德在其他著作中堅定地維持著。不要把這視為範疇學說中多餘的東西[37]。所以，博尼茨由此假定，κατηγορίαι在這種關聯語中並不意指「述語」。他指出[38]，在不討論範疇學說的某些段落中[39]，κατηγορίαι更指「稱謂」或「名稱」，而不是「述語」，而且他認為，它的專門性意義，正是從這種含意發展而來的。那麼，範疇就會是名稱含意的分類，即可以名狀的思想對象的分類，而且在其中，如同包括了作為述語的那些實在一樣，自然也包括了個別的實體。但是，不要想望把該詞的專門性含意和它作為「述語」的自然意義分離，也沒有必要這樣做。雖然實體範疇的首要成員不是

84

---

36 意指「斷定」的有：《解釋篇》21ᵃ29，《前分析篇》41ᵃ4、12、ᵇ31，44ᵃ34，45ᵇ34，57ᵇ19，《後分析篇》84ᵃ1；意指「述語」的有：《後分析篇》96ᵇ13〔肯定述語X στέρησις（喪失、缺失）《前分析篇》52ᵃ15、《論生成和消滅》318ᵇ16〕。在《範疇篇》3ᵇ35、37，《後分析篇》82ᵃ20，《論題篇》109ᵇ5，141ᵃ4，《形上學》Δ卷1007ᵃ35，兩種意思中任一種均可。「述語」的正規詞彙是τὸ κατηγορούμενον（κατηγόρημα只出現過5次）。

37 例如：像阿佩爾特（Apelt）所做的那樣，《文集》（Beiträge），第142-145頁。

38 在他論《範疇篇》的論文中（1853年）。

39 《辯謬篇》181ᵇ27，《物理學》192ᵇ17，《論動物的部分》639ᵃ30，《形上學》Z卷1028ᵃ28。他摘引的其他段落不會生出這種解釋。

述語而是主語，但「實體」本身就是個述語。「這個事物是什
麼？人。人是什麼？動物。動物是什麼？實體。」如果我們追
蹤這樣的一條探究路線，「實體」就是我們得到的最終述語，
其餘諸範疇的名稱，也是經由相似的探究路線達到的。這樣，
諸範疇的名稱或許就理所當然地被稱為「述語」，從上面的例
證看（par excellence），也的確是述語，既然它們在各種「斷定
隊列」中，是最高的詞彙[40]。《範疇篇》中的一段話[41]，表明了
該詞從普遍含意到專門含意的過渡是如何發生的。「兩個相反
者中，如果一個是性質，另一個也會是性質。只要我們試著對
比其他的述語（κατηγορίαι），這就清楚了，例如：如果公正與
不公正是相反的，那麼，公正是性質，不公正也是性質；因為
其他的述語（κατηγορίαι）無一適於不公正，既然適合它的，既
不是數量，也不是關係或地點，也不是這類詞彙的任何一個，
而只有性質」。諸範疇不過就是最卓越的（par excellence）述
語。而且，個別實體在實體範疇之列，不是在作為述語的意義
上，而是在「實體」是能本質地陳述它們的最高、最寬的詞彙
的意義上[42]；也就是說，和第二實體在實體的範疇之列，特殊的
性質或數量在性質或數量範疇之列的意義相同。τὰ σχήματα（或
τὰ γένη）τῶν κατηγοριῶν（或 τῆΣ κατηγορίας）〔諸述語（或述
語）的類型（或屬）〕的說法強調了這樣的事實：範疇是最高的
類型或類別，一切述語都歸屬其下。κατηγορίαι τοῦ ὄντος，σχήματα
κατηγορίας τοῦ ὄντος（存在的述語，存在的述語的類型）也如此，

---

[40]　I卷，1054^b35，1058^a13。

[41]　10^b17-23。

[42]　範疇是 τὸ καθ᾽ αὑτὸ ὄν（就其自身的存在）的分類，即事物本質所是的分類，這
一點，在《形上學》Δ卷 1017^a22-30 得到了強調。見本書在該處的注釋。

意味著存在的每物要歸屬其一個或另一個之一的那些最高述語。

　　在較後的著作中，尤其是在《形上學》中，還有另一種提及範疇的通常的方式，即透過這樣一些表述：πολλαχῶς λέγεται τὸ ὄν（存在的多種說法）、ποσαχῶς τὸ ὄν σημαίνει（存在的多種標示）、οἷς ὥρισται τὸ ὄν（存在的諸種定義）。事實上，對這些不同類別的實在的回答假定成了「存在（be）」的許多含意。存在（to be）在一種意義上指實體，另一種意義上指性質、數量等。這似乎是該理論後來的狀態；的確，它作為一個結論而被告之：「存在」諸含意之間的差異來自於「事物是什麼」的主要類型之間的差異。καθ᾽αὑτὰ δὲ εἶναι λέγεται ὅσαπερ σημαίνει τὰ σχήματα τῆς κατηγορίασ·ὁσαχῶς γὰρ λέγεται, τοσαυταχῶς τὸ εἶναι σημαίνει. ἐπεὶ οὖν τῶν κατηγορουμένων τὰ μὲν τί ἐστι σημαίνει, τὰ δὲ ποιόν, τὰ δὲ ποσόν, τὰ δὲ πρός τι, τὰ δὲ ποιῖν ἢ πάσχειν, τὰ δὲ πού, τὰ δὲ ποτέ, ἑκάστῳ τούτων τὸ εἶναι ταὐτὸ σημαίνει（就自身而言的存在的含意如述語的類型所表示的那麼多；因為述語表示出多少，存在的含意就有多少。既然在諸種述語中，有些表示是什麼，有些表示性質，有些表示數量，有些表示關係，有些表示動作或承受，有些表示何地，有些表示何時，每一述語都表示一種與之相同的存在），「對應於每一個這些類別的述語，存在具有不同的含意」。[43]

　　博尼茨強調範疇的前一方面，並將它們視為本質上是實在的分類；新近的一些探究者卻一直強調後一方面。阿佩爾特[44]把範

---

[43] Δ卷 1017ᵃ22。參見Z卷 1030ᵃ21，ὥσπερ γὰρ καὶ τὸ ἔστιν ὑπάρχει πᾶσιν（to all the categories）ἀλλ᾽ οὐχ ὁμοίως.（因為正如存在適於一切（適於一切範疇），但含意卻不相同）。

[44] 第 112、113 頁。

疇看作主要是繫詞「是」的含意的分類；邁爾（Maier）則將它們看成是「是」的所有含意的分類，繫詞僅僅是其中之一。對於該理論較早也較爲單純的形式，博尼茨顯得給出了更爲眞切的說明。而且，即使是在該理論後來的運用中，也有一些似乎與阿佩爾特的觀點不相容的特徵。假如被分類的存在（the being）只不過是繫詞「是」，該學說就幾乎不可能用作運動分類的基礎[45]或定義靈魂的基礎[46]。

　　亞里斯多德沒有任何「範疇的演繹」，沒有任何論證，這種做法表明，實在（the real）必定恰好分成這些方面。他透過對實在的簡單檢視，藉助於言語差別的研究，似乎得到了 10 個範疇。一直以來，人們試圖對這些範疇進行系統的排列，例如：希臘注釋家大衛（David）的排列〔《亞里斯多德注釋》（*Scholia in Arist.*）48[b]28-41；該排列又被帕修斯（Pacius）複製了〕：

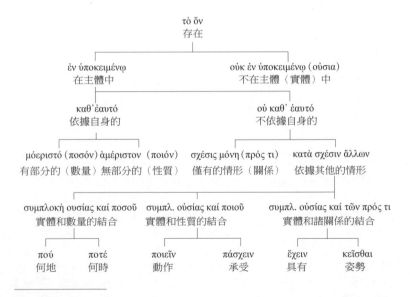

45　《物理學》，201[a]8，261[a]31-36。

46　《論靈魂》，402[a]22-25。

　　該學說的主要困難與實體範疇有關。它包含著兩種不同類型的東西：⑴個別的實體，⑵它們所屬的屬和種。要把這些東西組合在一起似乎不可思議。人們或許會問，爲什麼把蘇格拉底可以歸類於下的普遍概念之一，即「人」，而不是把他同樣可以歸類於下的其他普遍概念如「白色的物體」挑選出來扮演與蘇格拉底更有關聯的角色[47]？亞里斯多德的答案或許是，蘇格拉底的本性在稱他爲人時比在稱他爲白色物體時，被總括得更爲完全；他的想法興許是，當改變蘇氏的顏色時，仍可大致保留使他成爲他所是的東西，但如果剝奪他的人性（manhood），能夠被稱爲同一個體的東西就一無所剩了。事實上，「人」不是某種單一性質的名稱，而是相互連結的一整組性質的名稱，正是這些性質按某種比例組合在一起，構成具有它們之物的本性中最爲重要的那個部分。[48]所以，把第一和第二實體組合在一起具有很好的理由。但是，如果承認第一範疇中有個體和屬種的區別，爲什麼在其他範疇中不承認區別？其實，在《論題篇》中，可以發現與這樣的承認相類似的某種表述。[49]「在表示『物是什麼』時，我們有時指實體，有時指性質，有時指某一個其他的範疇。因爲當要考察站在面前的一個人，而我們又斷言站在面前的東西是一個人或一個

87

---

[47] 在《範疇篇》中，他是認識到了這個困難的。「每個實體似乎都意指某一『這個』……但是，雖然第二實體顯得是在表示某一『這個』，其實並不如此，而更多的是在表示某種性質。但它們所表示的，並不僅僅是一種性質——它們確定與實體相關的性質；所以，它們表示某種受限的實體」（3ᵇ10-21）。再者，「種比屬更是實體」（2ᵃ7）。第二實體是第一實體和其他範疇之間的居間者：「因爲所有其他的範疇都表述它們」，而它們則表述第一實體（3ᵃ1-4）。這條思想之線在《形上學》H卷 1042ᵃ21 達到極點，在那裡，屬完全不被說成是實體。

[48] 參見《範疇篇》2ᵇ29-37。

[49] 103ᵇ27-39。同樣的思想在《形上學》Z卷 1030ᵃ17-27 也有重現。參見《形上學》B卷 996ᵇ18-22，Z卷 1028ᵇ1。

動物時，我們就說出了是什麼並指出了是個實體；當在我們面前的是一種白的顏色，而我們又斷言它是白的或一種顏色時，我們就說出了是什麼並指出了是種性質……，其他情形也是如此；因為如果既斷言了這種詞彙自身，又斷言了它的種屬，那麼，我們就表明了它是什麼。但是，當被斷言的東西是另外某物時，那表明的就不是是什麼，而是數量、性質或某個其他的範疇。」也就是說，雖然從一種觀點來看，「它是什麼」可能與「它有什麼性質」、「它是什麼大小的」等等相反，而且是用作對實體範疇的特有稱謂[50]，但是，它在其他範疇中也找到了位置，既然如果它是一種顏色，那麼，對該問題的恰當回答將要稱謂的，就不是一種實體，而是一種性質，即顏色。這樣，在第一範疇中已經承認了的普遍與特殊的區別，現在也被發現出現在了其他範疇中。[51]

邁爾把這種情形[52]描述為範疇學說的澈底而自覺的轉變，認為在第一範疇內的區別再次出現在範疇之間，他的這種說法似乎走得太遠。他之所以這樣說，可能是因為過於看重下述這個用語的事實：作為第一範疇名稱而出現在那一段開頭的 τί ἐστι（是什麼），在稍後就被說成是表示現在的實體、現在的性質等等。真實的情形毋寧是：亞里斯多德在這裡承認，在其他範疇內，有類似於第一範疇內第一實體和第二實體之區分的某種東西。

88

---

50 在 1.22 也是這樣用的。

51 在《範疇篇》自身中，也暗示了這一點。在那裡，τὰ ὄντα（諸存在）被分成(1) τὰ καθ᾽ὑποκειμένου 但不ἐν ὑποκειμένῳ（依據主體但不在主體之中的東西）（指實體的類別），(2)τὰ ἐν ὑποκειμένῳ 但不καθ᾽ ὑποκειμένου（在主體之中但不依據主體的東西）（指個別的性質等等），(3)τὰ καθ᾽ὑποκειμένου and ἐν ὑποκειμένῳ（既依據主體又在主體之中的東西）（指性質的類型等等）(4)τὰ μήτ᾽ἐν ὑποκειμένῳ μήτε καθ᾽ ὑποκειμένου（既不在主體中又不依據主體的東西）（指個別實體）（1ᵃ20-ᵇ9）。

52 《演繹論》（*Syllogistik*）ii.2.321。

從這時起，不僅τί ἐστι，而且τόδε τι或τόδε（這個）就經常地作爲對第一範疇的稱謂出現[53]。後一個稱謂暗指個別實體，前一個稱謂暗指種和屬。力圖透過統計（就像阿佩爾特所做的[54]）來表明前一個稱謂更爲經常選用，但這種做法幾乎得不到什麼。當兩個稱謂只出現一個時，必須理解爲是對只有包括兩者才能很好理解的東西的速記式提及：當更大的嚴謹性作爲其目標時，兩者都被使用[55]。在Z卷中（它可能是最晚的著作之一），正如在《範疇篇》中（它或許是亞里斯多德現存著作中最早的）一樣，第一範疇既包括個體，也包括屬種。

雖然邁爾在把範疇描述爲主要是對「存在」（being）含意的分類而不是對存在事物的分類問題上走得太遠，但他把前者視爲該理論極爲重要的方面的觀點還是正確的。該理論使亞里斯多德能夠把他的前輩們由於沒有反思「存在（是）」一詞的含意而陷入的各種混亂暴露出來，予以澄清。邁爾極其細心地把這些混亂區分爲以下三類[56]。

(1)[57] 蘊含著同一的「是」與偶然斷定的「是」之間的混亂。在《辯謬篇》166[b]28-36給出了錯誤的例證：

---

[53] τί (ἐστι) 在《辯謬篇》、《前分析篇》、《後分析篇》、《論生成和消滅》、《尼各馬可倫理學》、《形上學》，τόδε (τι) 在《物理學》、《論生成和消滅》、《論靈魂》、《形上學》、《修辭術》。阿佩爾特在他的著作的第140-141頁給出了一張非常有用的表。

[54] 第139頁。

[55] Z卷 1028[a]11，1030[a]18，1032[a]14。

[56] 第280-287頁。邁爾指出，還有第四類，即可變者和永恆者之間的混亂，但它的解決不是靠範疇學說，而是靠潛能現實學說。

[57] 羅斯的英文本這裡沒有分段，我們爲了與後面的(2)、(3)一致，也爲了醒目，才分段的。——中譯注

> 科里斯庫斯（Coriscus）是人（a man），
>
> 科里斯庫斯不同於人（man），
>
> 所以，科里斯庫斯不同於他自己。

再有，

> 科里斯庫斯異於蘇格拉底，
>
> 蘇格拉底是人（a man），
>
> 所以，科里斯庫斯異於人（a man）。

89　　　如果你僅僅把述語「是」解釋爲彷彿表達了同一性[58]，你就將使自己陷入自我矛盾的狀態。爲了避免這種不愉快的結果，亞里斯多德告訴我們：「有些思想家，如像留科福朗（Lycophron）[59]，取消了『是』（即，在述語性判斷中，堅持去掉ἐστί，當然，希臘語語法容許他們這樣做）[60]，而另一些人則改變語言形式，從ὁ ἄνθρωπος λευκός ἐστιν（這個人是白色的）變成ὁ ἄνθρωπος λελεύκωται（這個人已變成白色了），似乎『單一』或『是』都只有一層含意。」[61]換言之，治療疑難的良藥不是他們那些幼稚的權宜之計，而是範疇學說。安提斯泰尼（Antisthenes）[62]也被指責陷入了相同的混亂之中。他「主張，

58　也就是說，如果因為「科里斯庫斯是人」，你就認為自己可以在「科里斯庫斯不同於人」中用「科里斯庫斯」替代人，或者因為「蘇格拉底是人」，你就認為自己可以在「科里斯庫斯異於蘇格拉底」中用「人」替代「蘇格拉底」。

59　又譯為「呂科佛隆」，生卒年不詳，活動於西元前 4 世紀上半葉，高爾吉亞的學生，著名智者。──中譯注。

60　括弧內的文字是英文本所加，不是原文的。──中譯注

61　《物理學》185^{b}25-32。

62　約西元前 446-366 年，蘇格拉底的學生，犬儒學派創始人。──中譯注

除了被事物自身定義的之外，沒有什麼值得說起，一個事物只被說成一」；[63]換句話說，他不把述語視爲有異於同一判斷。

(2) 實存（existential）的存在與繫詞的存在（是）、「單純的存在」與「某物特殊的存在」之間的混亂。《辯謬篇》再次給出了例證[64]：

> 非存在是思考的對象（thought about），
> 所以非存在存在（是）。

或者，

> 存在（是）的這個東西不是人，
> 所以存在（是）的這個不存在（是）。

(3) 固有的存在與持續的存在（使用邁爾的專門術語）之間的混亂，這是巴門尼德受到責難的混亂。「他的推論很糟糕，因爲即使我們討論的只是世界上那些白的東西，而又假定『白』只有一種含意，那麼，那些白的東西也會是眾多而不是單一；因爲無論就連續性還是就定義而言，白的東西都不會是單一的。因爲是白顏色和被著色爲白乃是不同的——當然，這並不意味著我們假定有與白的東西分離存在的某物：白和白所屬於的東西不是分離，而是不同。」[65]因爲存在（是）是陳述每個存在（是）之物的，所以巴門尼德就得出

63　Δ卷 1024^{b}32。

64　166^{b}37-167^{a}6。參見《物理學》187^{a}3-6。

65　《物理學》186^{a}25-31。

結論，一切存在（是）的本性正是存在（是）。[66]

90　　　柏拉圖透過他的「『形式』之間可以相通」的學說[67]，多多少少地澄清了這些疑難。這是承認了述語和事實的不同一。但是，亞里斯多德對柏拉圖的解決並不滿意。相反，亞里斯多德指出了巴門尼德論證的不合理，他說（明顯涉及到《智者篇》），「有人曾提出兩個論證——透過斷言非存在存在，論證如果存在只有一層含意，萬物都是一；透過設立不可分離的空間量度，從二分法來論證。」[68]但柏拉圖是在進行仿古的推論。他認爲，如要解釋世界上的複多，他就必須承認和存在分離的非存在。他就應當對諸多差異作出說明，以替代範疇學說中的表述，並追問假如沒有非存在，世界上哪種類別的單一會存在——實體的單一，性質的單一，還是其他什麼的單一。其次，他也應該追問，他所指控的是哪種類別的非存在。像存在一樣，非存在也有對應於範疇的各種含意。[69]

邁爾論證道（表面看似乎很有道理），在這些古老的難題中，以及在柏拉圖對它們的考察中，我們找到了範疇學說的最初動因[70]。但是，縱然範疇服務於這個目的，也沒有必要煞費苦心；實體和屬性之間，或實體、性質、關係之間的區別似乎就足

---

66 同上書，186ᵃ32-ᵇ14。

67 《智者篇》，251、253C-259D。

68 《物理學》，187ᵃ1-3。

69 N卷，1088ᵇ35-1089ᵃ19。

70 洛色（Rose）和吉爾克（Gercke）〔《希臘哲學史》（A.G.P.）IV.第 424-441 頁〕試圖表明，範疇實際上是柏拉圖學院的學說，而這恰恰既被阿佩爾特又被邁爾所否認。我們在柏拉圖那裡發現的被孤立提到的「性質」、「數量」等等，在任何意義上都不構成一種範疇學說，雖然它們為該學說準備了條件。範疇與《智者篇》的μέγιστα τῶν γενῶν（種上最大的概念）沒有任何密切的關係；後來的稱謂——存在和非存在、靜止和運動、相同和相異——足以表明這一點。

夠了。範疇的名單看起來更像是力圖形成實在物（the real）中諸多要素的一份清單，而關於「存在（是）」含意的諸種疑難的解決顯得是個副產物，雖然是個極為重要的副產物。[71]

第五節　形上學的主要主題：實體

在《形上學》中，亞里斯多德並不是要提供對於作為整體的 91
範疇的處置意見。實體之外的諸範疇彷彿只是「存在的枝椏和伴隨物」[72]。實體在以下三種意義上先於它們[73]。

(1)[74]因為它能夠分開存在，但它們不能。他似乎自然地把這一
　　點當作了該地位的典範，在《範疇篇》中[75]，被描述為τὸ μὴ
　　ἀντιστρέφον κατὰ τὴν τοῦ εἶναι ἀκολούθησιν（基於存在的先後
　　次序不能顛倒），在這裡，A無B能夠成立，但B無A則不能。
　　然而，實體事實上不是這樣與其他範疇相關的。毫無疑問，
　　如果沒有實體，性質不能存在。某種性質，或者是一個實體
　　的性質，或者是在或大或小的若干階段上預設實體的性質。
　　但是，如果沒有性質，實體也一樣不能存在。沒有性質的實
　　體和不預設實體的性質一樣不可能。任何實體的差異都是性

71　從諸如πολλαχῶς λέγεται τὸ ὄν（存在有多種含意）的語形（forms）的用法推論出
　　亞里斯多德的興趣更多是在「存在」的含意上而不是在存在物的種類上或許是
　　錯誤的。參見《論靈魂》410ᵃ13：ἔτι δὲ πολλαχῶς λεγομένου τοῦ ὄντος（σημαίνει
　　γὰρ τὸ μὲν τόδε τι...）πότερον ἐξ ἁπάντων ἔσται ἡ ψυχὴ ἢ οὔ；（再者，既然存在
　　有多種含意（因為它既表示某一這個……），那麼，靈魂是否由它們全部構
　　成？）這裡的問題是，靈魂是否由一切種類的存在複合而成，而不是靈魂是否
　　由一切含意的「存在」複合而成。
72　在《尼各馬可倫理學》1096ᵃ21 中，他把關係說成是這樣。
73　Z卷，1028ᵃ32-ᵇ2。
74　羅斯的英文本這裡沒分段。──中譯注
75　14ᵃ30。

質。[76]所以，亞里斯多德的意思似乎絕不是說實體能夠無需其他範疇而存在，而是說它能夠分開存在，但它們不能。實體是那個整體的事物，包括性質、關係等等，它們構成它的本質，而這能夠分開存在。它寓意著這些性質，不是在它之外的什麼東西，而是需要加給它自身的。另一方面，如果性質要存在，就需要被實體供給。顯而易見，如果這就是亞里斯多德的意思，那麼，他必定是把實體認作個別事物。δεύτεραι οὐσίαι（第二實體）由於是普遍的東西，按照他自己的學說，就不能分開存在，而必須由它們個體性的成員的性質來供給。

(2) 實體在定義上在先。如果要定義任何一個其他範疇，你必須包含作為基礎（underlying）的實體的定義。這寓意著，如果要定義實體，你不需要包含任何其他範疇的某種定義；但這不是真的，既然實體的每個差異都是性質。

(3) 實體對於知識而言在先。當我們知道一個事物是什麼，而不是知道它有什麼性質、數量或者地點時，我們才更好地知道它。的確，即使我們想知道的是屬於非實體性範疇的什麼東西，我們必須要追問的，也不是它有什麼性質等等，而是它是什麼，它的準實體（quasi-substance），即，使它是什麼的東西是什麼。在這個論證中，很明顯，實體沒被認作具體事物，而被認作本質意義上的本性。這種兩義性的用法，存在於亞里斯多德討論實體的全過程中。

對亞里斯多德來說，實體的存在，以及它和其他範疇之間，即實體和我們可以簡要稱為性質與關係之間的區別，是終極的和

---

[76] Δ卷，1020[a]33、35-[b]2、[b]6。

自明的。實體的首要含意是「不述說主語[77]，而是其他全都述說它的那種東西」，或者，按他自己在《範疇篇》中對該問題的更為完全的說法[78]，是「既不述說主語也不存在於主語之中」。有些詞彙既能扮演主語，也能扮演述語的角色，例如：我們能說「白色是一種顏色」，我們也能說「這木頭是白色的」。按照亞里斯多德的觀點，還有另外一些詞彙，只能扮演主語的角色。τὸ λευκόν ἐστι ξύλον（這個白色的東西是木頭）不是固有的述語，而是偶然的述語。[79]這個說法似乎是錯誤的。[80]但是，即使伴隨它的邏輯學說是不真的，亞里斯多德在實體和非實體之間所作的區別也是正確的。只要反思諸如「蘇格拉底是白色的」之類的話就可以明白，一個陳述所要表示的，不是白色的或白色，不是在蘇格拉底身上與白色結合在一起的某種性質，也不是與白色在一起的這些性質的總和被說成白，而是具有這一切性質的東西，即作為它們的載體（the substratum），且它們在其中結合的那個個別事物。然而，亞里斯多德不滿足於就此了事，他堅持個別事物與它們的性質和關係的差異（雖然這是他的思想中，尤其是在他和柏拉圖主義的對立中主要的要素之一）；他致力於發現個別實體中的實體性要素，而他現在繼續進行的，正是這個問題。

93

---

77 這一句和下一句中的「主語」，英文都是subject（希臘文是ὑποκείμενον），既可譯為「主語」，也可譯為「主體」，由於這裡講的是述說和被述說的關係，故譯為「主語」恰當些。——中譯注

78 2ᵃ12。

79 《後分析篇》83ᵃ1-17。

80 亞里斯多德似乎是被加中性冠詞τὸ的中性形容詞的兩義用法迷惑了。τὸ λευκόν（這個白色的東西）既可指「白的顏色」，也可指「白的事物」。如果它指的是後者——即它或許是在某人說τὸ λευκόν ἐστι ξύλον（這個白色的東西是木頭）的意義上——那這個說法就像說τὸ ξύλον ἐστὶ λευκόν（這塊木頭是白色的）一樣，是固有的述語。一句話表示發現了已知為白的東西是木頭，另一句表示發現了已知為木頭的東西是白色的。

　　他首先給出了實體外延的初步（prima facie）說明。[81](1)
最明顯的實體是物體，即動物、植物、四種元素，以及這些東
西的部分和合成物。(2)畢達哥拉斯學派把物體的界限——面、
線、點——看成甚至比物體更有實體性。(3)柏拉圖把「形式」
（Forms）和數學對象認作與物體不同的實體種類。(4)斯彪西
珀斯承認不同種類的實體，但認為每種實體都有各自的最初源
泉——數目、量度、靈魂等等。(5)還有一些思想家（克塞諾克拉
特斯）把「形式」和數目視為同一，並承認依賴於它們的次一級
的各類實體——線、面等等，在這個系列的末端，是物理宇宙和
可感事物；與斯彪西珀斯不同，他們把不同等級的實體認作每一
級都依賴於在它之前的更為單純的那一類。亞里斯多德關於物體
性實體的觀點主要由ZH兩卷匯集而來；他關於無形實體（它們
是畢達哥拉斯學派、柏拉圖和柏拉圖主義者們所相信的）的觀點
主要在MN兩卷表述。在Λ卷，他展開闡述了他有關無形實體的
學說，這是他本人唯一相信的無形實體。

第六節　載體[82]

　　接下來[83]，亞里斯多德命名了對實體頭銜有要求的四種主要
的東西，即：不是個別實體，而是個別事物中那個實體性的要
素——本質（τὸ τί ἦν εἶναι[84]）；普遍；屬；載體。正如我們

81　Z卷第 2 章。

82　這裡的英文是substratum，中文常譯為「基質」，但由於該詞譯自ὑποκείμενον，
　　含意較為豐富（如 118 頁注釋 77 中所說的「主語」和「主體」），故我們依苗
　　力田先生，譯為「載體」。——中譯注

83　Z卷第 3 章。

84　這個希臘片語是亞里斯多德自創的，中文很不好譯。吳壽彭先生譯為「怎

已經見到的，這最後一個初看起來，有著最強烈的要求。所謂的「載體」，可以有三層含意：(1)質料；(2)可感的形式[85]；(3)由前兩者的結合構成的複合物。但是，實體與載體的同一有導致實體與質料同一的傾向。在思想中，我們可以一一剝去諸多屬性，直到除了赤裸裸的質料之外什麼也不剩下，而這種質料，不包含任何肯定的屬性，甚至也不包含任何否定的屬性；[86]因為後者僅僅偶然地屬於它。但是，赤裸裸的質料顯然不是實體；因為它既無分離存在的能力，也沒有個體性，即「這個」，而這些正被認為是實體的首要特徵。質料不能分離存在；亞里斯多德無疑有這種觀點。對於雕刻家而言，青銅可以被稱為質料或未加工的原料，既然它沒有他意欲強加於上的形狀；但是，青銅不是完全意義上未加工的原料，它有它自己的形式。(a)它具有青銅所特有的內在結構，即使在雕刻家手下仍然保持著；而且(b)它也具有外在的形狀，雖然這形狀在他手下丟失了，但會獲得另一個作為替代。赤裸裸的質料僅僅是邏輯分析的產物，在分析中，我們把一個給定的事物分成形式和不是形式的東西。再者，赤裸裸的質料不是個體；個體的東西必定有某種特性，而赤裸裸的質料沒有任何特性。

94

是」，余紀元教授譯為「恆是」，苗力田先生譯為「是其所是」（《亞里斯多德全集》本）和「其所是的是」（《亞里斯多德選集》本），汪子嵩先生依英文意譯，譯為「本質」。我們在其他論著中多依苗先生譯名，但在這裡只能依羅斯的英文，譯為「本質」。——中譯注

[85] 亞里斯多德在這裡的原文用的是μορφή，而不是εἶδος，雖然二者有時可換用，但區別還是很明顯，前者主要指事物的「形狀」、「外觀」等，後者主要指事物的內在本性意義上的「形式」（柏拉圖的「形式」就是這個詞，「理念」則是與此同詞源的ἰδέα）。由於羅斯在這裡意譯為the sensible form，我們只能照譯。——中譯注

[86] 1029[a]24。

第七節　本質

　　這樣，把實體認作載體的思想就導致了一個錯誤的結果。然而，亞里斯多德不是拋棄它，而是表面維持它，並且推論：載體必定是其他兩種東西（他曾經說過它或許是）之一——形式，或形式和質料的統一體。在邏輯上，後者後於形式，並且足夠熟悉；正是因爲這兩點理由，亞里斯多德把注意力集中在形式，並打算首先把它作爲存在於最被普遍認可的實體，即能被感官知覺到的那些實體中的要素來考察[87]。但是，或許是感覺到了把形式視爲一種載體的困難，他在這裡[88]起了一個新的開頭；他離開載體的觀念，前進到最初提到的對實體頭銜有要求的四種東西中的另一種——本質。本質與作爲一種載體的形式雖然有關係，但並不同一。形式是τὸ σχῆμα τῆς ἰδέας（相的[89]外形），可感的形狀；本質則是內在的本性，使一物是什麼的東西，並在定義中展開。我們讀到，一個事物的本質，是該物就其自身（propter se）被說成所是的東西。所以，

(1)[90]偶然屬性被排除在本質之外。你的本質不是文雅。在你文雅之前，你是你，你也可能不再文雅，但你依然是你。把某些屬性從個體的本質中這樣排除出去多少有點任性。很明顯，假如你不再文雅，那麼，你就不會是與現在的你相同的你。初看起來，亞里斯多德所致力的，是貫穿個體整個存在始終

95

87　這構成了Z卷第 4-12 章的主要主題。研究存在於可感事物中的形式是研究存在於自身中的形式的預備（1029ª33、ᵇ3-12，1037ª13，1041ª6）。

88　Z卷第 4 章。

89　這裡的 ἰδέας 不宜譯作「理念的」或「形式的」，姑且隨陳康先生譯爲「相的」。——中譯注

90　羅斯的英文本在這裡以及後面的(2)、(3)均未分段。——中譯注

所呈現出來的核心觀念，並把那一時性的屬性區別出來。但是，他或許知道可能有異議。總而言之，對他而言，本質是定義的對象，個別事物不可定義。所以，在這一次提到「你的本質」之後，他在以後提的都是一般類型的本質。[91]

⑵其次，他排除在某種意義上是就其自身的屬性，即特性（propria）。「A就其自身地屬於B」，這個斷言是有歧義的。「A就其自身地屬於B」，在一種意義上指的是，如果它被包含在B的本質和定義中（線就其自身地屬於三角形、點就其自身地屬於線就是這種意義）；在另一種意義上，指的則是，如果它出現在B中而且如果B被包含在它的定義中（這種定義的例證如，直線和曲線就其自身地屬於線，奇數和偶數就其自身地屬於數目）。[92]在第二種意義上的καθ᾽αὑτό（就其自身地）屬於B的東西（例如白色之於表面），就不是B的本質。因爲，雖然你如果不提及表面就不能定義白色，但你不提及白色卻能夠定義表面。

⑶表面的本質不是白色的表面。作爲一事物本質之陳述的定義，必定不能稱謂該事物本身。

⑷接下來，亞里斯多德追問了實體加另外某個範疇複合而成的詞彙（例如：白色的人）是否有本質的問題。它或許會遭到反對：無論打算給它下任何定義，都會向上面⑴所考察的那些情形一樣，不得不被宣告爲不是就其自身的，既然在人和白色之間沒有任何本質性的關聯。但是，上面還提到了，

---

91 的確，在 1029^{b}14 的τὸ σοὶ εἶναι（作爲你的是，羅斯譯爲「你的本質」）或許並不意味著被視作區別於類本質的個體的本質。τὸ σοὶ εἶναι是τὸ ἀνθρώπῳ εἶναι（作爲人的是）。

92 《後分析篇》，73^{a}34-^{b}5。

「就其自身」也涉及定義和被定義的東西（the definiendum）之間的關係。當一個定義在下述兩種情形下出錯時，就「不是就其自身的」：(a)透過添加，正如當白色被適於白色之人的定義所定義時，或(b)透過省略，正如當白色的人被適於白色的定義所定義時。由於犯這兩種錯誤的其中某種並不是必然的，所以，就此而言，白色的人還是可以有本質和定義的。但是，假設這些錯誤避免了，對白色的人的說明會達到其本質嗎？不會，因為本質「就正是個別事物的所是」〔ὅπερ τί（就是那個什麼）或ὅπερ τόδε τι（就是那這個）〕，但白色的人不「就正是個別事物的所是」；它沒有表述某物恆久而根本的本性，而只是表示了詞彙的結合，這個結合是附帶著偶然的相隨物而表示這樣的本性的。這樣，猶如在被定義的東西和定義之間缺乏必然的關聯會導致的一樣，被定義的東西內部（並因此而在它的定義內部）必然關聯的缺乏，對於所要提出的對它的任何定義都是致命的。

在所有的詞彙中，只有表示種的那些才能被定義。諸最高的屬（summa genera）都不能被定義，既然它們不能被分析成比它們自身較為單純的某種東西；異於種的複合詞不能被定義，既然在它們的構成成分之間沒有必然的關聯。在種中，有這樣的必然關聯：屬不分有種差，正如不分為與它自身無關的某種東西一樣。屬不與種差分離存在，種差也不與屬分離存在。[93]但是，可以給其他詞彙說明（λόγος[94]），雖然不是給定義（ὁρισμός）。

---

93 H卷第 6 章。

94 羅斯在這一段之所以多次直接引希臘原文的λόγος（兩次在括弧內，表示「說明」和「語詞」所依的原文是同一個，兩次乾脆不翻譯，直接用λόγος），是因為該詞含意太多，不同的上下文可譯成不同的英文，可能是為了防止讀者不必要的誤解，才直接引原文。——中譯注

透過說明與其餘的語詞（λόγος）的結合，你能夠解釋任何單獨的ὄνομα（名稱），或透過給出與其等義的更加清楚的λόγος，你也能解釋任何λόγος。而且，這樣的說明可以被稱為在定義的第二級含意上的定義。實體性的種之外的其他東西，在某種意義上也可以有τὶ ἐστι（是什麼）和τὶ ἦ εἶναι（所是什麼），儘管僅僅是在第二級含意上，就如同是（being）本身是在第二級含意上才屬於它們。在非實體性的任何範疇中的任何東西，都不具有嚴格意義上的本質，只具有「性質意義的本質」（essence-of-a-quality）等等。[95]在第三級含意上，甚至諸如白色的人這樣的混合性詞彙也有本質，[96]它會是嚴格意義的本質和性質意義的本質的結合。

　　亞里斯多德繼續[97]考察(5)另外一種類別的詞彙，譬如「塌鼻」之類的「交會在一起的詞彙」（συνδεδυασμένον）定義的可能性，這種詞彙表示τόδε ἐν τῷδε（這個在那個中），即一種特殊的性質在一種特殊的主體質料（subject-matter）中，例如：凹狀在鼻子中。這種詞彙不同於諸如「白色的人」那樣的詞彙，因為在它之中，構成成分之間的關聯是本質性的。白色的什麼不應該是人，但塌鼻的什麼必定是鼻子，雄性的什麼必定是動物，相等的什麼必定是數量，奇數的什麼必定是數目。這種情形亦如此，有人或許會假定，在這些場合中，其關係是屬與種差的關係，該關係同樣被描述為非偶性的[98]，而且，塌鼻、雄性、相等、奇數分別是鼻子、動物、數量、數目的種。然而，這不是亞里斯多

97

---

[95]　1030ᵃ31。

[96]　1030ᵇ12。

[97]　Z卷第 5 章。

[98]　1030ᵃ13。

德的觀點。例如：性別的相反並不在λόγος（原理）中，而是在
τὸ συνειλημμένον τῇ ὕλῃ（被質料擠壓在一起的東西）中，即在
質料和形式結合而成的具體事物中，而且，它原本不屬於形式，
而屬於質料。[99] 在I卷第 9 章中，亞里斯多德區分了屬性可以與
所屬的主體相關的三種方式。(a)它們可以像有足的和有翼的相
關於動物那樣與主體相關。這些是「該屬的特有屬性」，存在於
屬的形式中，並區分出該屬內部不同的種。(b)它們可以像雄性
的和雌性的相關於動物那樣與主體相關。這些也是特有屬性，但
不存在於形式中，而存在於質料中，即在肉體中，且不引起種的
差異。(c)它們可以像白色的和黑色的相關於動物那樣與主體相
關。這些甚至不是就其自身地屬於該屬，當然，也不引起種的任
何差異。[100] 之所以這樣講，是因為起因於（而且被證實了的）這
樣的事實：在方式(b)，差異存在於質料中，例如：在生殖中，
相同的精子、相同的雄性或形式要素，由於不同的處置，即由於
和這個或那個雌性的或質料要素的結合，可以產生雄性或雌性的
子嗣；雄性和雌性之間的差異來自於質料，而不來自於形式。這
樣，當一個屬的某些成員具有一種屬性，另一些則不具有時，
(a)該屬性可以是該屬特有的，且是它的主要差異之一。在這種
場合，正如該屬（例如：動物）不是單獨的屬性，而是有大量互
相連結的屬性一樣，該屬性亦如此（例如：有足的或有翼的），
與它相伴的還有大量其他的屬性，以便陸地動物和飛翔動物是彼
此明顯區分的實在的種類。那麼，屬和屬性的結合是一個種，一
種「第二實體」，且可以透過稱謂屬和種差而在嚴格的意義上被

---

[99] I卷，1058^{b}1、21。

[100] 用《論題篇》的語言來說，屬性可以是(a)屬的種差，(b)屬的特性，或(c)屬的偶
性。

定義。(b)該屬性可以是該屬特有的，但與它相伴的只有少量其他的屬性。在這種場合，該屬性被說成屬於質料而不屬於形式。屬和這樣一種屬性的結合，被稱爲「交會在一起的詞彙」，且被說成在不嚴格的意義上可被定義。(c)該屬性可以完全不是該屬所特有的，而是可以相當外在地屬於該屬的某些成員。在這種場合，兩者的結合是一種σύνθετον（組合）[101]，且在上面提到的第三級含意上可被定義。

98

　　性別的差異對於確認一個眞正的種差而言，或許被認爲是足夠重要的。但是，它會把動物的區別橫切（cut across）成「陸地動物」、「水中動物」、「空中動物」等種，所以，亞里斯多德不得不把它貶低到較少重要性的位置。

　　對諸如「塌鼻」、「雄性」之類的詞彙不可被定義所給出的理由是，任何定義都會涉及「添加」，即，X的定義是「是X的Y」。這是由於在交會在一起的詞彙中，構成成分的密切關聯。塌鼻不能離開鼻子而被定義，雄性不能離開動物而被定義，因爲塌鼻的什麼必定是鼻子，雄性的什麼必定是動物。其推論是：既然在異於實體的範疇中，每個詞彙都預設實體爲前提條件，那麼，任何這樣的詞彙的定義都必定涉及「添加」，所以，沒有嚴格的定義。只有實體能被定義。但亞里斯多德並未引出這樣的結論：同樣，沒有種能被定義，既然在一個種內，各部分，屬和種差必定有著甚至比交會在一起的詞彙中各要素之間更爲密切的關聯。按照他自己的原則，他有理由拒絕引出這個結論。因爲在一個種的本性中，各成分，屬和種差是如此緊密地結合著，以至於一個對另一個完全不是ἄλλο（別一個），所以，定義不是ἐκ

---

[101] Z卷，1029^{b}23。

προσθέσεως（源於添加）[102]。

　　爲了追尋本質的主體，亞里斯多德在Z卷第 6 章探問一事物
與它的本質是否相同。要弄清這個問題的要點是困難的。亞里斯
多德首先指出，κατὰ συμβεβηκός（基於偶性的）詞彙不與它們
的本質同一。在該章較後的一段話中，這層意思似乎得到了最好
的發揮，在其中，他指出，像「白色的」之類的詞在一種意義上
與，在另一種意義上不與它的本質同一。白色的本質與白色的屬
性同一，但不與該屬性所屬的主體同一，也不與包含著主體和屬
性的那個整體物同一。在帶有定冠詞的中性形容詞的含意中出現
的這種兩義現象，不得不在思想裡生出，並貫穿在Z卷的整個討
論中；比較而言，它使亞里斯多德爲難的程度和範圍是更加值得
關注的。

　　當亞里斯多德從κατὰ συμβεβηκός的詞彙進展到καθ᾿ αὑτά
（就其自身的）詞彙，即既不僅僅表示屬性（譬如白色的），也
不表示主體和偶然屬性的結合物（譬如白色的人）的詞彙時，他
並沒有按其價值討論這樣的詞彙是否與它們的本質同一的問題，
而是把柏拉圖的「形式」看作這種詞彙所謂的例證，追問例如善
的「形式」是否與善的本質同一；而且，他引出的結論是：沒有
任何理由相信，如果依靠柏拉圖的「形式」，就比「是其所是」
（what it is to be）[103]等如此這般的表述意指更多的東西。不幸的
是，他利用了這樣的機會來指責柏拉圖的理論，其實，他自己的
觀點（即καθ᾿αὑτά詞彙與它們的本質同一）顯得足夠清楚了。

99

---

[102]Z卷第 12 章，H卷第 6 章。

[103]羅斯這裡的what it is to be可能是他無奈之下對亞里斯多德τὸ τι ἦν εἶναι的直譯（因
　　爲他一般意譯爲「本質」），所以，我們取苗力田先生在《亞里斯多德全集》
　　本的譯名，譯爲「是其所是」。——中譯注

它由三個主要的論證所支撐。(a)它被知識的本性所蘊含，既然知曉一個事物顯然就是知曉該物的是其所是。(b)它也被這樣的事實所蘊含：假如情形不是如此，本質也就不會存在。如果善的本質不是善，存在（是）的本質也將不存在（是）。但是，恰如很有理由相信有存在的本質一樣，也有別的某種東西的本質，所以據此就表明，沒有本質會存在了。(c)一物與它的本質同一也被它的否定所牽涉到的無窮倒退表明。如果A的本質不同於A，那麼，A的本質的本質也就不同於A的本質，如此倒退，以至無窮。

該章的推論是軟弱無力的，而且到了咬文嚼字和論辯術（dialectical）的異於尋常的程度。下述事實表明它的意思難以把握：⑴「偶性詞彙」與它們的本質不同一的證據不是直接證據，而是歸謬法（reductio ad absurdum），⑵對「自我依賴的詞彙」與其本質同一的論證被導向到論及一類特殊的、假定的自我依賴的詞彙，即柏拉圖的「形式」。但是，隱藏在它們下面的（underlying）學說卻具有不可忽視的重要性。我們或許可以作如下的陳述。

⑴有一類πρῶτα καὶ καθ᾽αὐτὰ λεγόμενα（首要的和就其自身而言的東西），即首要的和自我依賴的實在（「靈魂」就是其中的一個好例證），它們表示某些本性，不能與「是其所是」的那些本性區別開來；它們是純粹的形式，不是形式和質料的複合物。

⑵有一類κατὰ συμβεβηκὸς λεγόμενα（就其偶性而言的東西），（「白色的人」就是其中一個例證）——相互獨立的成分的臨時性結合，正如我們從Z卷第 4 章已經看到的，它們只在第三級含意上才有「本質」，且不與它們有的那種本質同一，既然它們包含著一種絕不能夠在定義中講出的質料成分。最

100

後，正如我們將從 Z 卷第 10、11 章所看到的，即使和「白色的人」的成分相比，其成分更多地直接屬於彼此的那些結合物——諸如「人」那樣的實在，如果「人」意指的不是靈魂，而是靈魂加肉體的話——，雖然不是「偶性的實在」，但也有別於它們的本質，既然定義（它是本質的展開）不能表達在它們之中的質料性成分。

(3) 還有諸如 τὸ λευκόν（白色的東西）之類的兩義性表述，如果它們意指議論中的那種性質（例如：白色），就是 καθ᾽ αὑτά，且與它們的本質同一，但如果它們意指具有該性質的那個事物，即看作具有它的東西，那就是 κατὰ συμβεβηκός，且不與它們的本質同一。

在第 10、11 章中，在扯了一些離題的話之後，討論又繼續進行了，但主要的興趣不在亞里斯多德對他明白追問的諸問題的回答上，而在出現於討論過程中的一系列複雜的實在上。它們是：(1)純形式，例如：圓或靈魂，它們與其本質同一[104]；即圓形或活力的純形式。(2)可思想的個別[105]，它是形式與特殊的可思質料的結合，即與特殊的廣延的結合；例如：個別的幾何圓形。(3)質料性普遍，它是「這種形式」與「被認作普遍的這種質料」的結合；例如：「人」就是靈魂與特殊種類的可感質料的結合。[106](4)可感覺的個別，它是形式與一組特殊的可感質料的結合；例如：蘇格拉底或一個特殊的青銅圓環。[107]對可思想的個別和質料性普遍的承認是重要的革新；至此，那個唯一的 σύνολον

---

[104] 1036ª1。

[105] 同上，3。

[106] 1035ᵇ27-30。

[107] 1036ª3-5，1035ᵇ30。

（全體）就顯然只會被認爲是可感覺的個別了。但是爲了完成這個系列，在第一和第二類實在之間的第五類實在就該被承認。圓形不是純形式，而是體現在和圓對等的可思質料（地點）中，即也能有其他體現的一種類型的算術關係。當亞里斯多德追問線段是數目 2 還是體現在長度中的數目 2 時[108]，他就假設了這種不同的較爲生硬的形式。這樣，我們似乎就該承認，在純形式之外，還有包含著「這種形式」和「被認作普遍的這種可思質料」的那個σύνολον。但是，亞里斯多德並沒有引出這個結論。他主張，幾何學和算術學處理的是完全不同的γένη（屬），與畢達哥拉斯學派和柏拉圖「把事物歸結到數目」[109]的做法強烈對立。

　　他在這裡承認的四種類型的實在中，只有第一類和最後一類對實體資格有某種眞正的要求。可思想的個別僅僅是可感覺的個別本性之中的一個成分，被看作是從其餘東西中抽象出來的第二性質[110]。質料性的普遍（譬如「人」）在《範疇篇》中[111]被稱爲第二實體，但在這裡卻被說成完全不是實體[112]。它也僅僅存在於可以感覺的個別中。在亞里斯多德看來，純粹的形式是實體，但有少許東西初看起來是純粹的形式，其結果實際上卻是源出於質料的純粹。一般意義的「圓」，他在這裡視爲與圓形的本質同一，但實際上，卻含有可思的質料。他視爲與靈魂的本質同一的「靈魂」，卻是「一類特殊肉體的本質」，[113]且不能和這樣的肉體分離存在。歸根到底，運動諸天體的「神」、理智（the

101

---

[108]H卷，1043ᵃ33。參見Z卷，1036ᵇ12-17。

[109]Z卷，1036ᵇ12。

[110]1036ᵃ11；M卷第 2、3 章。

[111]2ᵃ17。

[112]1035ᵇ27。

[113]同上，14-16。

intelligences），以及人類理性（或毋寧說是其中「主動的」成分），才眞正是亞里斯多德承認的純粹形式。最後，在可感的個別是實體的這一觀點中，存在著若干疑難。存在的一個疑難（我們在後面還將討論）起因於下述事實：眞正的實在（real）必定是可知的，但從表面就可看出，個別物並非完全可知。[114]存在的另一個疑難（從另一種觀點看起來，或許是同一個疑難）則起因於，在個別物中，質料或潛能的存在，以及其結果，乃是服從於變化和毀滅。ZHΘ卷的一般趨向是，使亞里斯多德從可感的個別物是「第一實體」的早期學說轉移到視第一實體與純形式同一，且只與它同一的觀點。

102

「可思想的質料」的表述只出現在這裡和 1037ᵃ4 中，以及在H卷 1045ᵃ34、36 中，但在那裡，它是在不同的意義上被使用的，表述的是這種情形：屬對於種差猶如質料對於形式。另一方面，在K卷 1059ᵇ15 中的ἡ τῶν μαθηματικῶν ὕλη（數學的質料）和這裡出現的ὕλη νοητή（可思想的質料）含意是相同的。現在的這個短語，就它最爲明瞭的含意而言，或許不應該被理解爲意指自身是可思想的質料。質料是不可以被思想的：[115]「可思想的質料」對於可思之物中的質料性、多功能性（pluralizing）成分來說，是個速記式的短語，有如ὕλη γεννητή（可生成的質料）不指質料可以生成，而指可生成事物之中的質料性成分。

柏拉圖[116]把地點（χώρα）視爲可感事物的質料性成分或載體，事物由以成形的材料透過進入地點而獲得與永恆的存在——

---

[114]Z卷第 15 章。

[115]1036ᵃ8。

[116]〈蒂邁歐篇〉，52A。

「形式」相似的形狀。[117]在他的哲學中（除非我們更應該說，在〈蒂邁歐篇〉的哲學中），地點所做的工作在亞里斯多德哲學中是質料做的。他只是把可感事物簡單地分析成地點加 $\tau\grave{\alpha}$ $\epsilon\grave{\iota}\varsigma\iota\acute{o}\nu\tau\alpha$ $\kappa\alpha\grave{\iota}$ $\epsilon\xi\iota\acute{o}\nu\tau\alpha$（進去的東西和出來的東西）。亞里斯多德則承認在可感事物中質料放置者之上的放置者（layer upon layer of matter），而且只有這二者之一與地點同一，即(1)可思質料，是某物能夠具有的最小質料；這既存在於可感的事物中，也存在於可思的個別中。[118]正是這使圓形的純形式成爲複數，進入許多幾何的圓中。在可感事物中，被放置在這上面的是(2)可感質料；但這不是一個小片。它的最小形式是(a)$\H{\upsilon}\lambda\eta$ $\tau o\pi\iota\kappa\acute{\eta}$，即，使事物能夠進行地點運動的那種質料；天上的物體雖然沒有任何其他種類的可感質料，但卻有這種[119]。在不同於天上物體的可感事物中，被安置在這上面的是(b)有性質變化的質料或潛能，它以(a)爲前提；[120](c)有增長或減少的質料或潛能，它以(b)[121]所以也以(a)爲前提；(d)$\H{\upsilon}\lambda\eta$ $\gamma\epsilon\nu\nu\eta\tau\grave{\eta}$ $\kappa\alpha\grave{\iota}$ $\phi\theta\alpha\rho\tau\acute{\eta}$，即有生成或消滅的質料或潛能，它要以(a)、(b)、(c)爲前提。[122]這是$\H{\upsilon}\lambda\eta$ $\mu\acute{\alpha}\lambda\iota\sigma\tau\alpha$ $\kappa\alpha\grave{\iota}$ $\kappa\upsilon\rho\acute{\iota}\omega\varsigma$（最嚴格意義的質料）。[123](b)、(c)和(d)，雖然它們有著邏輯意義上的先後次序，但不是各自分別給予事物的，而是全都存在於地球上的一切可感事物之中。

在亞里斯多德那裡，儘管廣延被包含在可感事物中，但並不

---

[117]同上，50c。

[118]Z卷，1036^{a}11。

[119]H卷，1044^{b}7；Θ卷，1050^{b}21；《物理學》，260^{a}28。

[120]《物理學》，260^{b}4。

[121]同上書，260^{a}29。

[122]H卷，1042^{b}3。

[123]《論生成和消滅》，320^{a}2。

是像在柏拉圖那裡一樣是事物由以構成的材料。可感物由以構成
的材料是符合我們普通的質料觀念的某種東西，是某種和廣延一
樣有著固體性的東西。月下世界的質料總是被熱和冷、溼和乾這
樣主要的ἐναντιότητες（相反者），以及附屬於ἐναντιότης（相反
者的）重和輕每對中的一個所限制，或被二者的結合所限制。

　　雖然地點不同於質料，但是，沒有任何無質料的地點存在；
不存在任何實際的虛空[124]。由此可以推出，脫離可感事物的可思
想的個別是不存在的。只要有幾何球形的地方，也就有質料性球
形——雖然並不必然是在性質上區別於包圍它的東西的球形，以
便是個感覺上的球形。數學研究的不是分離的實在，而是被認作
具有大小和形狀，但不具有可感質料以及與其相隨的性質的可感
事物。[125]實際上，有一系列的科學逐漸地、愈來愈多地從可感
事物的總體本性中抽象出來。一門科學（運動學）把它們當作運
動來考察，即當作具有可思質料和地點質料，卻不具有另外三類
質料；另一門科學（立體幾何學）把它們當作只有可思質料但處
在三度中來考察；又一門科學（平面幾何學）也把它們當作只有
可思質料，卻在二度中；再一門科學〔亞里斯多德是這樣說的，
但附帶性的話（obiter dictum）不應被強迫接受〕把它們當作只
在一度中具有可思質料。還有一門科學會從所有的三度中抽象出
來，並把它們視爲具有位置的不可分的東西，再一門科學（算術
學）只是簡單地把它們視爲不可分的東西。[126]

　　不同類型的實在怎樣應對關於定義的問題？純形式的定義
只應考慮純形式。個別物，無論是可感的還是可思的，均不能被

---

[124]《物理學》，第 4 卷第 6-9 章。

[125] M卷，第 2、3 章。

[126] M卷，1077^{b}17-30。

定義，但靠著直接知覺或理智的幫助，可以被理解。[127]關於質料性普遍，亞里斯多德發現難以決定它的定義是否應當包含對其質料的提及。他說，「手指被定義關涉人」，[128]這寓意著人被定義不關涉手指。骨骼、肌腱、肌肉不是人的定義的部分。[129]只有形式的部分才是定義的部分。[130]但是，疑惑出現在了他的心靈中。當一個形式能夠在多類質料中被顯現出來時，例如：圓能夠被顯現在青銅、石頭或木頭中，質料物顯然不是定義的部分；即使所有的圓都是青銅的圓，青銅也不會是圓的定義的部分。難道肌肉、骨頭與人的形式，線段、連續與圓的形式也同樣不相干？難道圓實際上只是碰巧體現在廣延中的一個數目或一種數目的關係？不，這樣的詞彙本質上是τόδε ἐν τῷδε（這個在那個之中），是需要一類特殊質料的形式。[131]如果不涉及肉體的部分，即是κύρια（控制、支配）的那些部分，諸如心臟或大腦之類的起決定作用的部分（這是些本質直接居留其中，且在沒有它們人就不能生存，也難免消亡的意義上與人「同時」的部分），人就不能被定義。[132]然而，亞里斯多德終歸到底得出的結論是，一個σύνολον（整體、總體）的定義將不會涉及質料，因為質料是不可定義的；人的定義是其靈魂的定義。[133]

　　亞里斯多德在這一點上的搖擺不定使得司各脫（Scotus）理所當然地主張每個σύνολον或質料性的普遍都有兩種形式——作

104

---

[127] Z卷，1036^{a}2-6。
[128] 1034^{b}28-31。
[129] 1035^{a}17-22。
[130] 同上，^{b}33。
[131] 1036^{a}31-^{b}32。參見H卷，1043^{b}2-4。
[132] Z卷，1035^{b}25。
[133] 1037^{a}24-29。

爲σύνολον中一個成分的部分形式（the forma partis）（例如：理性就是人中的一個成分），作爲σύνολον整體的整體形式（the forma totius）（例如：人性就是人的整體，既包括他的靈魂，也包括他的肉體）。但是，查巴勒那（Zabarella）指出，無論是理性，還是人性，都不包括作爲部分的質料，而且，雖然二者都把它預設爲媒介物和必要條件，但前者含蓄，後者明顯。

亞里斯多德在其他地方[134]，承認定義一個σύνολον的三種可能的方式，即透過涉及質料，涉及形式，或涉及兩者。第一種是所謂自然學家的方式，第二種是辯證法家的方式；真正自然學的或科學的定義是第三種方式，即例如：直截了當地把憤怒認作一種λόγος ἔνυλος（在質料之中的原理），並將它定義爲伴隨著心臟周圍血液的沸騰而產生的報復欲望。

在Z卷第 12 章中，亞里斯多德討論了一個經常纏繞在他心中的問題[135]，雖然除了在這裡以及在H卷第 6 章之外，他並未討論過。定義總是提到屬和一個或多個的種差，那麼，被定義的作爲統一體的實體存在於何處呢？它不會劈成兩種或多種具有外在關係的成分嗎？他的答案存在於他的下述指示中[136]——

⑴屬不能脫離它的種而存在；它對諸種的關係類似於質料對形式的關係；它是一種潛能，只有在諸種之中才得以實現。所以，它對統一的定義不造成任何妨害。這樣，就可以把定義視作彷彿完全是由種差構成的。

現在，⑵每個種差都似乎成了在先的種差的分化。如果我們把「有足的」當作人的第一個種差，接下來要說到的就會是以

---

[134] 《論靈魂》，403^{a}3-^{b}9。

[135] 參見《解釋篇》，17^{a}13；《後分析篇》，92^{a}29。

[136] 在羅斯的英文本中，下面的⑴和⑵沒有分段，全在一個長段中。——中譯注

有足爲前提的那種種差，而且是它的分化——不是「無翼的」，而是「分趾型足的」。這樣，最後的種差就以一切先前的其他種差爲前提，而且也的確就是人的本質和定義；定義的、實體的、劈成不相干部分的一切風險似乎都消失不見了。對定義的這種說明，看起來頗像爲逃避形上學的困境而採用的「絕技」（a tour de force）。在《後分析篇》中，由於亞里斯多德關注的是達成定義必須滿足的現實條件問題，所以，他的學說是不一樣的。我們必須考慮這樣的種差：它們每一個都在被定義物（the definiendum）的範圍之外，但全都不在一起。[137] 3 被定義爲是奇數、質數，且不是兩個數目之合的一個數目——3 個獨立的種差。[138] 人被定義爲被馴化了的、兩足的一種動物。[139] 但即使在那裡，它也被說成範型（ideal），定義中的每個詞項都應如此這般地被一切後續詞項假定爲前提。[140]

　　不僅在自然種類事物的定義（它必定是接近於一般類型的）中，而且在諸如正方形這樣的抽象實在的定義中，我們都經常不得不考慮邏輯上彼此獨立的種差（譬如各個邊相等，每個角是直角）。但這只是一個良好的完美忠告[141]：在定義所蘊含的一切層級的劃分中，盡可能貫穿性地採用單一的某種「劃分之根據」（fundamentum divisionis）。

　　現在，亞里斯多德完成了對本質的討論。雖然他從多個觀點出發來處理它，但始終沒有回答他原初的問題，即本質是否是

---

[137] 96ᵃ32。

[138] 同上，35。

[139] 96ᵇ31。

[140] 97ᵃ28-31。

[141] a good counsel of perfection。這裡可能是作者借用《聖經》（馬太傳 19 章 21 節）中給想做完人之人的忠告，比喻不能實現的理想。——中譯注

實體。或許，最有價值的結果是增加著的該問題那複雜的含意。他以可感的形式、質料和由二者複合而成的個別事物開始說起。而現在，他已附加地承認了(1)本質，即使一物所是的那個內在本性。他也承認了(2)可以思想的質料，它存在於非可感的東西中，初看起來或許會被認作是純粹形式。他還承認了(3)可以思想的個別和(4)質料性的普遍。這些東西的最後那個顯露出質料在本質定義上的一種無可懷疑的寓意。本質最初被描述爲沒有質料的實體[142]，而後固定爲與形式同一[143]，所以和質料對立。但是，質料性普遍的本質如不提及質料，就不能得到恰當地說明──當然，不是原初質料，它沒有任何特性，因而對於定義的達成毫無用處，也不是在個別事物中被發現的那些特殊的質料包，而是居間性的某種東西，只有這類質料才能有所論的形式體現在其中。這樣，就爲H卷中質料和形式之間最爲緊密的關係的確認鋪了路。

　　在H卷第 6 章中，又扼要講到了定義的統一問題。如果我們思考一個γενητόν（生成物），例如：一個青銅球，追問是什麼使它成爲一的，我們就會發現，它由兩個成分，即質料和形式構成，其中的每一個成分都適於另一個。[144]青銅潛在地是圓形的，而圓形有能夠施加於青銅的特性。除了使潛在之圓成爲現實之圓的那位工匠之外，它們的統一不需要尋求任何原因。但是，和可感的質料一樣，也有可思的質料。一物本質中的屬的成分可以被看成相對模糊的質料或在其不同的種中實現的潛能。這裡，不需要任何動力因。屬並不無種差地首先存在，正如青銅無圓形地首先存在一樣。屬僅僅存在於它的種中；具有一個或另一個二擇一

---

[142] Z卷，1032^{b}14。

[143] 例如：1032^{b}1，1035^{b}16、32；H卷，1043^{b}1，1044^{a}36。

[144] 參見 1044^{a}27-29。

的種差，才正是它的本性。種差的本性則是，屬於這個特定的
屬，且不屬於任何其他屬。[145]關於定義的統一，被假定的困難出
現在期待找到潛能和現實之間的差異，以及統一它們的λόγος。
眞實的情形是，最近的質料和形式是同一個東西，而這個東西，
在一種意義上是潛能，在另一種意義上是現實。如果你想起的是
原初質料和極爲特別的形式，你可能會奇怪，它們怎麼被弄到一
起去了；但是，只要承認在質料的配備或構造中的層級[146]，你
就會看到，在每個層級上，質料在臨近它最近的現實時，都顫
動著，只需要工匠之手，或主宰工匠本性之手，使它通過去。同
樣，在屬和它的第一種差之間，第一種差和第二種差之間，如此
等等，都沒有任何鴻溝。屬只有在被一種或另一種二擇一的第一
種差表述特性時才存在，而每種第一種差也只有在被一種或另一
種二擇一的次一層級的種差限定時才存在，如此這般，直到最後
的種差，它構成「最低層的種」（infima species）。追問質料和
形式何以爲一就如同一般性地追問統一的原因。[147]

107

第八節　普遍

　　在 Z 卷第 13 章中，亞里斯多德繼續討論下一個對實體頭銜
有要求的東西──普遍，[148]而且斷然否定了它能夠是某物的實
體。⑴某物的實體是它所特有的實體，但普遍卻是共同的。所
以，它或者不能是它的一切特殊物的實體，或者不能是其中某個

[145] 1045ᵃ23-35。
[146] 參見 1044ᵃ15-20，ᵇ1-3；Θ卷，1048ᵇ37-1049ᵃ24。
[147] 1045ᵇ16-23。
[148] 原本有要求的第四種東西，即屬，他並沒有單獨的討論。對普遍的討論實際上
　　把它視爲與種的本性中屬的成分同一。

特殊物的實體，既然它不是某物所特有的。⑵實體是不斷定主體的東西，但普遍卻要斷定主體。它也不能是本質中的一個成分。如若使它成爲它的特殊物的本性中的一個成分，就會⑴使它成爲諸特殊物所屬於的那個種類的本質；那就⑵假定了個別實體的構成成分既不是個別，也不是實體，而是性質，這樣，就使性質先於實體了；也就⑶使屬不僅成了種的實體，也成了它之中的每個個別的實體，而且這樣，被斷言是它實體的東西就不是它所特有的了。一般而言，如果「最低層的種」，譬如人，是實體，那麼，在它們的定義中的成分就無一是實體。否則，其斷言就會陷入「第三人」或無窮倒退的困境中，並使實體由現實存在著的諸實體構成了，其實，現實是一的東西不能是現實的 2。但是，一個困難出現了。如果實體不能由普遍構成，也不能由現實的諸實體構成，每個實體就將不是合成的，所以，也就是難以定義的。然而我們早已知道，只有實體是可以定義的。那麼，此刻，我們就被迫留下這個結論：沒有什麼東西是可以定義的。但是，我們或許可以找到在某種特殊的意義上可下定義的東西。

108　　　這一章明顯是辯證性的。它導致的結果是亞里斯多德不接受的。毫無疑問，他最早拒絕尋求某種以普遍的資格分離存在著的實體，按照他所有的原理，這種實體不能分離存在。他也最早拒絕把普遍認作存在於它的種或它的個別的本質之中的實體。但是，在某種意義上，普遍存在於它的特殊物的本質之中，也正是他自己的學說，這一點，在後面會顯露出來。

第 14 章專注於柏拉圖的「理念」，亞里斯多德的論證是反對把個別事物的實體歸爲某種普遍的東西。

第 15 章繼續第 13 章的思想。在那一章中，亞里斯多德論證說，沒有一種實體能夠由普遍構成，因爲每種普遍所表示的，不

是「這個」，而是「這般」（such）。現在，他引出的結論是，既然定義是對普遍特徵的說明，它就絕不適於表達個別物的本性。該章論證道，⑴個別物是不可定義的，⑵「理念」尤其如此，既然它們被柏拉圖主義者們認作是分離存在著的個別物。個別物之所以不可定義，(a)是因爲它們包含質料，所以是可以消滅的。一時爲眞的定義有可能不再爲眞，所以只能是意見，而不是知識。(b)在對「理念」可定義性的討論中（這也適用於一切個別物），現出了進一步的觀點，即，任何定義都受限於僅僅稱謂共同的性質，所以，不陳述個別物獨有的本性。

　個別物不能是定義的主體，也不能是證明的主體，這一結論在亞里斯多德那裡，引起了嚴重的困難。策勒爾曾經做過大量的工作，清理出了這種困難。⑴一方面，在亞里斯多德那裡，只有個別物才是實在的實體。只有脫離質料具有分離的實體性存在的形式才是個別物——神和運動天體的理智；按照亞里斯多德的看法，柏拉圖主義者的錯誤不在他們相信非質料的實在，而在他們視它們與普遍同一。[149]而且，在較低的水準上，由形式和質料構成的個別物要比普遍物（它們的共同性質是從個別物所特有的那些性質中抽象出來的）更加實在，更有實體性[150]。⑵另一方面，定義和證明才是知識眞正的（very）類型。科學，或知識（亞里斯多德對這兩個概念用的是一個詞語[151]）由定義開始，透過證明來進行；它證明普遍的特性是從普遍的定義中流出的。這是《後

109

---

[149] 1040^{b}27-1041^{a}3。

[150] 1035^{b}27，1038^{b}6-1039^{a}14；Λ卷，1071^{a}19-24。

[151] 用的都是ἐπιστήμη。它來源於動詞ἐπίσταμαι，基本意思是「知道」、「懂得」，作為名詞的ἐπιστήμη，自然就是所知所懂的結果，在希臘人那裡，這種結果當然首先表現為「知識」或「科學」，也表現為廣義的「技巧」、「智慧」等。英語在翻譯ἐπιστήμη時，一般只譯為knowledge或science。——中譯注

分析篇》一以貫之的教誨。現在，(3)在亞里斯多德那裡，最實在
的東西應該是最爲完全可知的，因而也應該是最爲嚴格的定義和
證明的主體。他曾明白地、不止一次地說過，唯有實體才是可定
義的，或實體首先是可定義的。[152]

　　在不同的段落中，亞里斯多德暗示過對這個困難的解決。

(1)[153]個別物雖然是不可定義的，但依靠著直覺性思想（νόησις）
　　的幫助或感覺的幫助，可以認識──可思的個別物（譬如
　　「這個圓」）靠前者相助，可感的個別物靠後者相助。[154]科
　　學的程序除了抽象和推論之外，還有其他更具體也更直接的
　　知識方式（其中之一的νόησισ就被認作實際上要優於科學），
　　透過這些方式，個別物的整體性的個別本性在單一的行爲
　　中被把握。在這裡，亞里斯多德顯得是在指向一個重要的事
　　實，該事實是：我們關於個別物的知識，例如諸人的或諸地
　　點的知識，不是以一系列普遍命題的形式來掌握，而且，以
　　這樣的形式，也不能得到完滿的說明。但可惜的是，他並沒
　　有較爲完全地弄出一個νόησις理論，在該理論中，這個功能和
　　他指派給它的其他功能──科學的第一原理的知識、本質的
　　知識和非合成實體的知識[155]相互關聯在一起。

(2)在另外一些地方[156]，亞里斯多德還有不同的解決。只有作
　　爲潛能而存在的知識（即，當一個人沒有正在思考他的科學
　　對象之時，他的科學知識是在心中的）才是普遍的，現實的
　　知識是個別的。或者，正如他也表述過的，就像視覺是直接

───────────

[152] 1030ᵃ21-ᵇ7，1031ᵃ13，1039ᵃ19。
[153] 羅斯本人這裡沒分段。──中譯注
[154] 1036ᵃ2-8。
[155] Θ卷，第10章。
[156] M卷，1087ᵃ10-25；參見《論靈魂》，417ᵃ21-29。

對「這個」顏色的，只是附帶地對一般意義的顏色，因爲這個顏色是一種顏色，文法科學亦如此，它是直接對「這個阿爾法」，只附帶地對「阿爾法」。這個論點（contention）也有眞實性。就用亞里斯多德自己的文法科學的例子。文法知識的現實不能被限制在把握一系列的普遍規則範圍內。正在解釋某個特定段落的那位學者才是在最完全意義上的正在進行文法思考，或正在知曉文法。適用於這個例子的道理也適用於一切科學。要依據數學解決一個特殊的問題，就要數學地思考。或許也可以走得更遠，做出以下斷言：現實的科學思想絕不與從其特殊中切割出來的普遍相關，而是與作爲特殊之普遍的普遍相關。如果沒有對歸屬於它的特殊東西的某種覺察、感覺或想像相伴隨，就不會有對一般規則的任何洞察。當特殊的東西已完全消失於視線之外時，該規則就不再是眞正知識的對象，而是一種便利的速記，或記憶術（memoria technica），它只有透過與新的特殊東西的接觸，才能恢復過來，或按亞里斯多德所說，才能實現出來。

110

但是，這幾乎沒有回應那個困難。因爲雖然科學工作是像這樣地與特殊東西相關，但並不在其完全的特殊性上與它們相關。科學之人把它們當作普遍的例證，而且只是籠統地知曉它們不同的個別本性；他的職責是抽象，所以，他的知識對於完全現實的個別物而言，是絕不夠用的。對它們要有夠用的知識，αἴσθησις（感覺）與νόησις（思維）和ἐπιστήμη（知識）一樣，似乎也是必要的。

第 16 章從第 13 章中設定的原理出發，證明了兩個必然的結果。

(1) [157] 從任何實體都不由現實的實體構成這一原理出發，推出
　　的結論是：實體的質料部分──組成有機體的器官和組織，
　　以及它更遙遠的構成成分四元素──不是現實存在的實體，
　　而僅僅是潛能。要簡略表述該學說是困難的，但似乎有如下
　　述：一個有機體可以被說成是現實存在，而且是一個實體。
　　它有既獨立又被合成一體的生命。但是，在它現實地存在
　　時，被看作個別實在的它的各部分卻不是現實地存在，甚於
　　在沒有被分割的線段中現實存在的半線。正如元素是透過安
　　放某些形式或構造原理，組織（τὰ ὁμοιομερῆ）才由以造成
　　的質料一樣，也正如組織是器官（τὰ ἀνομοιομερῆ）由以造
　　成的質料一樣，器官亦是如此，它們是透過安放某種形式，
　　即靈魂，有機體由以造成的質料，所謂「造成」，不是在組
　　織之前元素必然存在，在器官之前組織必然存在，或在有機
　　體之前器官必然存在的意義上，而是在這些不同的層級上，
　　邏輯分析能夠抽引出質料和形式的區別的意義上。例如：當
　　手存在於身體中時，它沒有獨立的實體特徵；它的生命被沒
　　入在身體的生命中。當它與身體分離時，雖然它還存在，但
　　卻失去了是其現實的它的生命，它的活力。它只不過是有機
　　體的質料，而且現在，它不是存在著的有機體，只是已不存
　　在的有機體的質料，或許，它也是將來某時從出於它的腐爛
　　和重構而成的有機體的質料。

(2) 在第 13 章中，亞里斯多德已經確定，任何普遍都不能是實
　　體。在那裡，他特別考察了最狹窄的普遍，即緊挨著「最
　　低層的種」的那個屬。現在，他卻進到最寬廣的普遍，

111

---

157 羅斯的原文這裡沒有分段。──中譯注

「超驗的東西」（the transcendentalia），即「是」（存在）（being）和「一」（unity），它們不是屬，而是包含一切屬。他表明，因爲它們是「共同的」，所以也不能是實體。

第九節　本質是實體

在表明了事物的實體既不是它們的載體，也不是它們的普遍（也不是它們的屬，因爲它只是普遍的一種形式）之後，在接下來的第 17 章中，亞里斯多德就容易說明它是形式或本質了。切入的方式有如下述。大家都同意，實體是創始的（originative）源泉和原因，即是使事物是其所是的東西。它是對「爲什麼？」這個問題的回答。現在，「爲什麼？」的問題絕不是「爲什麼A是A？」這種形式的問題——它是一個愚蠢的問題。實際上，可以被問的這類問題是，「爲什麼打雷？」（即，「為什麼聲音在雲層中產生？」）或者，「一棟房屋何以要依憑磚頭和石塊？」在所有的這些場合，我們所在尋求的就是原因，也就是——抽象而言的——本質，但是，在其中的一些場合，譬如房屋的（或一般而言「人工產物」的）場合，尋求的是有用的目的，而在另一些場合（譬如打雷的場合），則是動力因。我們的問題總是，「什麼使得質料歸入一個特定的事物？」其答案是，該特定事物的本質的在場（the presence），它不是在該物中與其質料性成分並排的另一種成分，也不是由諸成分混合而成的某種東西。正是它（this），使得某些成分歸入肌肉，另外某些成分歸入音節，這就是已經產生的事物的本質，既然它是該物所是的直接原因。

即使把本質稱爲對這個問題——什麼是一物所是的說明性原因，並因此而是它的實體？——的答案，這種做法也是值得注

意的。亞里斯多德指出，這個回答只是一個抽象的答案。如果我
們問，什麼使這塊肌肉和這些骨頭歸入人，這些磚頭和這些石頭
歸入房屋，這些雲層歸入打雷的雲層，毫無疑問，一個正確的答
案是說，人的，房屋的，或雷霆的本質在場。但是，該答案沒把
我們引得更遠。亞里斯多德透過斷言我們抽象地描述爲本質的東
西，如果具體地看，有時是目的因，有時是動力因，從而指向了
更爲實際的解釋之路。正常說來，對該問題的眞實回答是命名目
的因。爲什麼這塊肌肉和這些骨頭做成一個人，其理由無疑是，
它們被人（man）的形式，即人（human）的靈魂賦予活力；但
是，挖掘得更深的答案是回答：「因爲它們是在諸如有助於人存
在的目的，即理智的和道德的活動的意義上而被給予生命的。」
在他的生物學著作中，亞里斯多德恆定的目標就是透過功能來解
釋構造。在「人工產物」方面亦如此。什麼使這些磚頭和石塊歸
入一棟房屋？是這樣的事實：它們之所以被如此安排，其目的是
爲有生物和貨物提供遮蔽之所。[158]那麼正常說來，形式因也就
是目的因。[159]但是，在自然實體的產物中，以及在「人工產物」
中，某些副產品沒有出現被設定的目的因[160]，所以只能被提到的
動力因給予機械解釋。打雷無疑可以像畢達哥拉斯學派所斷言的
那樣，是意在恐嚇地獄（Tartarus）的居住者[161]，但更爲穩妥的
做法是，把它解釋爲由於火在雲層中的淬滅，或透過某種類似的
機械論解釋。雖然他在Z卷第 17 章的言語漫不經心地暗示了，
有些事物會給予目的論的解釋，而另一些事物則是機械論的解

---

[158]H卷，1043^{a}16、33。

[159]1044^{b}1。

[160]同上，12。

[161]《後分析篇》94^{b}33。

釋[162]，但他眞實的觀點是，由於目的因的同一個事物，也是由於動力因。光線透過燈籠而照射，防止我們摔跌，但也是因爲有細小部分的光必定透過有大的孔道的燈籠。[163]這種出於兩種原因，即目的因和必然性的行爲，猶如在「人工產物」中的一樣，在自然實體中也是正常的事情。[164]這樣，在視實體，即使一物是其所是的東西與本質同一之時，Z卷指向了較少抽象且更爲滿意的解釋——透過目的因或透過機械因或透過兩者的解釋。H卷第 4 章強調探究既成事物容納的所有原因——質料因、動力因、形式因以及在適當之處的目的因的重要性[165]，也強調指定最近的而不是遙遠的原因的重要性。[166]還進一步揭示了自然實體（譬如人）和自然現象（譬如打雷）情形之間的差別，在Z卷第 17 章中，這種差別多少有些被忽略了。在後來，我們必須處置的，不是質料和形式的簡單結合，而是實體（它自身就是質料和形式的結合）與暫時性條件的結合。這種事物的載體不是質料，而是實體。[167]

113

　　把本質化成動力因或目的因，雖然在 Z 卷中有所提及，但並未強調。在該卷第 17 章，亞里斯多德首要強調的那點是，不要把本質想成是存在於質料性成分之側的某種成分，或想成它自身是由質料性成分構成的。如若我們以前一種方式看問題，我們就需要進一步的構造原理，用於解釋它怎樣與質料性成分結合。如若我們以後一種方式看問題，我們就有必要知道質料性成分是如何被結合而形成本質的，也就是說，關於本質，我們將不得不

---

[162] 1041^{a}28-30。

[163] 《後分析篇》94^{b}27-31。

[164] 同上，34-37。

[165] 1044^{a}33-^{b}20。

[166] 1044^{a}15-20，^{b}1-3。參見Θ卷，1048^{b}37-1049^{a}24。

[167] 1044^{b}8-11。參見Z卷 1038^{b}5，Θ卷 1049^{a}27-36。

問我們最初關於具體事物已經問過的那同一個問題——什麼使它是其所是的？我們必須清除掉對本質的任何唯物主義的理解，把它看成是具體事物的構造。

　　需要強調的是，它首要針對的是前蘇格拉底哲學中的唯物主義觀點。有人或許會認為，柏拉圖在他的「形式」學說中，已經充分地強調了這一點。但是嚴格說來，興許應該是亞里斯多德在對柏拉圖學說（他至少相信這是一種超驗的形式學說）的反駁中，把著力的重點放在了他自己相信的內在形式的同樣非物質本性上。

　　其次，這是亞里斯多德對什麼是實體問題的回答。一物的實體就是構造的原理，正是它出現在質料的集合中，才使得它們不只是集合體，而是一個有機的整體。H卷第 2、3 章進一步貫徹了把實體視為使一物是其所是的那種原因的見解。[168]該學說在兩個意義上做得較為精確。(1)它指出，使一物是其所是的種差或構造原理可以是許多類型中的某一種。它可以是溶解的問題（譬如蜂蜜水），或者是捆綁的問題（譬如一捆柴禾），或者是位置的問題（譬如門檻和門框），或者是時間的問題（譬如早餐和午餐），或者是地點的問題（譬如各種風），或者是可感性質的問題，譬如堅硬和柔軟、稠密和稀疏、乾燥和潮溼。再者，還有更為複雜的整體事物，譬如手和足，它們包含著所有的這些種差，或至少多於一種。(2)在Z卷第 17 章中，亞里斯多德曾經說過，某物的——如像人的、房屋的、雷霆的——本質或構成原理彷彿是實體。現在，他修正了這個想法。上面說到的種差，沒有一種是在實體範疇之列——它們處在狀態範疇之列〔如果κρᾶσις（混

---

[168] 1043ᵃ2。

合）和δεσμός（栓繫、捆綁）可以被如此歸類的話〕，或位置、時間、地點、性質範疇之列。但是，它們呈現出一種與實體的類似性。它們對上述那些事物中的質料的關係，就如同實體性形式對真正的自然實體中質料的關係。它們就像真正的實體中的形式成分一樣，扮演著「現實」的角色，而質料扮演的，則是「潛能」的角色；[169]因爲這些措辭現在開始用在了形式和質料的關係上，而且趨於各就各位。

這些種差不是實體，被它們賦予特性的事物——「人工產物」、實體的暫時狀態，以及有機體的各部分——本身也不是實體。事實上，在可滅的事物中，只有「被本性結合在一起」，被初始運動的固有力量合一的那些東西才是實體。[170]有機體的元素、組織和器官，都有朝上或朝下的初始的簡單運動的力量。但是，我們早就已經明白[171]，這些東西無一是完全意義上的實體。在有機物的生命中，它們是質料，在不同的層級扮演著自己的角色。只有有機物才在完全的意義上具有「本性」，具有目的性力量以及由中樞控制的對不同刺激物的反應，所以，在一切可滅物中，也只有這些有機物才是完全意義上的實體。

第十節　個體化原理

可以問這樣一個問題：亞里斯多德把這個構造原理認作種所共有還是個體所特有。在Z卷第 13 章中，他曾經論證說，實體必定不是κοινόν（共同的，普遍的），但是，他所謂的共同，

115

---

[169]同上，4-7。

[170]1043^b21-23。

[171]Z卷，1043^b5-14。

似乎意指諸如「動物」那樣的屬，而不是相反的如像「人」或「馬」那樣的種。顯然，他認為「人」可以是本質，個體諸人的整體本質。按照該章的邏輯，他本應得出的結論是：只有個體，或個體中的非質料成分，才是實體，妨礙他引出這個結論的，唯有「最低層的種」的學說。下述的事實似乎表明了他並沒有這樣做：在整個的這些章節裡，他忙於處理的是普遍——表面、白人、塌鼻、奇數、人、房屋——的本質；對「你的本質」[172]、「蘇格拉底的本質」[173]的提及只是附帶的，而且有可能不是深思熟慮的。個體是不可定義的；如果它們有本質，至少也是難以表述的。[174]

　　個體化原理的問題引起了學者們的很多爭議。他們所持的主要觀點如下。[175]

(1) 聖多瑪斯（St.Thomas）把個體性的來源歸因於與「共同的可感質料」（materia sensibilis in communi）相反的「指派的可感質料」（materia sensibilis signata），也就是說，歸因於在個體中存在的那種確定的質料，它與普遍存在於種中的類的質料相反，例如：這塊肌肉和骨頭與一般的肌肉和骨頭相反。這個觀點以兩種方式被闡釋。(a)有些多瑪斯主義者（Thomists）認為「指派的質料」意指在數量上被確定的某種適量質料。他們區別出了不確定的數量（他們說它永遠存在於質料中）和確定的數量（它「追隨」形式）。前者是劃分的最初來源，既然正是依靠它，質料才能被分成部分，並因

---

[172] 1029[b]14。
[173] 1032[a]8。
[174] Z卷第 15 章。
[175] 下面所列的(1)、(2)、(3)、(4)是中譯者分段的，羅斯的原文沒分。——中譯注

此而構成個別的個體物；後者則形成自身不可分又與其他事物相區別的具體事物，並因此賦予該物數目上的同一性和個體性。(b)那些更爲緊密地追隨聖多瑪斯的人〔例如：凱厄塔魯斯（Caietanus）〕則主張，「指派的質料」所意指的，不是「質料＋數量」，而是向著確定的數量且不是向著其他東西的「質料＋最近的潛能」。作用於質料的那個行爲者在所有時間都適合它接受恰當的形式和確定的數量。

116

(2)正如我們已經見到的，由於區分出了「整體的形式」（forma totius）和「部分的形式」（forma partis），司各脫（Scotus）在「整體的質料」（materia totius）和「部分的質料」（materia partis）之間也作出了相應的區分。後者是合成實體中的一個成分；前者——也被稱爲「個體的種差」（differentia individualis）、「個體的實在」（entitas individualis）或「這一個」（haecceitas）——則是把個體形狀中的存在性給予形式的東西，而這形式本身是普遍的。

(3)阿維羅伊（Averroes）和扎巴赫拉（Zabarella）在同一種中諸個體的雜多和每一個體數目上的齊一以及它與其他的區別之間作出了區分。前者是不完全的，源於質料的劃分；後者是完全的，源於形式。形式有兩種功能，它既賦予「本質之是」（esse essentiae），也賦予「存在之是」（esse existentiae）；一般的形式賦予的是第一個，特有的形式賦予的是第二個，於是就賦予了個體性，既然存在乃是作爲個體的存在。既然質料不賦予本質，它又怎能賦予存在，因爲存在對本質的關係猶如現實對潛能。有些形式就其本性而言，是能夠被多個個體所分有的，本性把可以分割的質料分派給這些形式，而質料是「必不可少」（sine qua non），而不是

個體性的肯定的原因。

⑷另有一些人認為，是質料和形式的結合構成了個體，並把同
等的重要性分派給了這兩種成分。

當我們轉回到亞里斯多德，問上述這些闡釋中，哪一種最
好地表達了他的意思時，我們發現，從總體看，他傾向於把質料
描述為雜多的源泉，如果不是個體性的源泉的話。「那些事物在
數目上是一，它們的質料是一。」[176]「整體的事物，即在這種肌
肉和這些骨骼中的如此這般的形式，是卡里阿斯（Callias）或蘇
格拉底；他們的不同是由於他們的質料（因為這是不同的），但
在屬上是相同的，因為屬是不可分的。」[177]「人、馬以及這樣適
用於特殊物的詞彙卻是普遍的，不是實體，而是這種定義和被認
作普遍的這種質料的合成物；但是，出現在蘇格拉底或任何其他
個體之中的，是終極質料。」[178]「事物在另一種意義上也被稱
為相同，即，如果它們既在定義上也在數目上是一，例如：你和
你自身既在形式上又在質料上是相同的」；[179]在這裡，數目上
的同一和質料方面的同一是一致的。「顯然，只有一個宇宙。因
為假如像有許多的人一樣有許多的宇宙，那麼，它們各自的運動
原理就會在形式上是一而在數目上卻是多。但是，在數目上是多
的一切事物皆有質料。」[180]「如若我們假定只有一個圓存在，
那麼，是一個圓和是這個圓的區別也不會更小；前者是形式，後
者是質料中的形式，即特殊物。那麼，這個宇宙和一般意義的
（simply）宇宙也是不同的；後者的本性是形式或形狀，前者的

117

---

[176] Δ卷，1016[b]32。
[177] Z卷，1034[a]5-8。
[178] 1035[b]27-31。
[179] I卷，1054[a]34。
[180] Λ卷，1074[a]31-34。

本性則是與質料混合的某種東西……凡其實體在質料中的一切事物的場合，我們都看到，同一屬的事物在數目上是眾多的，甚至是無限的……但是，不要因此而推論出有多個宇宙存在；這是不可能的，如果（就像確實如此一樣）這個宇宙用光了所有質料的話……如果鉤狀在鼻子或肌肉中是彎曲的，肌肉是鉤狀的質料，那麼，假若一塊肌肉是由所有肌肉造成的，而且鉤狀也屬於它，就沒有其他的什麼東西是鉤狀或能夠成為鉤狀的了。同樣，如果人的質料是肌肉和骨頭，那麼，假若一個人是由所有的肌肉和所有的骨頭造成的，而且這些東西又不能被分解，也就不能夠有另一個人存在了。在一切其他場合，情形亦如此：一般而言，凡其實體包含在載體（underlying）質料中的所有事物，如果沒有可用的質料，無一能夠生成。」[181]

這些段落的累加效力是非常強大的。我們還能引證為數不多的幾段話，在其中，他把個體化歸因於形式。「那些其實體即本質是一的事物，自身也是一。」[182]「在同一個種中，事物的原因和元素是不同的，但並不是種的不同，而是不同個體意義上的不同，你的質料和形式以及動力因與我的不同，──雖然在其普遍的定義上它們是相同的。」[183]「我們斷言，在存在著的東西中，有一類是實體，在實體內部，我們區分出自身不是『這個』的質料，以及由於它，一物才首先被稱為『這個』的形狀或形式，其三是它們兩者的結合。」[184]讀到這一段，必定會聯想起把形式描述為τόδε τι（這個，某一這個）的那些段落，[185]但必須注意，

118

---

[181]《論天》，278ᵃ7-ᵇ3。

[182] Z卷，1038ᵇ14。

[183] Λ卷，1071ᵃ27-29。

[184]《論靈魂》，412ᵃ6-9。

[185] Δ卷，1017ᵃ25；H卷，1042ᵃ28；Θ卷，1049ᵃ35；Λ卷，1070ᵃ11。

還有另一些段落不是把它描述爲τόδε τι，而是描述爲τοιόνδε（這樣，這般），並且描述爲普遍。[186]在兩段話中的某一段（甚至可能是兩段），出現了ἴδιον εἶδος（特有的形式），被提及的這種形式是一個種所特有，而不是一個個體所特有。[187]

這些段落的一般效果是，與不同種的事物在形式上（也在質料上）不同相反，相同種的事物只在質料上不同。支配性的觀念是「最低層的種」的觀念，以及這樣一種見解：有一些固定結合著的特徵，這些特徵構成它們存在於其中的個體的核心；只有對這些本性的探求才是穩妥的和恆久的。其重要性和恆久性比這些差的一切差異都被認爲不配享有形式的稱謂，都被當作是同一的形式與不同的質料聯合的結果。單純雜多的源泉是純裸質料。但是，一個種內各成員的雜多的源泉不是純裸質料，而是被限質料——其事實是，對於特定形式的某單一個體的實現而言，有著比所需更多的質料種類；這似乎是摘引自《論天》的那段話的教導。所以，與特定形式結合的那種質料並不認作是無性質的。人的形式就是要與某種類型的肌肉和骨頭結合。但進一步說，如果與形式結合的兩小塊肌肉和骨頭在性質上是相似的，那麼，和假若它們是原始質料相比，不會更能產生出兩個特色鮮明的人來。他們必定在特徵上，即在形式上不同。所以，當蘇格拉底和卡里阿斯在其特定形式上一致時，他們的不同就在其質料的性質或形式。他們在質料的性質上的這種差異可以被算到形式或本質的那邊，而且，如果我們這樣做了，就會得到這種觀念：個體的本質除了特定的形式之外，還進一步包括從質料的差異中出現的諸如

---

[186]Z卷，1033[b]19-23，1036[a]28。

[187]Λ卷，1071[a]14；《論靈魂》，407[a]23。

恆久特性之類的東西，而這種質料是在不同的個體中存在的特定形式與之結合的。

　　亞里斯多德像這樣思考這個問題到了多遠的程度？在Z卷中，他說到「你的本質」，也說到「蘇格拉底的本質」，[188]但是，這些說法是附帶性的，不必被強調。唯一明確提及個體猶如有不同的質料一樣也有不同的形式的地方，是前面從Λ卷中摘引的話[189]，在那裡，亞里斯多德似乎並沒有體會到他自己說法的重要性；無論如何，他沒有任何闡釋地就從它過去了。形式在其中被描述爲τόδε τι的那些段落，如果按照更爲嚴謹的段落來解釋，或許應該是：它之所以被如此描述，是因爲和質料形成對比，一事物正是由於它，才能被稱爲τόδε τι。質料本身不是個體，只有在形式被加上時，才有個體這種結果出現。任何個體必定既有存在（being）又有特性；如若無質料，它就不會有存在，但如若無形式，它就不會有特性。存在和特性是彼此不可分離的，沒有什麼事物只有一方而沒有另一方；形式和質料只在結合中才存在（exist），只在思想中才可分離。我們似乎可以斷言，假如不是爲了他的某些純形式、「神」和運動天體的諸存在（beings）的存在學說，亞里斯多德應該是很知道這個道理的；我們或許還應該加上人類理性[190]，但是，在這裡介入那個有爭議的闡釋問題似乎有些輕率。

　　關於這些純粹的形式，我們完全可以堅持泰奧弗拉斯托斯的問題，即：鑑於亞里斯多德雜多源自質料的學說，它們的雜多[191]

[188] 1029ᵇ14，1032ᵃ8。

[189] 1071ᵃ27-29。參見Λ卷 1070ᵃ21-24 的說法：那個青銅球的（個體）形式和那個青銅球同時存在。

[190] Λ卷，1070a 24-27。參見《論靈魂》第 3 卷第 5 章。

[191] 即多個純粹的形式。——中譯注

又該如何得到解釋？較後的思想把每個這樣的無質料個體視作一個分離的種唯一的成員，而這又被假定成興許是亞里斯多德的答案，假如他眞給自己提了這個問題的話。

第十一節 生成分析

按照亞里斯多德的觀點，事物可以以三種方式之一生成——由於自然，由於技藝，或自發地。Z卷第 7-9 章的主要對象，就是展示在這三種場合中所涉及的同樣條件。

（一）自然的產生

120 就這裡的上下文關係而言，亞里斯多德所謂的由於自然，意指在一切生物和四種元素中固有的、引起變化的力量。猶如在一切其他的產生中一樣，在自然的產生中，「生成的一切事物，都被某者，並從某物生成，且成爲什麼。」[192]自然的產生的條件是(a)已經現實地有著特定的形式（該形式也是其子嗣將具有的）的某一個體。這是雄親，它與其子嗣有著相同的本性和特定的名稱；產物是ἐξ（來自）（更嚴格地説是ὑφ’〔被〕）ὁμωνύμου（同名）；他舉的例子是人生人。[193](b)一種能夠作爲運載那種特定形式的工具的質料。在雌親貢獻給產生行爲的月經中可以發現這樣的質料。[194](c)強派給那種質料的那種特定形式。

雄親和子嗣可以被不同的名稱稱謂，這是正當的；一個男人可以生出一個婦女，一匹馬也可以生出一頭騾子。這樣的子嗣

---

[192]Z卷，1032ᵃ13。

[193]1034ᵃ21-ᵇ1，1032ᵃ25。

[194]H卷，1044ᵃ35。

是「殘缺」，是該種類完美性的衰敗。但是，即使是在這些情形中，如果我們更深地觀察，也可發現本性的甚至名稱的統一；生產出人的總是人，生產出另一多毛尾巴動物的也總是多毛尾巴動物。雄性分有的屬的本性，雖然不是他父輩的特有本性（而在雌性的孩童那裡，雄親的特有本性得到再生），但卻是被它不得不應對的次一等的質料所妨礙的。[195]

（二）技藝的產物

在技藝的產物中──這意味著一切的產物都是由於靈魂──形式的預先存在不大明顯。與人的產生要以一位現實的人作為前提條件不同，房屋的建造並不預設一棟現實房屋的存在。但是，在某種意義上，也有一棟預先存在的房屋，即被建造者想像的房屋的形式。[196]這樣的產物之被產生，是ἐξ ὁμωνύμου ἢ ἐκ μέρους ὁμωνύμου（源出於同名物或源出於部分同名物），[197]因為在建造者靈魂中的房屋，只是房屋的部分，即其中的形式因素。在所有的技藝產物中，都包含有兩個階段，一個是νόησις（思想，思維）階段，在該階段，技藝者的工作就是從對他想要產生的那個對象的思想逐漸回到對產物必需的諸手段的思想上來；另一個是ποίησις（製作，製造）階段，在該階段，次序倒轉過來，他相繼地把這些手段變成存在，直到最後，實現了他的目的。[198]

121

---

[195] 1033ᵇ33-1034ᵃ2，1034ᵇ1-4；I卷第 9 章。

[196] 1032ᵇ1。

[197] 1034ᵃ22。

[198] 1032ᵇ6-21。

（三）自發的產物

　　ἀπὸ ταὐτομάτου（來自自發）結果的產物有兩種類型，一類裝得像自然產物，另一類裝得像技藝產物。在其特定的含意上，ταὐτόματον（自發）的名稱適用於第一類產物，第二類產物則適用τύχη（碰巧）的名稱。

(a) 有些種類的動物能夠無需種子而產生，也就是說，雖然沒有雄親的行為，卻不亞於來自種子。[199]這種產物之所以可能，是由於下述事實：質料（但不是原初的質料，而是諸如泥漿之類特殊構成的質料）具有某種引入變化的力量和將其變成有生物體的特殊性質的變化。[200]我們沒有共同的名稱來稱謂泥漿及其從中生出的那種低級生物。這樣的產物既不是ἐξ ὁμωνύμου，也不是ἐκ μέρους ὁμωνύμου。但是，有生物的產物至少也要預設它的一個部分的預先存在。

(b) 機會性（chance）產物在種類上與技藝產物過程的第二個階段同一。第一個階段，即νόησις階段在這裡完全不出現。該過程開始於製作中第一個階段的非故意產物，而它產生在技藝的產物中，卻是故意的。[201]這可以由外部的行為者所產生，正如當一位無熟練技藝之人碰巧摩擦一個病者，而他用的手法正是一位醫生出於技藝（ex arte）摩擦病人該用的，這樣，就開始了治療的過程。[202]或者再有，它可以依賴於居留在有機組織中的起始物，有病的軀體自身可以開始康復過程。[203]無

---

[199] 1032ª30。

[200] 1034ᵇ4-6。

[201] 1032ᵇ23-28。

[202] 1034ª20。

[203] 同上，21。

論是兩種情形中的哪一種，其結果的一個部分都預先存在。在健康的產物中，如果熱是第一步，那熱就是健康的部分，或者，它包含著作爲它的必然結果的這樣一個部分。[204]

　　一切變化所預設的，不僅有持存的質料，還有向形式前行的缺失。這可以，或不可以被普通話語意義上的各別名稱命名（疾病可以如此認可，但雕像形式的缺乏就不行）。[205]

122

　　在生成中，形式和質料相比，更不被生成。假若形式本身要被生成，就會出於另外某種東西而被生成，即被安放在質料之上的形式生成，而如若那種形式要被生成，它也會被安放在其他質料上的其他形式生成，如此等等以至無窮（ad infinitum）。[206]對這段話最清楚明白的解釋應該是，它教導形式的永恆性（雖然它實際證明的全是，形式在它被安放於質料的過程之前就存在）。但是，我們遇到了這樣的事實：亞里斯多德有時把形式說成是生成的，同時又是可消滅的。[207]在一段話中，他講到它是否生滅有二者擇一的可能性。[208]對這個問題，他似乎並沒有完全想透澈，但在 1034^{b}18，或許可以找到解答。在那裡，亞里斯多德指出，正如當一個新的實體產生時，形式必定已經存在一樣，當一種新的性質、數量等被安放在實體之上時，新的性質等也必定預先存在；他還加上說，在前一種情形，形式必定現實地預先存在（即，譬如體現在雄親中），但在後一種情形，它只需要潛能地預先存在。在後一種情形，形式不是永恆的。但是，它不是被一個過程產生（因為γίγνεσθαι〔將生成〕的東西已經蘊含著了），

---

[204] 1034^{a}24-30。

[205] 1033^{a}5-22。

[206] 1033^{a}24-^{b}19。

[207] 1039^{b}26；H卷，1044^{b}21。

[208] H卷，1043^{b}15。

而是緊隨過程即刻發生。它絕不是生成的，而是那時不（現實
地）是，而現在是。一個白的事物可以變成黑，但白不變成黑。
那個白的事物一點一點地變黑，但在每一小部分，黑緊隨白而即
刻出現。[209]

　　技藝產物絕不是某種新實體的產物，而只是在某個現存實體
中的新形狀等的產物。所以，亞里斯多德認爲的產品形式的預先
存在似乎僅僅是看作潛能的存在。然而，這或許是個不正確的推
論。因爲他不是說，在該產物不是某個新實體之產物的地方，形
式不預先存在，而是說，在這樣的場合，它不需要（need）現實
地預先存在。在某棟特殊的房屋建造之前，房屋的形式現實地存
在著，因爲它已經體現在另外的房屋中；但是，亞里斯多德或許
會說，在那第一棟房屋正被建造之時，形式僅僅潛能地存在著。

　　然而，如果房屋的形式在某所特殊的房屋建造之前就存在
著，那麼，該房屋的個體形式並不預先存在；它無需過程地生
成——即刻。就像形式一樣，接觸「既存在又不存在，但沒有變
成或消滅」；[210]個體房屋的形式在與挨磚瓦的磚瓦之最後的不時
接觸中不時地生成，個體青銅球的形式也是在鐵鎚和青銅的最後
接觸中生成的。「變成」之物是一點一滴變成，但形式沒有任何
部分，它是整體結構。[211]同樣，個體動物的形式是在被雄性賦予
生命的雌性成分轉化的最後時刻才不時地生成的。

　　即使在形式現實地預先存在的地方（例如：在討論中的自然
生成的場合），它也並非與特殊事例分離而預先存在。形式是永
恒的，僅僅是由於它的那些賦形物（embodiments）永遠不會不

123

---

[209] 1044^{b}21-26；《物理學》第 6 卷第 4 章。
[210] 《論天》，280^{b}27。
[211] 亞歷山大，486.13-33。參見Λ卷，1070^{a}21-24。

再相隨。假如它自身就有實體性的存在，體現它的特殊事物就決不能夠被產生出來，既然一個實體不能包含另一個實體。形式表示的是「這般」（such）特徵，絕不是「這個」（this）特徵，絕不是具有它的那個具體事物。因此，柏拉圖的「形式」對於解釋實體的生成毫無用處。[212]

　　對生成的這種說明必須加上在Λ卷第 4、5 章中的說明。這裡的分析更爲類似於在《物理學》中被歸因於缺失的地點方面的分析。Z卷的絕大部分篇幅充斥著形式和質料的對偶（antithesis），正如我們已經見到的，缺失只是偶爾被提及。而在Λ卷中，它卻和形式、質料一起，是首先被提到的三個內在原因（ἐνυπάρχοντα αἴτια）之一。[213]在這些原因之外，還加上了以下的外部原因：⑴最近的動力因，例如：醫藥的或建築的技藝（或者換另外的說法，健康的或房屋的形式），或者，在自然的產生情形中的雄親；[214]⑵在自然產生的情形中，遙遠的和共同的動力因，當太陽沿著黃道運動時，產生季節交替的結果；[215]⑶終極的或第一的動力因，它不是透過機械作用，而是由於被欲想和被愛來推動事物。[216]這樣，Λ卷所占領的，是比Z卷更爲寬闊的領域。Z卷對生成問題的興趣旨在有助於說明形式的本性，Λ卷的興趣則在於這個問題——可以被言說的一切事物，在多大程度上有著相同的原因？以及，在多大程度上必須爲不同的事物預設不同的原因？[217]亞里斯多德指出，除了有關的第一因之外，不

124

---

[212]Z卷，1033^b19-29。

[213]1069^b32-34，1070^b18，22。

[214]1071^a14 以下，28。

[215]同上，15。

[216]1071^a36。

[217]1070^a31。

同屬的事物只有在類似的意義上才有相同的原因；他也比在其他任何地方都更為明確地承認個體和特定的形式一樣存在，因為他斷言：「你的質料、形式和動力因與我的不同，雖然它們在其一般的種類上是相同的。」[218]以這相同的精神，他還宣稱，「普遍的原因不存在，個別才是個體物的原因；在普遍的意義上，人是人的原因，但是，沒有任何普遍的人存在；珀琉斯（Peleus）是阿基里斯（Achilles）[219]的原因，你的父親就是你的原因。」[220]所以，最初因也不是個一般原理，而是個別性的精神。[221]Λ卷或許可以被描述為徹頭徹尾都在宣講個體的重要性。

第十二節　潛能和現實

當亞里斯多德從對實體的靜態考察過渡到對變化的動力考察時，在Z卷中幾乎完全不出場的關於潛能和現實的表述，在H卷裡卻扮演了相當重要的角色。在Θ卷中，他現在著手研究這些觀點，並從區分δύναμις的兩層主要的含意開始，這兩層含意，或許可以被翻譯成「力量（power）」和「潛能（potentiality）」。他將首先討論力量，它被界定為「變化的源泉在另物中或在作為他物的同一事物中。」一物愈是被編織成一個整體，它就愈不能由於自身而行動，因為行為和激情牽涉到動作者和承受者之間的區別；因此，嚴格說來，（與柏拉圖的意見相反）沒有任何諸如自我運動者的事物存在。力量是A在B中產

---

[218] 1071ᵃ27。

[219] 阿基里斯（又譯阿喀琉斯、阿克勒斯）是《伊里亞德》的英雄，除腳踝外無弱點。珀琉斯是他的父親。——中譯注

[220] 1071ᵃ19-23。

[221] 1075ᵃ11-15。

生變化的能力，或A的一個部分在另一個部分產生變化的能力。這可以被稱為短暫的（transeunt）δύναμις，因為要有兩個事物的參與。另一方面，潛能則是A變成自身的某種新狀態的能力。與第一種類的力量相關的是：⑴補充性的同一事實的另一半，即被A變化的B中的力量，⑵不被A變得更糟或毀滅的B中的力量。這些類似於δύναμις的第一種含意，在其中，它們蘊含著一個A和a、B，但卻不同於固有的力量觀念，即引入變化的力量不在場：⑴蘊含著虛弱；⑵某種慣性的抗拒。

125

（一）[222]理性和非理性的力量

有些力量存在於無生命的事物中，另一些則在有生物中，或更準確地講，在靈魂中，而且是在具有λόγος（理性等）的靈魂的那個部分中，也就是說，它能構造出對對象及其產生對象的方式的說明。換言之，有些力量是非理性的，另一些是理性的。技藝或創制形式的知識屬於後一等級，而且正如《倫理學》告訴我們的，道德德性也屬該等級。兩個等級的力量都可在有生物中找到；諸如感覺之類的天生力量屬於前一等級，透過實踐（這意味著有一種λόγος的成分在其中）或透過教誨而得到的那些力量則屬於後一等級。後一等級的力量有一個共同的特性，即它們不是天生的，而是透過操練發展起來的。理性的力量也透過下述事實而與非理性力量區別開來：它們是做兩種相反事情中任何一

---

222 羅斯的原文中沒有（一）、（二）……等小標題，其格式和字體完全同於第12 節的「潛能和現實」，容易造成它們各自獨立的誤解。我們之所以把這裡的「理性和非理性的力量」以及後面的「能力概念辯解」、「現實與運動」、「現實在先」等標題分別加（一）、（二）、（三）、（四），是因為從內容的邏輯關係和從亞里斯多德著作的文本看，它們都從屬於「潛能和現實」這個總話題，而不是彼此並列的。——中譯注

種的力量。從該事實可以得出，一物的λόγος也是它的相反物的λόγος。因爲理性力量是做兩種事情中任何一種的力量，所以，理性力量的實現條件就要比非理性力量的實現條件更加複雜。對於後者而言，只要動作者和承受者進到接近的那種程度，即它們的力量變得起效就足夠了。但是，假如接近只是理性力量實現的必要條件，那麼，既然它也是做相反事情的力量，當接近達成時，它實際上做的，就會是相反的事，這樣，就違背了矛盾法則。所以，很顯然，還需要進一步的條件。這個條件就是對相反的一方的欲求或選擇的出現；這個條件獲得後，力量就變得起效了，當然，只是以最初對它開放的兩種方式中的一種。[223]

（二）能力概念辯解

在Θ卷第 3 章中，亞里斯多德轉到對能力概念的辯解，以對抗麥加拉學派的攻擊。麥加拉學派的人們曾經斷言，一物只在它正行爲之時才是能行爲的。支撐這種觀點的理由，可以推測出兩條。⑴他們或許會推論說，某物有力量的唯一可能的證據是，它正在實際地操練著，而且，當某物沒在操練力量時，把力量歸於它的做法必定是錯誤的。或者⑵他們或許會透過容易發覺的謬誤來考慮。顯然，當A沒有在行爲時它是不能行爲的（A cannot act-when-it-is-not-acting）；他們興許會推論，當A沒有在行爲之時，它沒有行爲的能力。無論他們可能具有的理由會是些什麼，亞里斯多德對其的回答都有如下述[224]：

⑴他們的觀點寓意著，一個人不是（例如）一名建築師，除非

他正在建造時。那麼，怎樣說明這樣的事實——在停止建築之後，他如何能夠非常突然地再次開始（猶如以前從未建造過的某人不能建造一樣）呢？使這成為可能的條件難道不是從以前的建造行為中延留下來的秉性嗎？而且，難道這不正是我們斷言當他沒在建造時仍有建造能力所指的意思嗎？簡單的二擇一（即他或者正在建造或者不在建造）將不會掩蓋整個事實。

(2) 他們的觀點暗含著對可感性質實在性的否定，如果它們不是實際地正被注意到的話，並因此而牽涉到普羅泰戈拉（Protagoras）的學說——感覺主義最為極端的形式。

(3) 它寓意著，人在一天中會有多次變成盲人和聾子，即在他們實際上暫停看或聽的任何時候。

(4) 如果能力只在現實存在時才存在，沒在發生的事情就是不能夠發生，並因此而絕不會有什麼發生，那麼，變化的存在性就被否定了。

　　這最後的一個論證顯得是虛假的。麥加拉學派學說的真實意思似乎是，根本不存在諸如能力或可能之類的事情。一件事情要麼正在發生，要麼沒在發生，而這就是關於該事情所要斷言的一切。所以，對於沒在發生的事情，他們不會說它不能夠發生，而會說在任何意義上都不要斷言它能夠發生；但這並不意味著對變化的否定——它與變化存在而且總是必然的斷論似乎並不矛盾。

　　需要注意的是，雖然這個討論出現在專門論述暫時的 δύναμις 含意的那部分，但它實際上涉及的是內在的 δύναμις，即潛能而不是力量。對於潛能，亞里斯多德在第 6 章專門著手討論。他在這裡特意指出，它是難以界定的，而且要透過引用典型的例證來說明。現實對潛能的關係，就是已完成的赫爾墨斯

（Hermes）[225]雕像對隱伏在木頭中的赫爾墨斯雕像的關係，正在沉思真理的人對「在心中」具有知識的他的關係，實際地正在造房的人對知道怎樣造房的他的關係。這種關係有兩種主要的類型：(1)運動對力量的關係，(2)實體對質料的關係。我們承認，在第一種類型中，涉及的是暫時的δύναμις，ἡ κατὰ κίνησιν λεγομένη δύναμις（就運動而言的力量或潛能），[226]該卷前一半的篇幅都被這種內容占有。在B中產生變化的A中的力量同時也是在A中的內在δύναμις。當其產生B中的變化時，A自身也從潛能過渡到現實。第二種類型是，A作用於B毫無問題，但A僅僅是從相對不成形的狀態過渡到相對成形的狀態，猶如當潛在地是雕像的木頭變成現實的雕像之時。

（三）現實與運動

亞里斯多德曾經把某類現實視為與運動同一，但他也對這兩個術語較窄的含意進行了詳細說明[227]，在這種含意上，它們彼此是相反的。在特定含意上的運動總是指向自身之外的某個目的，所以是不完全的或不完成的〔τελεία（完全、完美等）〕；你學習是為了知曉，康復是為了過好日子。在特定含意上的實現或現實則在自身之中具有其目的：觀看、思考、知曉、活著、是幸福等等，其瞄準的目標，無一是在它們自身之外。運動不能要麼被歸為δύναμις，要麼被歸為特定的ἐνέργεια（實現、現實）[228]。

---

225 希臘神話中兼司學藝、商業、辯論等的神使。——中譯注

226 1048ᵃ25。

227 1048ᵇ18-35。

228 在亞里斯多德那裡，與δύναμις（潛能）對應的是兩個詞，即ἐνέργεια和ἐντελέχεια，在一般情形下，它們都可以被譯為「現實」。為體現區別，我在《亞里斯多德全集》有關著作的翻譯和自己的一些論著中，把ἐνέργεια譯為「實

它是「作爲潛能的潛能的現實」——例如：青銅的運動不是作爲青銅，而是作爲能夠經歷變化。這個定義適用於所有四種運動或變化[229]。例如：性質的變化是能受性質變化之物就它能受這種變化而言的現實。這樣，變化就是本質上是潛能的某物的現實，而且，在被現實的過程中並不失去這種特性。這就是爲什麼它是ἐνέργεια ἀτελής（不完全或沒完成的現實）的原因。假如潛能在現實中消失了，那就不會是運動，而只是一種新的狀態（position）[230]。

　　運動需要時間。當你正在學習時，你就還沒有學成；當你正被康復時，你就還沒有被康復。而實現活動在自身的每一時刻就是完成的。在你看的同一時刻就看見了，知的同一瞬間就知曉了。或者，按亞里斯多德在其他地方的說法，一個過程必定有快或慢，而實現活動則既不能快也不能慢。你可以或快或慢地變得快樂起來，但你不能或快或慢地享受快樂。[231]這種區別無論是在神學中（在神聖的「不動的實現活動」學說中），還是在倫理學中（在幸福和快樂都不是過程，而是實現活動或它的伴隨學說中），都有重要的應用。

（四）現實在先

　　按照亞里斯多德的說法，在在先的多種意義上，現實都先於

128

現」，把ἐντελέχεια譯爲「現實」。——中譯注

[229] 四種變化是性質方面的、數量方面的、生滅方面的和地點方面的。這是亞里斯多德在《物理學》第 3 卷第 1 章的說法，即還沒有區分運動和變化，但在該書第 5 卷第 1 章中，當他嚴格區分運動和變化的不同之後，就排除了生滅是運動，只承認性質、數量和地點這三種運動。——中譯注

[230] 《物理學》，201^{a}9-^{b}15、^{b}27-202^{a}3（K卷，1065^{b}14-1066^{a}7，1066^{a}17-26）。

[231] 《尼各馬可倫理學》，1173^{a}34。

潛能。[232]

(1)[233]它在定義上在先。能夠如此這般（so-and-so）是（be ing）
   或做（doing）和如此這般是或做相比，是更為複雜的東西，
   而且，只有透過提及後者，前者才能被定義。

(2)在某種意義上，它在時間上在先。在個別事物中，真正的潛
   能出現在現實之前，一個人由以構成的質料在該人之前已具
   有，音樂的才能也在演奏之前具備。但是，透過某個現實的
   行為者，現實出自於潛能——而這某行為者是和產物同種
   的。質料必須靠雄親賦予生命；音樂才能必須靠早已發展起
   該才能的教師的教授才可發展。潛能要以現實為前提條件，
   因為能夠最終現實的東西還只是潛能的，而且只有現實才能
   使潛能成為現實。亞里斯多德又加了一個與上面提供不一樣
   的（雖然是相容的）才能發展的說明。在那裡，他認為它要
   以教師中的現實為前提，而現在，他卻論證它要以學習者中
   的現實為前提。僅僅透過吹彈某個樂器，人就獲得吹彈它的
   能力。初看起來，這顯得自相矛盾，但這自相矛盾被提到的
   《物理學》中闡述的一種學說[234]消除了。在正在生成或正
   在運動的每個事物中，有的部分已經生成或已經被運動了。
   所以，一位學習者必定已經知曉他正在學習的東西的某種內
   容。按亞里斯多德在《後分析篇》中的主張[235]，所有的學
   習，都源出於預先存在著的知識。一位孩童確實不具有科學
   知識，但亞里斯多德主張，他擁有在性質上和科學知識相連

---

[232] Θ卷，第 8 章。

[233] 這裡的(1)和後面的(2)、(4)羅斯的原文均沒有分段，只分了(3)。為求統一，我們
   都分段了。——中譯注

[234] 該書第 6 卷第 6 章。

[235] 71ᵃ1。

續的東西[236]，即知覺，它絕不僅僅是被動的，而是從一開始就判別某物[237]，且對對象有普遍認識，雖然還只是浸潤在特殊之中的普遍。[238]這樣，如果我們持一種足夠寬泛的觀點，那就不是潛能在現實之先，而是「現實在現實之先，直到第一動者的現實。」[239]

(3) 現實在本質上在先。它是潛能所指向的形式或目的，也只有它，才把其價值賦予潛能。或者，如果 $\grave{\epsilon}\nu\acute{\epsilon}\rho\gamma\epsilon\iota\alpha$ 指向一個自身之外的目的，即，如果它不是在特定意義上的實現活動，而是運動，那麼，它至少也比潛能更接近目的。

(4) 如果甲物無需乙物能夠存在，而乙物若無甲物則不能存在，那麼，甲物在最嚴格的意義上先於乙物。[240]永恆若無暫時能夠存在，但暫時若無永恆則不能，所以，它先於暫時。然而，沒有任何永恆的東西潛能地存在。因為能夠是（being）的東西也能夠不是，因而可以想像出不是，所以不是永恆的。整個宇宙的「居先者」（the prius），即第一動者，是純粹的現實，沒有任何潛能的成分。僅次於它而出現的太陽、星辰和天體的最外部區域，在潛能的最完全意義上，即在非是（not-being）的潛能意義上，也沒有任何潛能。它沒有生成和毀滅的質料，只有地點運動的質料，即從這裡運動到那裡的潛能。它的永恆性以及它的運動的永恆性由它的本性所確保，只有它運動的地點發生變化。這種運動的永恆性甚至被

---

236 參見A卷第 1 章，《後分析篇》第 2 卷第 19 章。

237 《後分析篇》，99^{b}35。

238 同上，100^{a}16-^{b}1。

239 1050^{b}4。1051^{a}21-33 的證據（即，幾何學的發現，是透過由思想的現實活動把給定形狀中潛伏的構造實現出來而發生的）原則上屬於這條論證。

240 參見Δ卷，1019^{a}2-4，11。

130　　　月下世界的可滅之物所模仿。在這裡[241]，個體事物不是永恆的，但透過元素的循環轉變和繁衍物的延續，種類的永恆和運動的永恆得以保證。

進一步說[242]，現實比好的潛能更好。潛能在它的兩個相反的現實之間是不置可否的（indifferent），所以，它比好的現實低下。由於相同的理由，它比壞的現實優越。因此，邪惡不能與特殊的邪惡事物分離存在。在本性上，邪惡後於潛能，而潛能後於現實，而且，正如我們已經見到的，宇宙最初的和永恆的構成諸要素是現實的，不是潛能的，在它們中間，沒有邪惡、缺陷或墮落的絲毫立錐之地。（我們或許可以透過如下斷言來擴展這個論證——）邪惡只不過是月下事物努力模仿第一動者完滿實現活動的副產物——而這副產物是由於在月下事物中質料或潛能的存在。作為宇宙永恆構成要素之一的質料不是邪惡，而是在惡與善之間的不置可否；而作為宇宙另一個永恆構成要素的形式，則自身是善的。

有了這種暗含樂觀主義的論證（雖然有點太容易了），就把我們帶到了Λ卷學說的門口，我們對一般形上學學說的概括性考察就可以結束了。[243]

---

[241] 即在月下世界。——中譯注

[242] 1051^a 4-21。

[243] Θ卷第 9 章的其餘部分更屬於現實的世俗在先性的證據，Θ卷第 10 章完全不屬於該卷的計畫。參見本「導論」第XXX頁。

第四章　　亞里斯多德的神學

Λ卷被恰當地視爲《形上學》的頂蓋（the coping-stone）[1]。亞里斯多德曾經把「神學」這個名稱賦予諸科學中的最高者，它是兼備了實體性、獨立存在性和沒有任何變化的那樣一類是（being）的科學。[2]正是在這一卷中，我們發現了他在神學方面的唯一的系統性的論文。在他的其他著作中，也有一些段落對他的神學觀點作出了有價值的說明，而在另一些段落，他則顯而易見地順應了他的那個時代的諸種觀點。[3]在他的早期作品中，他似乎提出了與我們在Λ卷發現的極不相同的「『神』存在的證據」。在《論哲學》這篇對話裡，據說他曾經給出過可以稱之爲本體論論證的預言。他論證說，「在有更好的地方，就有最好；在現存的事物中間，一個比另一個更好；所以，有最好，它必定是神聖之物」。[4]但是，他也並非沒有使用目的論論證。在這同一篇對話裡，他描繪了人第一次遭遇大地和海洋的美麗，太陽、月亮和星空的莊嚴的經歷，並抽引出這樣的必然結論：這些非凡的作品，都緣起於諸神。[5]夢境、預兆，[6]以及動物的本能[7]，都被他進一步用作相信諸神的證據。但是，在表達他更爲成熟的觀

131

1　喻為最後完成的工作。——中譯注

2　E卷，1026^{a}10-19；K卷，1064^{a}33-^{b}3。

3　這些情形，能經常被以複數形式提及的「諸神」所確認。參見《尼各馬可倫理學》1099^{b}11，1162^{a}5，1179^{a}25。

4　殘篇，1476^{b}22-24。

5　殘篇，1476^{a}34-^{b}11。參見^{a}11-32。

6　殘篇，1475^{b}36-1476^{a}9。

7　西塞羅《論神性》（de N.D.）ii.49.125。

點的現存著作中，適應性通常被歸因於無意識的自然目的論，而不是某個神聖計畫的完成。

然而，在Λ卷中，我們發現，因其能力駕輕就熟的運用，他對「神」的存在的論證與普通的宗教觀念相距甚遠，以至於用不著懷疑其中有絲毫順應他的聽眾或讀者才智或成見的成分；[8]而且進一步說，他是從他的形上學中根深蒂固的原理出發進行論證的。該論證（它是對於「神」存在的「宇宙論」論證的一種特殊形式，即「出於世界的發生」（a contingentia mundi）論證）行走的是一條多少有些曲折的路徑，但可以整修成像下面這樣行進。[9]實體是第一現成之物[10]。所以，如若一切實體是可毀滅的，那麼一切事物也是可毀滅的。[11]但是，有兩種東西是不可毀滅的（正如它們不可生成一樣），即變化和時間。時間必定不可毀滅，既然離開時間，就沒有任何的在前和在後。[12]變化必定同等地和時間一起連續，因為時間或者與變化相同，或者是變化的

8 但是，在亞里斯多德關於「神」的作為方式（modus operandi）概念中，有一些由於普通的先入之見的成分。人總是傾向於把神聖之物與遙遠的東西和高高在上的東西連繫在一起，因此，亞里斯多德把星辰想像成「最神聖的現象」，並認為第一動者直接作用於宇宙的最外層區域，只是極為間接地作用於地球。再者，之所以把圓圈運動描述為第一運動，是由於贊成這樣的成見——它是單純的，同時也是沒有向上與朝下「矛盾」的運動，而向上與朝下，正是直線運動的特徵。由於把無限的、直線的運動想像成這個世界的主要類型的運動，所以，原子論者其實比亞里斯多德似乎較為科學些。

9 亞歷山大的《難題與求解》（Ἀπορίαι καὶ λίσεις）的第 1 章就是對亞里斯多德關於第一動者論證路線的證明。但是，它不是很緊密地追隨亞里斯多德的證明。

10 亞里斯多德證明該觀點的論證出現在Z卷第 1 章和Λ卷 1069ᵃ19-26。實體是構成一切其他實在的基礎，其他的一切終歸只是實體的屬性。

11 因為，假設當一切實體都已毀滅之時仍有某東西存在，那麼，這東西就只能是那種虛無（noting）屬性的屬性——在說法上是矛盾的。

12 假如我們斷言時間有一個始點或終點，我們就必定斷言在始點之(4)前(4)或在終點之後時間不存在。在《物理學》251ᵇ19-26 中給出的時間永恆性的證明略有不同。

伴隨物。¹³唯一連續的變化是地點的變化，¹⁴而地點的唯一連續的變化是圓周運動。¹⁵所以，必定有永恆的圓周運動。¹⁶

那麼，產生永恆運動的必定是(1)永恆的實體。到此爲止，柏拉圖的「形式」興許就足夠了。但是，(2)這個永恆實體必定在其自身之中具有能夠引起運動的本原¹⁷，而這是柏拉圖的「形式」所不具有的。¹⁸(3)它必定不僅具有這種力量，而且在運用。(4)它的本質必定不是力量，而是實現活動，因爲否則，它就可能會在有時不使用這種力量，變化也就不會永恆了。(5)這種實體¹⁹必定是無質料的，既然它們必定是永恆的。²⁰

現在，亞里斯多德轉到一邊，去遭遇這種反對意見——既然行爲（act）的東西必定是能夠行爲的，而能夠行爲的東西並不必然地需要行爲，那麼，力量先於潛能，而這涉及到在這個問題上的先前諸觀點。²¹他認爲，他能夠答覆這種反駁，並且指向經驗，以表明，有某種東西以一種不停的圓周運動在運動，這就是

133

13　按照亞里斯多德的說法，時間是「在前和在後方面的變化的數目」（《物理學》219^b1，220^a24、^b8，223^a33；《論天》279^a14）。在這裡從時間的永恆性推演出來的變化的永恆性，在《物理學》250^b23-251^b10 中是被獨立證明的。

14　因為一切其他的變化都是在相反者之間進行的，而且，既然一物在同一時間不能有相反的運動，那麼，當它處在構成其運動限界的相反狀態時，必定是靜止的（《物理學》261^a31-^b26）。

15　因為地點方面的一切其他變化都是從相反到相反，所以，也會遇到前一條注釋中說到的那種反論（《物理學》261^b27-263^a3，264^a7-265^a12）。

16　1071^b4-11。

17　這裡的英文是principle，但亞里斯多德的原文是ἀρχή，所以我們譯為「本原」而不是「原理」。——中譯注

18　對此的論證在A卷，991^a8-11，^b3-9，992^a29-32；Z卷，1033^b26-1034^a5。

19　由於涉及到運動行星天體的「理智」（intelligences），亞里斯多德在這裡第一次假設了複數的運動本原。

20　1071^b12-22。最後這個斷定的依據是，質料牽涉到潛能。

21　1071^b22-1072^a18。

星星天體。然後,他過渡[22]到對最初動者的進一步考察。既然穩固的恆星天體在運動,那就必定有推動它的某物。而推動且被推動的東西只是一種我們不能滿足的居間者;所以,必定存在推動但不被推動的某物。[23]

在對變化的闡釋中,我們得到的最後說法是,這是永恆的、實體性的、純粹現實的是(being),對於它的存在,他已經早就證明過了。他現在發現的新特徵是它的不動性,這種不動性,或許可以直接從已被證明過的它的無質料性中推演出來,既然推動牽涉到ὕλητοπικήν(地點方面的質料)。

那麼,不被推動的某物,怎麼能夠引起推動?物理學上推動的因果關係寓意著推動者和被推動物的相互接觸,所以,是被推動物對推動者的反作用。[24]因此,不動的推動者必定是以一種非物理的方式,即因其是嚮往的對象而引起推動。按照亞里斯多德的說法,不動的推動者接觸(touch)它推動的東西其實沒有被它接觸,而是僅僅在形上學的意義上使用「接觸」一詞,譬如由他給出的例證所表明的那種:「我們有時斷言,傷害我們的人接觸我們,而我們並沒有接觸他。」[25]但是,由最初動者引起的推動的因果關係有時也被描述為具有某種準物理學的特性;因為據說第一動者[26]不僅直接作用於宇宙較外的天球,也不僅間接作

---

22 1072[a]23。

23 亞里斯多德不肯(像柏拉圖一樣)滿足於自我推動者觀念的理由是,就它推動而言,它必定已經具有某種特性,但就它被推動而言,它必定只是潛能地具有那種特性,但現實地卻不具有。例如:溫暖自身的東西必定是溫暖的,以便給出暖和,而且,它也必定是寒冷的,以便接受暖和。所以,矛盾律強迫我們把自我溫暖的東西分析成一部分溫暖,另一部分寒冷,也就是說,自我強加的變化結果變成了由一物把變化強加給另一物(《物理學》,257[a]31-[b]13)。

24 《物理學》,202[a]3-7。

25 《論生成和毀滅》,323[a]25-33。

26 羅斯用了「最初動者」(the prime mover)和「第一動者」(the first mover)兩

用於較內的天球，而且實際上處在宇宙的外端；[27]當然，這只是一種不應被強調的不嚴謹表述。亞里斯多德的眞實觀點毫無疑問是，最初動者不在空間中[28]。

有一個一直以來就有很大爭議的問題：在亞里斯多德那裡，「神」僅僅是變化的目的因，抑或也是變化的動力因。對此的回答無疑是能給出的。「動力因」只不過是對亞里斯多德的用語ἀρχή τῆς κινήσεως[29]的翻譯，「神」肯定是這東西。事實（the truth）是，把οὗ ἕνεκα[30]和ἀρχὴ κινήσεως對立起來理解是不恰當的。οὗ ἕνεκα就是一類ἀρχὴ κινήσεως。推動的原因可以或者是⑴所指向的目的，或者是⑵作用於從背後（a tergo）的力，這力又可以是⒜物理的力，或者是⒝心智的力，一種意志行爲。亞里斯多德暗含的意思是，「神」的原因作用不是後一類型中兩種力的任何一種。不能從亞里斯多德把「神」描述爲運用無限的力[31]這一事實出發，就推演出他把「他」（Him）認作⒝類型的動力因；「他」作爲嚮往或愛的對象引起推動——這也是對此明確的陳述。但是，「他」不是只在未來才存在的一種目的；「他」永恆地存在著，並因此而區別於只是被想像和被期待的理想。[32]

個詞，表達的應是同一個意思。——中譯注

27　《物理學》，267ᵇ6-9。——作者注。亞里斯多德在該處說的是處在圓周上，而不是中心。——中譯注

28　《論天》，279ᵃ18。

29　直譯爲「推動的本原（開端）」。——中譯注

30　直譯爲「所爲的那東西」，意譯爲「目的因」。——中譯注

31　1073ᵃ7；《物理學》267ᵇ22。

32　雖然亞歷山大教授關於神（Deity）的觀點與亞里斯多德的觀點有著親緣關係，但在這個方面，卻是根本不同的。

該論證被下述事實弄複雜了：知識的對象也被描述爲[33]推動但不被推動。然而，這並不意味著知識的對象就如此這般地引起空間中的運動。該學說是，一切現存的事物都可以被安排在兩個系列之中——一列是肯定的東西，一列是否定的東西。其中，肯定的東西是知識的直接對象；否定的東西僅僅被認作肯定的相反物。在肯定的東西中間，實體排在第一，而在各種實體中，排在第一的是非合成的、完全現實的實體，即我們已經發現被寓意爲運動第一原因的那一類是（being）。但是，它不僅僅是知識的首要對象，一切東西中最可理解的，而且也是最值得嚮往的。它的知識必然要產生出對它的嚮往，對它的愛。透過嚮往，它生出靈感，安排運動中的世界。知識對象也如此這般（as such）「運動」的意思，只不過是心靈（the mind），而正是這個心靈，它運動的不是物理行爲，而是思想。[34]

正如我們已經見到的，最初動者直接推動「第一天體」，即，它引起星辰圍繞地球的逐日旋轉。既然它是透過吸入愛和嚮往來運動，這似乎就暗含著，「第一天體」是能夠感受愛和嚮往的，也就是說，具有靈魂。這種理解被亞里斯多德在其他地方的說法所支持；第一天體、諸行星、太陽和月亮，全都被認成有生命的存在物。[35]最初動者進一步的原因行爲有些許模糊。太陽、月亮及諸行星的運動都被集中的諸天球之「住所」（nest）的假設來解釋，每個行星連同它的極，都被固定在它外面挨著的那個天球的殼中。因此，每個天球都把它自己的運動傳遞給它裡面挨著的那個天球，最初動者透過直接運動最外面的那個天球，而間

33 1072ᵃ26。
34 1072ᵃ27-ᵇ1。
35 《論天》，285ᵃ29，292ᵃ20、ᵇ1。

接運動所有的其他天球。[36]它引起太陽圍繞著地球在 24 小時內
運動一次，這就產生出白天和夜晚的週期性變換，在地球上的生
命，每一個也都由它負責。但是，季節的週期性交替，連同它對
播種期、收穫季以及動物繁殖時令的影響，在地球上的經濟活動
中更為重要，而這就不是由於，或者不是以同樣的方式由於最初
動者，而是由於「理智」〔正如經院哲學家們（the schoolmen）
稱謂它們的一樣〕，亞里斯多德承認有 55 個（或 47 個）[37]，是
與最初動者並存的。特別是，生成和毀滅是由於太陽在黃道中的
運動，而這運動又是由於「理智」的一種；當太陽接近地球的
某個部分時，在那個特定的地方，就有發生生成的傾向，而當它
遠離那裡時，就可能出現毀滅。[38]像第一動者一樣，「理智」也
「作為目的」[39]而運動，即它們也透過吸引嚮往或愛而運動。它
們和最初動者的關係沒有在任何地方被詳細說明，但是，如果亞
里斯多德在把第一動者描述為運動一切事物，描述為宇宙和自然
的依憑，且堅持宇宙的單一統治者[40]等方面的看法是嚴肅認真的
（就像他確實如此一樣），那麼，我們必須假定，第一動者推動
理智。既然它們是沒有質料的，這種運動就不會是物理推動，
而是嚮往和愛的比喻性「運動」。它將ὡς ἐρώμενον（作為被愛

136

---

36 該宇宙論在這一點上被搞得混亂。如果推動是像這樣從天球傳遞到天球，那
　麼，太陽、月亮和諸行星的逐日旋轉通過從最外層的那個天球（「第一天
　體」）傳遞給它裡面的所有天球的運動，就足以得到解釋；分派給七個運動物
　體每一個（都具有這相同的運動）的諸最外層天球，以及推動這些最外層天球
　的「理智」，就成為沒有必要的了。
37 1074ª11，13。
38 《論生成和消滅》，336ª32、ᵇ6。
39 1074ª23。
40 1070ᵇ34，1072ᵇ13，1076ª5。

者）而推動它們。[41]

如果嚴格地接受亞里斯多德的語言，那麼，我們就有了一個被搞得極為複雜的系統：

⑴最初的動者。

⑵被第一動者的愛所激動的 55 個理智。

⑶「第一天體」的靈魂，被第一動者的愛所激動。

⑷55 個天球的靈魂，各自被 55 個理智的愛所激動。

⑸「第一天體」，被它的靈魂推動。

⑹55 個天球，被它們的靈魂推動。

亞里斯多德不可能沉思這個複雜系統的所有問題。他在任何地方都沒有清楚地把第一天體的靈魂和「神」區別開來，也沒有把天球的靈魂和理智區別開來。阿維洛依和扎巴赫拉把第一天體的形式或靈魂與最初動者視為同一，並把天球的靈魂與理智視為同一。[42]就「神」和理智是它們各自運動的天球的目的因而言，它們處在靈魂對軀體的正常關係中，而且，或許正是他的「神」和理智的學說，亞里斯多德才使得《論天》中關於天上物體具有生命和行為的學說變得更為清晰。但是，如果情形確實如此，「神」因其是愛和響往的對象而行為的描述就只不過是比喻；響往「神」的，不是第一天體的靈魂（因為按照這種觀點，「神；就是第一天體的靈魂」），而是第一天體自身。而且，這將是一個響往的例證——在一般意義上的質料，透過一個大膽的比

137

---

41 所以，亞歷山大說：μεθέξει καὶ τῷ βουλήματι τοῦ πρώτου καὶ μακαριωτάτου ἐξήρτηνται νοός（理智依靠上去，與意願一起分享第一者和最有福分者）（721.32）。

42 扎巴赫拉，《論自然物》（*De Reb. Nat.*），《論天的本性》（*De Natura Coeli*），第 6 章。

喻，被說成有對形式的嚮往。[43]但在亞里斯多德的體系中，如果我們嚴格接受的話，質料並不嚮往形式，也不努力靠向它；它沒有任何靠向形式的嗜好，毋寧靠向形式的短缺；它是純粹被動的。進一步說，把「神」視為第一天體的靈魂也就是把「他」視為對它的控制，就像靈魂透過意志的行為控制肉體一樣，而這就會和亞里斯多德把神聖的生命視為純粹的思想的描述相衝突。下面的假設似乎更為可取：在Λ卷中，「嚮往」和「愛」並不僅僅是在比喻的意義上被使用，因此，生命和靈魂都被一本正經地歸給諸天球；[44]這些天球是有生命之物，它們的目標是以自己的方式，去實現或體會被「神」和理智完全享有的那個完美之物（being）。那麼上面列出的諸實在的複雜清單，就不應因為「神」與「第一天體」之靈魂的同一、理智與行星天體之靈魂的同一而被減少。如果我們不把第一天體和它的靈魂、諸行星天球和它們的靈魂視為各自分立的實在，而把每個天球與它的靈魂看作構成一個合成的有生命之物，那麼，這份清單就會以更加滿意的方式弄得簡單些。[45]

我們可以問，對最初動者的愛和嚮往，怎樣產生不得不加以解釋的物理運動？該理論是，每個靈魂和肉體的統一體都嚮往盡可能有和它的運動本原一樣的生命。它的運動本原的生命是純

---

43 《物理學》，192^{a}16-23。

44 正因如此，亞里斯多德斷言，運動是ζωὴ τοῖς φύσει συνεστῶσι πᾶσιν（存在於一切由於自然而構成的事物中的一種生命），《物理學》，250^{b}14；而且，在某種意義上，一切事物都充滿靈魂，《論生成和消滅》，762^{a}21。

45 參見普魯塔克，《哲學家的見解》《Plac.》881E、F，Ἀριστοτέλης ... ἑκάστην οἴεται τῶν σφαιρῶν ζῷον εἶναι σύνθετον ἐκ σώματος καὶ ψυχῆς, ὧν τὸ μὲν σῶμά ἐστιν αἰθέριον κινούμενον κυκλοφορικῶς, ἡ ψυχὴ δὲ λόγος ἀκίνητος αἴτιος τῆς κινήσεως κατ᾽ ἐνέργειαν.（亞里斯多德設想，每個天球都是由軀體和靈魂合成的生命之物，它們的軀體在天上作圓周性運動，而靈魂則是承擔運動之責的、基於現實的、不動的邏各斯。）

138 粹思想的、連續的、不變的實現活動（我們還必須附加地假定，就理智而言，則是最初動者之愛的實現活動）。天球不能再生這種活動，但它們透過表演唯一完全連續的物理運動，即圓周運動[46]，做得僅次於最好。圓周運動（它事實上牽涉到恆久的方向變化）被亞里斯多德認爲不牽涉方向的任何變化，而直線運動（實際上它是不牽涉方向的任何變化的唯一一種運動）在他看來，則被下述事實排除了：如若它是連續的，就需要無限的空間，而這是他不相信的。[47]

　　如果天球被它們的運動原理的愛所激動，而這些原理又被第一動者的愛所激動，那麼，可以被追問的問題就有：爲什麼第一天體就該(1)在它實際運動的那個方向，並且(2)以它實際運動的那種速度運動？即使假設有如此方向和速度的理由，那麼(3)爲什麼所有其他天球沒有在相同的方向並以相同的速度運動？亞里斯多德對第一個問題的答案純粹是擬人化的。由於身體的右邊是更爲強壯並起控制作用的那一半，所以，天體朝向右邊運動，即反時針方向[48]（counter-clockwise）運動就是合適的[49]。而且，當它們全都顯得向順時針方向運動時，他就不得不假設，天體的「上面」的那個部分不是它們的北極，而是它們的南極。[50]對於第二個問題和第三個問題，他都沒有任何答案。如果我們想要「拯

---

[46] κινεῖται καὶ ἠρεμεῖ πως ἡ σφαῖρα（天球在被推動著也就是在某種意義上靜止著），《物理學》，256^b1。

[47] κινεῖται καὶ ἠρεμεῖ πως ἡ σφαῖρα（天球在被推動著也就是在某種意義上靜止著），《物理學》，265^a17。

[48] 朝右的運動應該是順時針而不是反時針方向。由於英文本在這裡參考的亞里斯多德原文中並沒有涉及這個問題（只有擬人化的論證），所以我們無法判定，只能存疑。——中譯注

[49] 《論天》，288^a2-12。

[50] 同上書，285^b19。

救現象」，想要解釋觀察到的事實，而又不想對它們提出目的
論的解釋的話，就必定要假定某些方向和某些速度。另一方面，
他又試圖極力表明，在地球上觀察到的一切變化，在位置、性
質以及大小方面的所有變化，都如他的理論所言，是怎樣必定從
天球的運動中，[51]且最終從最初動者那裡流淌出來的。天上的諸
物體[52]，尤其是太陽[53]，當（by）它們接近地球的某個特定區域
時，就產生熱，而一旦它們走遠，就產生冷，並因此而引起諸元
素不斷地相互變質，既然熱和冷是賦予元素特性的四種性質[54]中
的兩種，而且是更為重要的兩種[55]。假如不是由於溫度的這種不
斷的變化，諸元素就會一次性地運動到它們各自的適當區域，並
停留在那裡了。[56]

139

　　因此，天上的物體所產生的，不僅有生成和毀滅，而且也有
地點方面的運動，這些運動在地球上是觀察得到的：而且，運動
的從不完結的盛衰長消，由於生物對死亡之損毀的補償而形成的
物種的永遠繁衍，都是月下世界的事物（雖然它們都包含有導致
生成和毀滅、性質的、數量的變化以及地點運動的質料）能夠仿
效（make）天上物體永恆的地點運動的最近路徑[57]，正如同這依
次又是具有ὕλη τοπική（地點方面的質料）的事物能夠仿效純形
式的永恆思想、「神」和諸理智的最近路徑一樣。

　　亞里斯多德認為不動的諸動者不同於那個最初的動者，這種

51　《天象學》，339ᵃ21-32。
52　《天象學》，340ᵇ10；《論天》，289ᵃ19-33；《論動物生成》，777ᵇ16-ᵃ3。
53　《天象學》，341ᵇ19，346ᵇ20，354ᵇ26；《論生成和消滅》，336ᵃ15-ᵇ9。
54　這四種性質是：熱和冷、乾和溼。——中譯注
55　《天象學》，378ᵇ10-20。
56　《論生成和消滅》，337ᵃ7-15。
57　《論生成和消滅》，336ᵇ9-19，26-337ᵃ7，338ᵃ17-ᵇ19。

認識牽涉到三個困難。[58]

(1)在 1074[a]25-31 中，天上的每個運動都被說成是「爲了那些恆星」。那麼，爲什麼諸理智又會被描述爲這些運動的目的呢？[59]答案是，前者是τινί[60]意義上的目的，即運動的存在由於善，而後者則是τινὸς ἕνεκα（所為了的什麼）意義上的目的，即運動所指向的那個理想（the ideal）。[61]運動的存在就是爲了使那些恆星盡可能地實現與理智相似的活動樣式（mode）。

(2)在 1074[a]31-38 中，亞里斯多德論證說，宇宙必定只有一個，因爲否則，它的運動本原（principles）就會是多個，但這是不可能的，既然它們不包含彼此區別的質料。但是，理智卻是彼此區別的，也和「神」相區別，雖然它們不包含質料，是不變化的，也沒有量度[62]。或許可以作這樣的假定：它們是在種上不同的純形式，其中的每一個都是某個獨立的種的唯一成員，正如有些經驗哲學家所主張的天使所是的那樣。[63]但是，(a)假如情形是這樣的，那麼，就會有在種上不同的最

140

---

58 後面的(1)、(2)羅斯的原文沒有分段，只有(3)分了。爲了醒目，更爲了保持一致，我們把(1)、(2)分段了。——中譯注

59 1074[a]23。

60 這是τι的與格，可譯爲「作爲什麼，由於什麼」等。——中譯注

61 1072[b]2。

62 同上 38。

63 聖安塞爾謨（St. Anselm）透過否定天使構成像人之屬（the genus humanum）那樣的屬，甚至使用了似乎可以使它們每個都成爲sui generis（獨特的）的語言。但是，他寫在亞里斯多德主義的影響完全發展起來之前，是讓神學家們小心使用這樣的表述，而且，他關注的不是爲了觀點自身的緣故而去解說關於天使本性的觀點，而僅僅是解釋爲什麼上帝不能像化成肉身立即救贖人那樣，去救贖墮落的天使。聖多瑪斯認爲，天使是在特定的意義上，而不是在一般的意義上不同。鄧斯・司各脫（Duns Scotus）主張，即使是在特定的意義上，也並不是每個天使都彼此區別。

初動者，亞里斯多德關於宇宙單一的論證也就被粉碎了。而且(b)這種逃跑路徑也不對亞里斯多德開放；因為他主張，種上的差異寓意著更加（a fortiori）數目上的差異[64]，而這就蘊含質料。[65]該困難是更大困難的一個例證；如果差異蘊含質料，那麼，一個種怎樣與另一個種相區別？用亞里斯多德的術語來說，解決的方案存在於這種學說中——屬是它的種的 ὕλη νοητή（思想的質料）（H卷，1045ᵃ34；Δ卷，1024ᵇ8；Z卷，1038ᵃ6）。它寓意著，這種 ὕλη νοητή 的不同部分被實現在每個種中，而這就說明了種的差異。那麼，諸理智將是形式，但不是純形式，既然它們包含著質料因素，雖然不是「可感的質料」。在這一點上，它們與第一動者不同。

(3)如果（正如似乎真有可能）亞里斯多德把諸理智視為被第一動者的愛所激動，那這本身就寓意著在它們之中有潛能的因素，既然它們是被對它們自身沒有的東西的嚮往所推動的。這意味著，在它們中存在的某種準質料（quasi-material）的東西在「神」中是不存在的。

在亞里斯多德那裡，這些理智並沒有在其他地方被說到。它們以及在柏拉圖的多少有些類似的理論中[66]與它們相似的那些，反映了（以一種與柏拉圖、亞里斯多德哲學趣味相合的形式）希臘宗教中傳統的多神論（the Polytheism），正如柏拉圖的「至善靈魂」（best soul）和亞里斯多德的最初動者反映的是其中的一神論的（the Monarchian）因素及對宙斯（Zeus）至高無上的信仰一樣。但是，猶如在基督教時代，上帝唯一論

64　Δ卷，1016ᵇ36。

65　1074ᵃ33。

66　《法律篇》，899。

（Monarchianism）是希臘神學中的主導性趨勢，而這趨勢又導致了東方和西方的基督教徒之間的分離一樣，亞里斯多德竭力堅持的，歸根到底還是一種一元論體系，而那些理智實際上對這樣的體系並不合適。

唯一能有的，是一個純形式、第一動者或「神」。為了與亞里斯多德的根本觀點相一致，天上的諸球體或許就應該被描述為有生命之物，它們每個都各盡所長，努力再生最初動者那不變的生命，無需次一級的運動本原作媒介。

現在，是到轉而描繪最初動者本身的時候了。我們已經看到，它是純形式和純現實，是知識和嚮往的主要對象。對於它，我們必須斷言的，不是它有，而是它是諸如至善（the best）之類的生命，這種生命，我們能夠極短期地享有。[67]這種活動同時也是快樂的：正清醒、在感知、在認識之所以的的確確是這個世界上最為快樂的事情，就因為它們是活動。一切物理的活動都被第一動者的非質料本性排除在外，亞里斯多德唯一能夠歸之於它的，是心智的活動，唯一不靠肉體力量相助的那一類心智活動是知識，而唯一不透過前提的幫助，而是直接把握結論的那一類知識，是直覺（νόησις）；也就是說，最初動者不僅是形式和現實，也是理性（mind），並因此而是「神」這個詞，該詞到此為止還未曾露面，但現在開始要求助於它了。[68]

就其自身的（in itself）知識（即，和人所具有的知識不一樣，當其不依賴於感官和想像時），就是對就其自身乃至善之物的知識，而最完全意義的知識，則是對其在最完全意義上乃至善

---

[67] 1072^b14。
[68] 同上，25。

之物的知識。但是，正如我們已經見到的，在最完全意義上乃至善之物的東西，就是「神」。所以，「神」的知識的對象，就是「神」自己。「理智透過參與可思想的東西而思想自身：它透過接觸和思想，而變成可思想的，所以，理性和可思想的東西是同一的。」[69]在這裡，沒有什麼能幫助說明這種觀點如何發生，但是，我們可以這樣來理解其意思：在νόησις（思想、思維）中，理智彷彿處在與它的對象（θιγγάνων）的直接接觸中；這時，它不藉助另外的東西作為中介詞而認識某物。猶如在感覺的場合，亞里斯多德假設可感的形式彷彿被轉入理智裡，而把質料撇在後面[70]，在知識的場合也一樣，他假設可思的形式亦被轉入。理性的特性就是它自身原本沒有任何特性，而完全是被它認知的東西在認知的那一刻賦予特性的；假如它原本就有自己的特性，就會妨礙對象在認知理性中的完美再現，猶如一面帶有自己本色的鏡子，它再現的被照對象的顏色，就不那麼完美。[71]因此，在知識中，理性和它的對象具有同一的特性，而且，認識一個對象就是認識自己，即當理性認識那對象時，一如就是自己。

142

對自我意識的這種解釋（雖然它是困難的，也是不滿意的），就是打算從根本上解釋陪伴著知曉了對象的那種自我意識。仔細斟酌這句話：έαντόν δὲ νοεῖ ὁ νοῦς κατὰ μετάληψιν τοῦ νοητοῦ · νοητὸς γὰρ γίγνεται θιγγάνων καὶ νοῶν, ὥστε ταὐτὸν νοῦς καὶ νοητόν. （理性透過參與或分享可思想的東西而思想自身。因為它由於接觸和思想變成可思想的，所以，理性和可思想的東

---

[69] 1072[b]14，20。這裡的譯文根據希臘原文，與英文略有不同。——中譯注
[70] 《論靈魂》，424[a]18。
[71] 同上書，429[a]13-22。

西是同一的。）[72]正是由於在別的某物中並透過認識該物，理性才變成理性的對象。我們一定不要假設，它首要認識的東西是它自身，或者，作爲它變成自身對象的解釋而提供的東西成爲了「默認起點」（petitio principii）[73]。亞里斯多德歸之於「神」的東西，是只有它自身才是其對象的那種知識。νόησις（思想）特別地和ἐπιστήμη（知識、科學）、αἴσθησις（感覺）、δόξα（意見）、διάνοια（理解）形成對照，後面四者的每一個都αἰεὶ ἄλλου（總是各不相同），且只是ἑαυτῆς ἐν παρέργῳ（附帶地以自身為對象）。[74]

人們一直試圖透過揭示亞里斯多德神聖知識的概念與相反的關於自身直接的和ἐν παρέργῳ（附帶地）關於世界的普通知識的更多可相容性來解讀該概念。聖多瑪斯說：「但這並不會得出，所有異於他自身的東西不爲他所知；因爲透過認識自己他認識所有其他的東西。」（Nec tamen sequitur, quod omnia alia a se ei sunt ignota; nam intellegendo se intellegit omnia alia.）[75]。許多其他經院哲學家也表述了相同的觀點，布倫塔諾（Brentano）還透過印證一段話[76]（在其中，亞里斯多德斷言，相關的知識是相同的）力圖支持這個觀點。不同於「神」的一切事物，它們的所是完全歸因於「神」，所以，「神」的自我知識同時必定也是一切其他事物的知識。這是一條可能的，而且很有成效的思想路

---

72 羅斯的英文本這裡沒有注明原文出處，可能是因為前面已引用（但不是希臘原文，而是英譯文，見上注釋 70）。原文見《形上學》1072ᵇ20。——中譯注

73 一種邏輯錯誤，即沒有理由地把某前提假設為真，或把要證明的東西視為當然的。——中譯注

74 1074ᵇ35。這裡括弧內的譯文不完全按所引的短語直譯，而是考慮原文的上下文關係後譯出的。——中譯注

75 《〈形上學〉評注》（In Met. Lib.）xii，lect. xi。

76 《論題篇》，105ᵇ31-34。

線，但是，卻不是亞里斯多德實際上所採用的那條。對他而言，
「神」應該認識「他自己」和「他」應該認識其他事物是二者
擇一的，[77]而且，爲了肯定第一種選擇，他暗示性地否定了第二
種。的確，他更爲明確地否定第二種選擇會涉及；他否定「神」
有邪惡的一切知識，以及從一個思想對象向另一個的一切轉
變。[78]把與邪惡的任何關系，以及任何「轉變的陰影」（shadow
of turning）通通從神聖的生命中排除出去，這種願望的結果就是
那個不可能的、徒勞無益的，除了自身沒有任何對象的知識理
想。[79]

　　那麼，這就是亞里斯多德的「神」的生命概念；除知識之
外的每種活動都被排除，而且，除「他」對自己知識的那種知
識外，一切知識也被排除了。「神」對世界的關係是雙重的；
「他」是知識的原初對象，也是嚮往的原初對象。我們已經考察
了後一重關係，現在，我們轉到對前一重關係的考察。亞里斯多
德把「神」視爲πρῶτον νοητόν（第一可思者）的描述應當在與
「主動理性」學說的關係中加以考察。

　　在所有的亞里斯多德的學說中，或許最爲含糊而肯定最有
爭議的是著名的主動理智學說，它是在《論靈魂》的一個單章中
被陳述的[80]，而且是以太過簡短的方式，使得大量的問題留給讀

143

---

[77] 1074^{b}22。

[78] 1074^{b}25，32，26。

[79] 凱爾德博士（Dr. Caird）在他說明亞里斯多德神學的那一章〔《希臘哲學家中神
學的演進》（*Evolution of Theology in the Greek Philosophers*）第 2 章，第 1-30〕
中認爲，亞里斯多德把「同時也是世界理想次序的意識」（第 22 頁）的那種自
我意識歸於「神」，他的這種觀點在我看來，似乎是對Λ卷中明確的陳述作出的
並不充分的說明。

[80] 第 3 卷第 5 章。對各種闡釋的很好說明可以在下列著作中見到：赫克斯主
編的《〈論靈魂〉釋》（*Hicks's ed. of the De Anima*），lxiv-lxix；阿達蒙遜

者的才智去判斷。亞里斯多德斷言，「在靈魂之內，必定有著一種區別，以符合質料（它處在每類事物的下面並潛在地是它們每一個）和動力因（它造就它們）之間的一般區別——技藝和它的材料之間的區別就是一個例證。」[81] 這裡有兩點需要注意。(1)主動理智和被動理智之間的區別屬於靈魂之內。[82] 這對於把主動理智視為與神聖理智（它完全脫離個別的人之外）同一的任何解釋來說，都是致命的。但它對於這種觀點而言，卻並不致命——主動理智是內在於人類靈魂之中的神聖理智。這種觀點所遭遇的主要困難是，亞里斯多德明確討論神聖本性的唯一的那段話——《形上學》Λ卷——用以描述「神」的語言，完全沒有暗示內在性。(2)主動理智不是從無中（out of nothing）創造的一種理智。它的工作要以給定它的質料為基礎，它所做的，是從潛能推進到現實。[83] 我們必須從後面的話中努力弄明白這裡所指的意思。亞里斯多德繼續說，「一種理智類似於質料，因為它變成（becomes）一切事物；另一種理智類似於動力因，因為它造就（makes）一切事物。」[84] 這些說明的第一種指的是普通的理解活動。按照亞里斯多德的看法，就像感覺能力在對象的形式

144

（Adamson）《希臘哲學的發展》（*Development of Gk. Phil.*）第 249-254 頁；韋伯（Webb）《自然神學史研究》（*Studies in the Hist. of Nat. Theol.*）第 264-273 頁。

81　羅斯引這段話沒有標明出處。其出處是，《論靈魂》第 3 卷第 5 章，430ᵃ11-14。——中譯注

82　ἐν τῇ ψυχῇ（在靈魂之內）或許可以想像成僅僅意指「就靈魂而言」。但是，兩種理智在一個人格（personality）內部的暫時聯合被 χωρισθείς（分離）所暗含。1.22。所以，泰奧弗拉斯托斯也說（見忒米斯提烏斯 108.23）：μεικτὸν γάρ πως ὁ νοῦς ἔκ τε τοῦ ποιητικοῦ καὶ τοῦ δυνάμει（因為無論如何，是理智把出於創制的和出於潛能的混在一起）。

83　所以，泰奧弗拉斯托斯把主動 νοῦς 描述為 ὁ κινῶν（動者），它安排被動 νοῦς 動起來（見普里斯基阿洛斯 29.14；見忒米斯提烏斯 108.24）。

84　羅斯這裡仍沒有注出處。見《論靈魂》，430ᵃ15-16。——中譯注

（宛如）被傳達給感覺主體的意義上變成它的對象，也暫時變成感覺主體的整個內容、整個本性一樣，在知識中亦如此，理智變成與它的對象同一。它們的整個本性在某種意義上都在心靈（mind）中，而在心靈中，除了它們，什麼都沒有。那麼，理解行為就被歸於被動理智。被歸於主動理智的任務（role）是什麼？在什麼意義上，它造就一切事物？如果我們留心技藝和它的材料的類比，我們就會注意到，技藝透過把材料做成對象而造就它的對象。如果這個類比的意思是精確的，我們就必定得出下述結論：主動理智的任務，就是要使被動理智透過理解對象，從而變成它自己的對象。在這裡，我們將會見到亞里斯多德的一般原理（即，「正是依靠已經現實地存在的某物的作用，潛能存在的東西才成為現實存在。」[85]）的一個例證。顯然，我們所要知曉的東西，在普通的意義上是我們以前不曾知曉的。亞里斯多德問自己：這怎麼才能夠發生？從潛能知識向現實知識的這種轉變難道不寓意著，在我們內部（in us），存在著已經現實地知曉的某種東西，存在著切斷我們的普通意識，使得我們不知曉這種預存的知識，卻依然與普通意識或被動理智有某種聯絡，並將其引到知識的某種要素？而且，當亞里斯多德提到[86]那些時刻——在此之中，我們能夠享有像「神」的生命一樣的生命——之時，（按這種解釋）他會想到這樣的時刻，在其中，主動理智和被動理智之間的區分被打破了，我們也知道了我們和該原理——它的知識總是現實的，也總是完美的——的一體（oneness）。

　　按照這條思想路線，主動理智對其起作用的東西是被動理

85　《形上學》，1049[b]24。

86　《形上學》，1072[b]14、24；《尼各馬可倫理學》1178[a]8，1178[b]18-32。

145　智，它是一類可賦形的材料，主動理智把可知對象的形式印於其上。但是，在同一句話中，亞里斯多德引入了另一條思想路線，它似乎早已被柏拉圖隱喻過，即把太陽用作「善的理念」（the Idea of Good）的象徵（《理想國》，507B-509D）。一種理智透過變成一切事物而類似於質料，另一種理智則透過造就一切事物而類似於動力因，後一種理智是透過一種像光那樣的肯定狀態的方式；因為在某種意義上，光使潛能存在的顏色成為現實存在的顏色。顏色的某些條件存在於黑暗中，但是，要成為現實可見的顏色，一個進一步的條件，即光是必要的；主動理智對於可知物，就猶如光對於可見物。一定不要把光的類比強調得太過分。按照亞里斯多德的看法，光是在眼睛和對象之間延伸的，作為透明體而起作用（function-as-transparent）的那種媒介物；[87]正是藉助這種透明媒介物中直接產生的變化，對象才間接地在眼睛中產生變化，並最終被看見。[88]按亞里斯多德的觀點，主動理智不應因此而被認作是被動理智和它的對象之間的媒介；知識是一種直接的而不是中介的關係。該類比是個更為一般的類比。雖然主動理智不是媒介，卻是被動理智和對象之外的第三物，如果我們想要理解知識的真相（fact），就不得不把它考慮進去，正如光是眼睛和對象之外的第三物，如果我們想要理解視覺的真相，就必須把它考慮進去一樣。

　　無論是主動理智還是光，都被說成作為確實狀態（as positive states）（ὡς ἕξις τις[89]）而起作用。這個表述嚴格說來並

87　《論靈魂》，418^{b}9，419^{a}11。

88　419^{a}10。

89　這個希臘文短語直譯應為「作為某種狀態」，英語的positive是羅斯為了引出後面要討論的問題而意譯加上去的。——中譯注

不準確。兩者都是嚴格意義上的「現實」（activities），而且也是被如此這般描述的。[90]「確實的狀態」恰當的意思是介於潛能和現實之間的某種狀態（something）。但是，這裡想要進行的對比卻是確實狀態和潛能之間的情形。光是媒介物的條件，是它透過照耀的出現，已經成為了現實的透明體，[91] 而且，正是它的現實，才使得能夠看見的眼睛有可能現實地看見，也才使可見的對象有可能現實地被見。同樣，主動理智已經知曉所有可知的對象這一事實，使得被動理智（就其自身而言，它是潛能）有可能現實地知曉，也才使可知之物有可能現實地被知。

　　亞里斯多德繼續說，「主動理智是可分離的，不承受作用的和不被混雜的」，（也就是說，因為它是）「一種現實。因為主動者總是比被動者有更高的價值，初始的源泉[92]比質料也是如此[93]。」在這裡，「可分離」的意思興許是從後面出現的表述——「當它已被分離時」——中得來的。它指的是，在某一時間內與被動理智結合在一起的主動理智，能夠從它之中被分離出來，這種關係（the refernce）在死亡時表現得很清楚，因為後者滅亡了，前者留存著。在其他地方[94]，亞里斯多德只是簡單地把「理智」說成是死亡之後的留存物，但也正是在這個地方，主動理智和被動理智之間的區分還沒有出現在他的心中；當這種區分出現時，他顯然把被動理智認作像感覺和想像之類的較低能力一樣，是特定肉體的現實且不能留存它的那種靈魂的一個主要部

146

90　430ᵃ18，418ᵇ9，419ᵃ11。

91　418ᵇ12。

92　原文是ἀρχή，即「本原」，羅斯這裡譯為「初始的源泉」，可能是對應前面的「動力因」。——中譯注

93　羅斯這裡沒有注出處。見《論靈魂》，430ᵃ17-19。——中譯注

94　《形上學》，1070ᵃ26。

分。在這句話中，關於主動理智所用的其他措辭則不要求任何特別的注解。它們強調的事實是：它完全獨立於肉體，它不包含任何未實現的潛能，而總是知曉它始終知曉的東西。

亞里斯多德接著說：「現實的知識與它的對象同一；在個體中，潛能的知識在時間上在先，但一般而言，它在時間上並不在先，而是，理智不會一時起作用一時不起作用。」[95]我們在上面就已經明白，在某種意義上，主動理智是「在靈魂中」，但我們肯定沒有意識到它，或者，僅僅是在照耀的瞬間，才意識到它；因此，在某種意義上，就個體而言，潛能知識在現實知識之前來到。但是，「在整體上」並不如此，當被動理智到那時為止還只是潛能地知曉時，主動理智現實地知曉了。這明顯寓意著，雖然主動理智是在靈魂中，但卻處在個體之外；我們完全可以假定，亞里斯多德的意思是，它在所有個體中都是同一的。

「當它已經被分離開時，它就僅僅是它本質上所是的東西，而且只有這才是不朽的和永恆的（但是，我們並沒有記住，因為這是不承受作用的，而被動理智是可以滅亡的）；而且，如果沒有這種理智，就什麼也不會思維。」[96]雖然主動理智總是不承受作用，也不被混雜，但卻暗含著，在它與肉體聯合期間，它的真正本性是被弄得有些許模糊的，然而，一旦這種聯合完結了，它就存在於它的純粹中。這是否寓意著，脫離肉體的理智意識到了它的知識的完全範圍，在肉體中的理智卻意識不到？

「我們並沒有記住」，這是一句難以理清的批評。對它的理解可以從該卷較早的一段話中得到某種幫助，在其中，亞里斯

147

95　羅斯沒有注出處。見《論靈魂》430ª19-22。——中譯注

96　羅斯沒有注出處。這是《論靈魂》第 3 卷第 5 章的最後一句話，見 430ª23-26。——中譯注

多德談到了老年人在精神生活方面受到的影響。[97]「直覺思維和思辨的衰弱是由於內部（即身體內部）某種別的東西腐壞了」，「但它們自身並沒有受到影響。然而，在推論、在愛或在恨不是理智的性質（affections），而是理智擁有者的性質（在他擁有它的範圍內）。因此，當他消亡時，也就既沒有了記憶，也沒有了愛；因為這些不是屬於理智，而是屬於已經消亡了的那個合成物。毫無疑問，理智是某種更爲神聖的東西，也不承受作用。」按這段話的意思，似乎很清楚[98]，亞里斯多德在這裡說的是，記憶不會在死亡之後留存。其理由是：⑴主動理智是不承受作用的；它不會從生活環境中留下任何痕跡，所以，它的知識沒有時日和環境的任何印記；另一方面，⑵留下環境痕跡的被動理智卻在個體死亡之時就已經消亡了。

　　這一章的最後一些文字——καὶ ἄνευ τούτου οὐθὲν νοεῖ——，卻可能有很不相同的多種闡釋，即：[99]

⑴「而且，如果沒有被動理智，主動理智就什麼也思維不了。」

⑵「而且，如果沒有主動理智，被動理智就什麼也思維不了。」

⑶「而且，如果沒有被動理智，就什麼也不會思維。」

⑷「而且，如果沒有主動理智，就什麼也不會思維。」

　　很容易就能看出，對這些文字的上述四種闡釋，沒有一種恰當地構成我們「並沒有記住」的部分理由。οὐ μνημονεύομεν

---

[97] 408^{b}24-30。

[98] 雖然一直存在著不小的爭議之點。

[99] 下面的四種闡釋，實質上是對這句希臘原文的不同翻譯（意譯）。分歧在兩點上：一是τούτου（這）指代什麼，二是οὐθὲν（沒有一個，英譯nothing）作主詞還是受詞，因為它是中性詞，主、受格無形式區別。——中譯注

... φθαρτός（我們並沒有記住，……是可以滅亡的）可能是插入的，而最後的那些文字和前面插入的內容相一致。這樣，透過斷言「而且，如果沒有主動理智，就什麼也不會思維」，它們就總結出了這一章的教導。

亞歷山大把主動理智視爲與「神」同一，而這種觀點又被扎巴赫拉所採納，後者的論證[100]可以被概述如下：「主動理智顯然被說成完全脫離質料而存在。[101]在Λ卷中，亞里斯多德明確（ex professo）討論的唯一地方正是純粹的、無質料的形式所在之處，而他唯一認可的這樣的形式，是『神』和諸理智。主動理智不能是這些次一等是者（beings）中的任何一個，因爲它們顯然都具有運動它們各自天球的單獨功能。那麼，主動理智必定是『神』，他作爲πρῶτον νοητόν（第一可思者）[102]，是在所有其他可理解者（intelligibles）中可理解的源泉。所以，使潛能的知識對象成爲現實的知識對象的，正是作爲主動理智的『神』，同時，他也使自身只有知識潛能的被動理智能夠現實的認知，就像（使用亞里斯多德從柏拉圖那裡借來的隱喻[103]）太陽的光芒使得潛能的可見物成爲現實的可見物，並使潛能看見的眼睛成爲現實的看見。」

扎巴赫拉的意見始終值得引起最爲認眞的注意。但是，或許由於他熱衷於求得《論靈魂》和Λ卷之間的完全一致，所以，他對前一著作提出了有些不太自然的闡釋。主動理智顯然是作爲在人類靈魂中的存在而被呈現在那裡的。而且，他認爲意指「分

---

[100] 《論自然物》（De Reb. Nat.），《論主動心靈》（De mente agente），capp. 12，13。

[101] 《論靈魂》，430ᵃ17。

[102] 1072ᵃ26-32。

[103] 《論靈魂》，430ᵃ15。

離」的χωριστός，更有可能是「可分離」的意思；在個體的生命期間，主動理智所是的方式似乎和當它χωρισθείς（將分離開）時，即假定在個體死亡之後它的狀態形成對比。進一步說，在扎巴赫拉那裡，也難以作出如下的推測：被描述為使個體的知識成為可能的，與其是它作為voῦv（思想的，理智的）特徵，還不如是它作為voητóv（可思想的）特徵。

在《論靈魂》中，把「神」描述為內在於個體中與把「他」描述為也是超驗的似乎並不必然衝突。但是，把「他」形容為在我們具有知識之前就具有我們的一切知識，並把它給予我們，這與Λ卷中「他」只知曉他自己的描述似乎就不一致了。有可能這種不一致是存在的──這兩部著作代表了亞里斯多德關於「神」（the Deity）的思想方式的分歧。但是，沒有必要假定這一點。在《論靈魂》的這段話中[104]，亞里斯多德實際上完全沒有提到「神」，而且，儘管在那裡描述的思想的那種純粹的、永不停止的活動在某些方面很像《形上學》中歸之於「神」的那種活動，但亞里斯多德或許並沒有使兩者同一。更為可能的情形是：他相信有一個從最低的是者（beings），即完全沉浸在質料之中的那些東西一直到人、天上諸物體、諸理智和「神」的連續不斷達到的等級系統（hierarchy）；人之中的主動理智是這個系統最高的成員之一，但它和在它之上的「神」一樣，還有其他。這就是對Λ卷那種純粹自然神論學說所指向的《論靈魂》的闡釋。

在Λ卷中出現的「神」的概念肯定是一個不令人滿意的概念。正如被亞里斯多德所表明的，「神」具有知識，但卻不是關於宇宙萬物的知識，「他」也有對宇宙的影響，但卻與人的行為

149

---

104 指的應該是前面逐一引述的第 3 卷第 5 章。──中譯注

源出於知識不同，不是從「他」知識的內在生命中流溢出來的；它是一種很難被稱為行為活動（activity）的影響，既然它是這樣的一種影響——一個人可以無意識地對另一個人具有的，甚或是一尊雕像或一幅圖畫對它的讚美者可以具有的。略微有點奇怪的是，一代又一代的注釋者們都一直覺得，難以相信這其實就是亞里斯多德的觀點，而且都一直竭力讀出與他所言有所不同的東西來。即使是亞歷山大，也試圖在他老師的著作中找到承認神意（divine providence）的某種蹤跡，大多數古代的學者在這點上都與他一致。甚至阿維洛依，在否認「神」有任何創造活動和任何自由意志的同時，卻把宇宙萬物一般規律的知識歸給「他」——而且還認為他之所以這樣做，是追隨亞里斯多德。聖多瑪斯和鄧斯·司各脫謹慎地表達了他們自己的觀點，但也傾向於在有神論的意義上闡釋亞里斯多德的「神」。在我們自己的這個時代，已目睹了布倫塔諾和策勒爾之間的長期論爭，前者主張有神論的闡釋，後者極力否認。布倫塔諾的企圖必定被宣告失敗；[105]亞里斯多德沒有任何神創和神意的理論。但是，在他那裡，和我們已見到的他的深思熟慮的理論相比，他的思維方式卻有少許枯燥無趣的跡象。

　　「神」的活動是一種知識，而且只是知識，這不僅僅是Λ卷的理論；它也顯得是亞里斯多德一貫思想的一部分，同等清楚地在《論天》、《倫理學》和《政治學》中作出了表述。[106]另一方

---

[105] 它被K.伊爾舍爾（Elser）在《亞里斯多德關於神的作用之學說》（*Die Lehre des A. über das Wirken Gottes*）（明斯特，1893）中詳細地考察過。我曾經在《心靈》（*Mind*）xxiii卷（新系列）第289-291頁評論過布倫塔諾論證的主要之點。

[106] 292^{a}22、^{b}4；1158^{b}35，1159^{a}4，1178^{b}10；1325^{b}28。πρᾶξις（行為，行動等）在《尼各馬可倫理學》1154^{b}25、《政治學》1325^{b}30中被歸於「神」，但在更寬泛的意義上，θεωρία（思考）也是一類πρᾶξις（1325^{b}20）。

面，在批判恩培多克勒（Empedocles）把實在的成分（part）從
「神」的知識中排除出去時，他實際上也批判了自己關於「神」
的知識只限定在自我知識的觀點。[107]當亞里斯多德考察「神」
的本性時，他覺得把世界上的任何實際的厲害關係歸給「他」會
減損「他的」完滿性；但是，當他考察世界時，他又以一種把
「神」引入與世界的較為緊密關係的方式傾向於想到「神」。他
視「他」為軍隊的領袖或人民的統治者的比喻[108]，暗含著一種與
寓意在他正式觀點中的極不相同的思維方式。

150

　　如果要問這個問題──亞里斯多德是否把「神」認作世界的
創造者，答案無疑必定是，他沒有。在他那裡，質料是不被生成
的，永恆的；他明確反對世界的受造。[109]這似乎並不必然排除質
料的整個永恆存在都靠「神」來維持的觀點，但在亞里斯多德那
裡，沒有這種學說的絲毫痕跡。進一步說，諸理智顯得是獨立的
存在，是不被創造之物。布倫塔諾試圖表明，每一個別的人的理
智，是在該個體出生時由「神」創造的，但他的這一企圖被上述
各段話中明確主張的理智的永恆先在性所粉碎。[110]

　　Λ卷中有一段話，初看起來，似乎亞里斯多德在其中暗含的
意思是，「神」既超驗地存在，也內在地存在於世界之中。「我
們應該考察，整體的自然是以兩種方式中的哪一種具有善和至善
的──是作為分離存在且由於自身而存在的某種東西，還是作為
整體的秩序。或許我們應該說，它是以兩種方式具有善，就像一
支軍隊一樣。的確，軍隊的善既在於它的秩序，也在於它的領

---

[107] 《形上學》B卷，1000^{b}3；《論靈魂》，410^{b}4。
[108] 1075^{a}14，1076^{a}4。
[109] 《論天》，279^{b}12 以下，301^{b}31。
[110] 特別是《論靈魂》，430^{a}23。

袖，而且在更高程度上是在後者，因爲他不藉助於秩序而存在，但秩序要藉助於他才存在。」[111]雖然亞里斯多德說了善既作爲超驗的精神，也作爲內在的秩序而存在，但他並不是斷言「神」是以這兩種方式存在。在Λ卷中，在他看來，「神」本質上是第一原因；而且，按他經常重複的實體在先學說的觀點，該原因在他那裡，必定是一個實體，且不是諸如秩序那樣的一種抽象。然而，他把秩序看作是由於「神」，以便他的「神」可以被眞切地說成在世界上起著作用，而且在這個意義上，「他」才被說成是內在的。

151　　亞里斯多德關於宇宙的觀點，最爲顯著的特徵之一，是他的澈底的目的論。除了偶然的畸形（sports）和巧合之外，存在的一切和發生的一切，都是爲了某個目的而存在或發生的。但是，該給這種觀點提供什麼闡釋，卻不是很清楚。他的意思是(1)宇宙的整體結構和歷史都是某種神聖計畫的完成？還是(2)它是由於意識朝向個別之物目的的行爲？抑或是(3)在自然中有某種朝向目的的無意識的努力？

(1) 以Λ卷的理論看，第一種選擇是留不下來的，因爲按照該理論，「神」的唯一活動是自我知識。但是，即使在Λ卷中，也有不同思維方式的一些線索。當「神」被比作軍隊的將領（在軍隊中，秩序是由於他）或人民的統治者時，或者，當宇宙被比作一個家族，它的那些或多或少確定的功能，都被分派給從最高到最低的一切成員時[112]，不作下面的假設是困難的：亞里斯多德是在把「神」想成透過「他」的意志來

---

[111] 1075ᵃ11-15。
[112] 1075ᵃ15，1076ᵃ4，1075ᵃ19。

控制世界歷史發展的主要路線。在其他地方，也不缺少相似
的語言。我們已經見到，亞歷山大把相信神意活動——僅就
所關涉的那種主張而言——也歸給了亞里斯多德。這個闡釋
是以《論生成和消滅》336ᵇ31 為依據的，在那裡，亞里斯
多德說，對於那些存在物，即由於遠離第一本原，不能夠永
久存在的東西（指人、動物以及和恆星相對照的行星），
「神」透過安排生成的連續而為其準備了僅次於最好的結
局。同樣，讚許阿那克薩戈拉[113]把理智作為世界上秩序的原
因引入也蘊含著把宇宙的一般秩序的原因歸於「神」，諸如
「『神』和自然做的事情沒有一樣是枉費的」[114]這樣的措辭
亦是如此。但值得注意的是，如果我們打些折扣，把亞里斯
多德講的這些話理解為可能是為適應公眾意見，那麼就會明
白，這種思維方式的線索是何等（how）的少；他從來沒有像
蘇格拉底和柏拉圖所做的那樣[115]把πρόνοια（先知、神意等）
這個詞用於「神」；他也沒有嚴肅認真地相信神的獎賞和懲
罰；他不像柏拉圖，對證明「神」到人的路徑沒有絲毫興
趣。[116]

(2) 第二種選擇明顯被下述事實所排除：自然中的目的論明確地　152
　　和思想的勞作相對立。[117]

　　從總體上看，在亞里斯多德的心目中，占優勢的似乎是觀點

---

[113] A卷，984ᵇ15。

[114]《論天》，271ᵃ33。

[115] 克塞諾豐（Xen.），《回憶蘇格拉底》（*Mem.*），I .4.6 等；柏拉圖，〈蒂邁歐
　　篇〉，30C，44C。

[116] 他對惡的問題的解決出現在對內在於質料中的τὸ κακοποιόν（作惡的東西）的說
　　明中（《物理學》192ᵃ15）。不僅質料具有朝向惡的固有傾向，而且由於是對立
　　的潛能，它就既是惡的潛能，也是善的潛能。

[117]《物理學》，199ᵇ26。

(3)。[118]因爲他只在一段話中斷言「神」和自然做的事情沒有一樣是枉費的，卻有多個地方聲稱自然做的事情沒有一樣是枉費的。往深處說，無意識目的論的觀念是，也的確是不令人滿意的。如果我們想要把行爲不僅看成是產生的結果，而且看成是其目標就在產生這種結果，那麼，我們就必定把它的行爲者或者認作設想這種結果並且其目標在於達到它，或者認作只是某個其他理智（透過它，來實現其有意識的目的）的代理者。無意識的目的論寓意的是這樣一種目的（purpose）：它不是任何心智（mind）的目的，並因此而全然不是目的。但是，亞里斯多德的語言暗示出，他（像許多現代的思想家一樣）興許並沒有覺察到這個困難，而且，他大概也滿足於自然本身的勞作是無意識的目的的觀點。

　　亞里斯多德目的論的缺陷，主要來源於在他的體系中，作爲一種附屬於物理學的，並且是附屬於他特殊的物理學理論的外觀。(1)[119]後一點可以先討論。他對「神」的存在的論證，大多依賴於對我們來說，不會有比考古學家更多興趣的那樣一些前提。天上物體以及它們除了在空間中運動之外沒有任何變化的奇特的「神聖性」的觀念；圓周運動在先以及在它和不變的思想活動之間進行奇特類比的觀念；他思想中的這些以及相似的其他特徵，在我們看來，降低了以它們爲必要條件的目的論的價值。尤其是，它們使得他不把「神」認作在一切變化和存在（being）中以同等直接的方式起作用的勞作者（operative），而認作只在宇宙的最外層邊界起直接作用，並

---

118 在羅斯原文中，可能是考慮到(2)只有一句話，(3)沒分段。為體現一致，我們把(3)分段了。——中譯注

119 這裡的(1)和後面的(2)羅斯的原文都沒有分段。由於內容較長，也為了醒目，我們分了段。——中譯注

認作只有透過一個很長系列的中介物，才能影響人類事務。

　　但是(2)，他的目的論的更深層次的缺陷，不是源出於它所依據的是一種特殊的物理學理論，而是源出於它所依據的物理學是把其他的可能依據排除在外的。按照亞里斯多德的看法，需要給予超感覺論闡釋的首要事實是運動的事實。他和許多其他的思想家一樣，認可了這樣的假定：運動不能被簡單地接受爲宇宙萬物本性中的根本特徵，而必須要麼給予解釋，要麼被斷定爲是一種虛妄現象。埃利亞學派諸位以及不太決然的柏拉圖，都採納了後一種選擇。亞里斯多德忠實於既定事實的特有的哲學德性使他不可能作後一種選擇；他不得不承認運動的實在性。但是，他也不能將它看成不需要解釋。所以，他就試圖把它解釋爲是由於自身沒有運動的某物所引起。對他的體系而言，「神」作爲第一動者就必然是獨一無二的。亞里斯多德在對運動的解釋方面的確是不成功的；留給我們的是這樣的問題——嚮往的非物理活動怎麼能夠在空間中產生運動。但是，除了這個困難之外，還有他設置的「神」不能充分適應宗教意識的要求問題。這些要求確實是不容易被完全滿足的。它們似乎在兩個方面顯示出來（point），而且，神學的主要作用是努力調和這些顯然有衝突的要求。一方面，要求「神」會包括一切，說明一切，無論靈魂還是肉體，善良還是邪惡，都將屬於「他」。另一方面，又要求「神」是純粹的精神，沒有任何質料的色彩，是善良而不是邪惡的創造者，有不同於「他的」諸崇拜者的人格精神，並與他們締結人格關係。亞里斯多德的「神」多少有些適合後一方面的要求。「他」是精神，不是物質，而且是在另外的諸精神中間的一種精神；也正是亞里斯多德觀點中的這兩個特徵，才使得天主教會（the Catholic Church）大都以他的思想爲基礎建立其神學。但是，假如要使他

的最初動者與基督教徒們崇拜的「上帝」同一，那麼，對他的觀點進行重大的修正就是必然的。[120]最初動者不是宇宙的創造者，因爲無論是質料還是次一級的諸形式，都不被創造，而是永恆的；「他」不是神意的統治者，既然「他的」思想僅僅是對「他自己」的思想；「他」也不是一位愛之「神」，既然任何種類的情感都會毀損「他的」純粹沉思的生命。當然，「他」很難適合另一系列的要求，既然「他」和宇宙萬物以及和人類精神的關係（在Λ卷中）被描述爲僅是一種超驗關係。

154　　　亞里斯多德或許將被引向無論如何會滿足這些要求的一個方面（與許兩個方面都有些滿足）的那樣一種神學，假如他透過研究宗教意識，並探問所謂「神」實際上意指什麼人而接近該問題的話。其實，他也不是完全不尊重所發現的在他周圍存在的宗教意識。民間宗教的許多細節他視爲毫無價值[121]，並將其歸因於只是擬人論[122]，或功利權謀。[123]但是，在它的某些主要特徵方面——相信有「諸神」存在的普遍傾向，以及把天上的物體認作神聖的傾向[124]——，他是準備好歡迎關於眞相的神論[125]的。然而，他沒有把他對宗教意識的分析推行得太遠。毫無疑問，對他那個時代的普通希臘人來說，宗教的重要性不如許多其他的種族。但是，在種種神祕崇拜的祭祀中，無論如何，他似乎發現了或許給了他啓發或聯想的某種東西，即：「神」不僅被智力需

---

[120]關於聖多瑪斯對亞里斯多德神學的修正的精緻說明，參見韋伯教授的《自然神學史研究》（*Studies in the History of Natural Theology*）第 233-291 頁。

[121]B卷，1000^a18。

[122]1074^b5；《政治學》，1252^b24。

[123]1074^b4。

[124]$1074^b8\text{-}14$；《論天》，$270^b5\text{-}24$，279^a30，284^a2；《天象學》，339^b19。

[125]μαντεία（神論、預言等），《論天》，284^b3。

要，以圓熟我們關於世界的知識，而且也被心力需要，以賦予我
們生活的堅強和勇氣；而且他似乎明白，這樣的一位「神」，必
定是與他描述的那個不交換愛的、專注自我的對象極不相同的某
東西。同時，對這些崇拜祭祀的研究似乎使他想到，「神」不能
只是一個等級系統的最高成員，而是必定想方設法存在於「他
的」眾崇拜者中。

　　然而，對宗教意識的這樣一種含蓄的研究似乎與他完全客觀
的方法格格不入。他或許會說，外部世界的事實，需要某種類型
的一位「神」；如果宗教意識所要求的「神」是與該「神」不同
的，對宗教意識來說，情形會更糟。但是，這樣的回答或許是正
當的：道德和宗教與物理變化一樣，都是事實，對宇宙第一本原的
終極本性可以產生直接的影響。在一般的意義上，康德的看法興許
是正確的：關於「神」，實踐理智比純粹理智告訴我們的更多。

第五章 《形上學》的文本

W.克里斯特（Christ）在他的《形上學》版本中，除了勞倫 155
丁抄本（Laurentianus）87.12（A^b本）和巴黎抄本（Parisinus）
1853（E本）之外，幾乎完全不顧被貝克爾（Bekker）使用的
那些抄本，這是很有理由的；因為這些抄本的其餘那些，幾乎
沒有多少獨立的價值。但是，有一部具有很大價值的抄本，卻
既被貝克爾，也被克里斯特忽略了，這就是維也納希臘哲學抄
本（Vindobonensis phil. gr. C）。要人們注意這部抄本的呼籲是
由A.吉爾克（Gercke）在《維也納研究》（*Wiener Studien*）第
xiv卷第 146-148 頁發出的。他透過W這個符號引用它，但是，
正如這已經被貝克爾充作另一個古抄本一樣，我也使用了J這個
符號來替代。在 1904 年，我對這部抄本作了部分的校勘；該
校勘後來被S.優斯特拉替阿德斯（Eustratiades）先生為我完成
了。該抄本被F. H.弗貝斯（Fobes）先生在《古典評論》（*the
ClassicalReview*）第xxvii卷（1913）第 249-250 頁詳細地描述
過，而且，它與其他抄本的關係（僅就《天象學》所關涉的
而言）也被他在《古典語言學》（*Classical Philology*）第x卷
（1915）第 188-214 頁以及在他的《天象學》版本（1919）中
討論過。J本包含有《形上學》從 994^a6 到結尾的內容，此外還
有《物理學》、《論天》、《論生成和消滅》、《天象學》，
以及泰奧弗拉斯托斯的《形上學》。它顯得屬於 10 世紀的開
初，而且顯得是《形上學》最早的現存抄本。它包含有安色爾

字體（uncial）[1]抄寫本的轉訛和從原本（archetype）（在其中，字詞沒被分開）轉抄的不少痕跡，例如：在 1000^b14、$2a21$[2]、27^b33、30^b35、33^b17、41^a27、62^a17、72^a6、74^b17、77^b14、83^a12、88^b16、90^b12 中。有 44 個地方，EA^b本顯得是錯誤的（有時僅僅是在重音或氣音[3]問題上），而J本則顯得保存了眞實的讀法：994^a22，995^a27，1002^b34，5^b19，10^a31，12^a16、$^b19$、30，16^b11，20^a21、$^b33$，21^a3，25^a6，29^b17，31^b9，33^a21，35^a22、30，41^b29，45^a4，46^a33、$^b4$，47^b3，51^b34，53^a20、$^b29$，54^b34，58^b6、26，60^a34，63^a9，67^b30，68^b19，69^a22，71^b13，74^b36，75^b23，78^a1，82^a32，$84^{\,a}21$，89^a11，91^b21，92^b18，93^b13。[4]由於E本和J本也顯然有極爲接近的一致之處，所以，

156 我曾檢查過E本中據報告與J本有不同異文（readings）的所有段落（正如克里斯特和貝克爾的不同報告存在於其中的所有段落一樣）。在下列諸段中，貝克爾的報告是正確的，克里斯特是錯誤的：981^a21，982^a4、31、32，983^a33、$^b1$，984^b1、15，985^a19，986^b16，987^a1，993^b13，996^a22，1006^a21，7^a12、$^b31$，10^b35，12^b29，16^b19，19^b18，21^a13，22^a26，27^a13，35^a29，38^b13，39^a4、33，40^b15、19，41^a25，45^b18，50^b27，52^b13，

1　指在西元 4 至 8 世紀，尤指在希臘和拉丁手稿中所使用的一種大字體，它用稍帶圓形的、不相連的大字母組成，但某些字母具有草寫體的形式。——中譯注

2　在羅斯該書的這個部分（即在整個第 5 章——中譯注），《形上學》0^a-93^b＝1000^a-1093^b。（這是羅斯為縮減篇幅所作的簡化，即凡是頁碼在 1000 以上的，都省去前面的 1000，只保留超過的數字。——中譯注）

3　古希臘語的氣音指在單詞前的第一個字母（僅限於母音）頭上標注的「'」或「'」符號，如果標注「'」，發音時加h，如Ἡρακλείτης，中文就譯為「赫拉克利特」。——中譯注

4　J本曾被第二手修訂過，而修訂者又經常仿造E本的文本；參見 1047^b20-22，1051^a11。J本也偶爾有些在E本中偶然省略掉的字詞，例如：在 994^a24，999^a30，1020^a21。

53^b18，55^a2，59^b37，61^b21、26，66^a19，68^b15，69^a10，70^b31，77^a20，80^b9，92^b17，93^a11、$^b24$。我在下列多處發現了沒被報告的異文：982^a15、$^b26$、28，983^b16、22，985^b17、26，991^a6、$^b18$，999^a16，1000^a29，6^a21、$^b3$，9^b8、22 兩處（bis），17^b30，19^a20、22、$^b25$，25^a26，27^a29、$^b24$，29^b26，33^b19，42^b15，43^a28，46^a33，48^b7，51^a30，52^a25，54^b22，56^b4，57^a15 兩處，58^a27，59^b37，63^b2，67^b5、23，69^b25，70^a8，71^a14、24，72^b14，92^b14、21：在 982^b31，1045^b17，52^b13，發現了第二手（the second hand）[5]的異文；在 1029^b3，31^b20，47^b19，57^b14，80^b15，82^a8，86^a7，發現了刪去的痕跡；在下列各處，我也在第一手和第二手之間作出了更準確的區分：988^b8，997^b26，1020^a2，29^b17、18、22、34，41^b25，44^b3、35，47^a3，48^a37、$^b35$，49^a21、$^b7$，51^b5、27，53^b3，55^a7，58^b24，64^b23，68^b12，70^a10，74^b32，76^b4，80^a20，81^a9，82^a32，88^a21、$^b8$，89^b4、17，90^b12。

在A^b本中，克里斯特僅僅檢查了被選擇的段落；我認為很好，所以，就澈底核對了這個抄本。這使我能夠確定，在下列諸處，貝克爾的報告是反對克里斯特的報告的：981^a21、$^b5$，982^a4、31、32 兩處，986^b16，989^a4，991^a13、$^b30$，992^b10，993^a8，994^a10，995^b12，996^a14，997^b12，1000^a10，1^b12，2^a30、$^b9$，3^b6，6^a8，7^a15、$^b31$，9^a6、16，12^b18、24，13^b6，15^a19、$^b18$，16^b19，18^b15，19^b33，20^a25、$^b8$、28，21^a5、13，

5　E^2 本是 15 世紀的手法（hand），除了有一些細小的變化之外，還引用了各種不同的異文，有時是亞歷山大的，例如：在 982^a21，983^a17（在這裡特別提到亞歷山大），990^a24，996^b24，998^a23，1008^b11，14^b18，17^b1，40^a22，56^b12；有時是J本的，例如：在 1008^b23，25^a6，53^b20，58^b26，82^a32；有時又是A^b本的，例如：在 1004^a32，31^a1，43^b9，44^a23，47^b10；有時則是從其他來源的，例如：在 987^b25，998^b27，1024^a13，27^a34，35^a22，41^b1，83^a13。

22^b34，25^b25，30^b13，31^a13、$^b7$，32^b13，33^a33、$^b11$、13，

34^a28、$^b28$，36^a11，38^b10，40^a13，41^b6，44^a3，45^b15，48^a31，

49^a21，52^b10、17，54^a31、32、34、$^b7$、17、22，60^a17、31，

61^b21、26，62^a35，64^a12，65^b23，67^b23，68^a35，70^a31，

73^b26，80^b9，82^a1、9、$^b21$，89^a22，90^b33。在下列各處，我發

157　現了新的異文：981^b2、3、6，982^a5，983^a9、17、$^b16$，984^a20，

985^a12、19，988^a4，989^a26、$^b20$，992^b33，993^a1、26、$^b27$，

994^a14、24，995^a13、$^b6$、10，996^a10、24，997^b10，999^b32，

1000^a14、25、29、32、$^b15$，1^b28，2^a11、19、24、$^b8$、19、20，

3^a31、$^b26$，4^b7，5^b16、21，7^a25、$^b15$、33，8^a23、33、$^b15$、

21，10^a17、$^b2$，11^a28、31、$^b25$，12^b16 兩處，13^b19，14^a19、

$^b28$，15^a8、9、15、$^b20$，16^b10、36，17^b20，18^a9、$^b1$、4、17、

19、26，19^a7、9、25、35、$^b13$，20^a15、34，21^a7、30、$^b6$、21

兩處，22，22^a8、30、35、$^b3$、6、9、26、28、35、36，23^a2 兩

處、17、23、35，24^a7、8、27、$^b21$，25^b22、23，26^a9、18，

27^b1，28^a19 兩處、$^b33$，29^b17、25、34，30^a18、23、24、34，

31^b14，32^a15，33^a5、7、8、$^b22$、28、29，34^a11、15、17、

$^b33$，35^a23、$^b25$、34，36^a17、$^b6$、11、31，37^a4、8、14、$^b1$、

6、13，38^a3、14、$^b10$、12、19、22、23、26、30，39^b18、24、

32，40^a2、$^b20$，41^a12、20、24、$^b13$、15，43^a6、11、17、32、

$^b30$，44^a29、$^b2$、3（兩處？）、8、30，46^a33，47^b25，48^a35、

$^b7$，49^a14、15、16、23，50^a21，51^a28，52^a24、$^b33$，53^a7、

$^b18$，54^b2、10，55^a7、$^b24$、35，56^a2、6、9 兩處、$^b23$，57^a29，

58^a22、36，59^a9、35，61^a24，62^a1、$^b13$、34，63^a5，64^b3、20，

65^b22，67^a35，68^a2，69^a9，70^b26，71^a8、$^b16$，72^a35、$^b26$，

74^a27、$^b22$、33，75^a10，78^a15、18、26，79^a22、31、$^b10$，

81^b23，82^b8，84^b22，87^a24、$^b28$、30，88^a13、$^b12$，91^b9。在 982^a1，1033^a3，我發現了第二手的異文；在 1020^b18，54^a18，80^a26、27、$^b15$，90^b35 等處，我找到了刪除的痕跡；我也在 983^a7，995^a5，1002^a30、$^b17$，31^a25，55^a26 等處，在第一手和其他手之間作出了區分。

從《形上學》α卷 994^a6 一直到該書結束，E本和A^{b}本共有約 2366 處不一致；J本和A^{b}本在其中的 341 處一致，其餘均與E本一致。詳細的位置見下表：

	J = E	J = A^b
α.	38	1
B.	177	20
Γ.	257	38
Δ.	311	30
E.	43	12
Z.	375	50
H.	79	8
Θ.	149	14
I.	145	24
K.	263	32
Λ. 1069^a18-1073^a1	<u>82</u>	<u>12</u>
	1919	241
Λ. 1073^a1-1076^a4	10	16
M.	60	38
N.	<u>36</u>	<u>46</u>
	106	100

158

可見，A^{b}本的第二手（顯然是同一時期的）從 1073^{a}1^{6}開始，和第一手相比，似乎不僅與J本，而且與E本保持了更好的一致性，既然第一手在 485 頁中有 2160 處不相符，而第二手只在 118 頁中有 206 處不相符。顯而易見，這不是由於A^{b}本不再代表獨立的傳統（它似乎依然代表了這種傳統），而是由於抄寫者或他的原本付出了更大的苦心。因為我們如果把H卷和N卷分別看作是早期和晚期各卷的代表，並考察E本和A^{b}本之間在這些地方（即：真正的異文能夠透過句子或語法而肯定地被確定下來的那些地方）的不一致，我們就會發現，A^{b}本在H卷的 38 處中只有 12 次是正確的，但在N卷的 39 處中卻有 25 次是正確的。（J本在H卷的這些段落中有 31 次正確，在N卷有 34 次正確）既然E、J本顯然屬於一族（family），A^{b}本屬於獨立的一族，那麼，所預料的唯一結論就是：E、J本有時會在錯誤方面一致；這種情形在H卷有 7 處，在N卷有兩處。很明顯，該錯誤是由於共同的原本。但是，或許可以預料的是：當E、A^{b}本一致而與J本相反時，它們是正確的，當J、A^{b}本一致而與E本相反時，它們是正確的。這些預料沒有一個是被完全證實了的。J本正確而與E、A^{b}本相反的情形上面已經列舉了。E本正確而與J、A^{b}本相反的情形在H卷一個都沒有，但在N卷有 3 處（1087^{a}33，1090^{b}3，1092^{a}27）。在這些例外情形中，許多地方的分歧其實不過是氣音或者重音的問題，毫不奇怪的是，E本或J本或許正確，而J、A^{b}本或E、A^{b}本錯誤；在另一些地方，差錯可能存在於所有抄本所依照的共同原本，而正確的異文是由於抄寫者的才智。因為正

6　參見克里斯特第vi頁。

如第爾斯曾講到的[7]，我們見到的抄本的作者們「不是簡單地爲了酬金的作者，而是受過學校教育的，甚或是有學問的抄寫者，他們依靠或多或少的技能，獻身於他們文本的διόρθωσις（改正，更正）。所以，他們和原本有關，就如同許多較新的校訂本和貝克爾的版本有關一樣。」

與E、J本相反的A^{b}本文本的主要特徵如下：

159

(1) 字詞順序的差異——這很常見。

(2) 詞尾變化的差異，例如：數目的或程度的。

(3) 同義語的使用，例如：在 998^{b}2，A^b、A1.本是συνέστηκε（在一起，組成了等），E、J、Γ本是ἐστί（是）。

(4) 文法結構的差異，例如：在 988^{a}9，A^{b}本是μόνον κέχρηται（只交配一次），E本是ἐστὶ μόνον κεχρημένος（是交配了一次）；在 992^{b}12，A^{b}本是εἰ...δώσει（如果……，將給出），E本是ἐὰν...δῷ（如若……將會給出）。

(5) 用ἤ（或者）來代替ἤ...ἤ（或者……或者），用καί來代替τε...καί（……和）或καί...καί（……和）。

(6) 脫漏。大體而言，之所以存在這些脫漏，部分是由於抄寫者在他正抄寫著的那整行原文時，在文字（text）移轉的某個或某些時段，出現了忽略（omission）；但是，我卻一直沒有能夠看出脫漏多處的那種行的任何單一的標準長度。忽略必定不只在一個時段發生，而且是在以不同長度的行數抄寫原文之時。另一些人在追求探究這種行數上或許更爲幸運，因爲它已被克拉克（Clark）教授在《抄本承襲》（*The Descent of*

7　《論亞里斯多德〈物理學〉文本史》（*Zur Textgeschichte den aristotelischen Physik*）19。

Manuscripts）中例解過；有他們的資訊作參考，我增補了一份A^{b}本中較長脫漏的名單，加星號（即*）是為了區別出那些由於重字漏寫[8]而容易忽略，並因此而沒有太大必要追溯到原本整個行數忽略的脫漏。

14 字　　1016^{b}11，29^{b}15*，41^{b}3，66^{a}25*。

15 字　　1039^{b}33*，52^{a}3*。

16 字　　987^{b}12*，1025^{b}26*，27^{b}2*，30^{b}6，49^{a}21、^{b}25*。

18 字　　1000^{b}7，1020^{a}21*。

19 字　　1021^{a}11，34^{b}21*，46^{a}23。

20 字　　986^{b}3。

21 字　　1003^{a}31*，21^{b}20，56^{b}34*。

23 字　　984^{b}1。

26 字　　1047^{b}25*。

28 字　　986^{a}20，1004^{b}15*，15^{b}16*。

29 字　　985^{a}19。

31 字　　1017^{b}17。

32 字　　988^{b}13，990^{b}33。

36 字　　988^{b}15。

37 字　　1030^{a}4*，51^{b}7。

39 字　　984^{a}32。

41 字　　1032^{b}27*，65^{a}18*。

46 字　　1034^{b}29*。

47 字　　981^{a}11。

48 字　　986^{a}9，1017^{a}17*。

8　重字漏寫指當兩個相同的字母緊接著重複出現時，漏寫掉其中一個。——中譯注

49 字　1015^b22*，19^a7*，49^a9*。

53 字　994^a29*。

57 字　1015^b18*。

113 字　1067^b16*。

114 字　1045^b19。

134 字　981^b2。

169 字　989^a26。

難以對此做得更多。但是，有一個看法極爲一致的證據：正常情況下，紙草卷是以大約 36 字爲一行的行數書寫的〔加德少遜（Gardthausen），ii，79〕。克里斯特在《巴伐利亞王家科學院會議報告》（*Sitzungsberichte der k. bayer. Akad. der Wiss.* 1885，第 411–417 頁）中曾經指出，A^b本處處都有分片的跡象，大體是爲了適應它的原本每十行一部分的格式。在不同的卷次中，這些部分似乎有著不同的長度，但在A卷，每行平均大約有 $36\frac{1}{2}$ 字。這種長度的一行（在少到 32 字多到 39 字之間變化），將充分說明A卷中的較長脫落，即 32 字、36 字、39 字、134 字和 169 字的那些脫落。在Δ卷中，每行的平均字數大約是 $28\frac{1}{2}$ 字：24 至 31 字一行，也完全說明了該卷中的較長脫落。

160

在E本中的主要脫落如下：

14 字　1037^a1。

15 字　1078^b8*。

16 字　1079^a20。

19 字　1022^a5*。

26 字　1044^a3*。

28 字　1076^b30*。

29 字　1037^{a}1。

31 字　1051^{a}11*。

35 字　1000^{b}7。

37 字　1007^{a}31*，47^{b}11*。

38 字　994^{a}24。

40 字　999^{a}30*。

42 字　1020^{a}21*。

44 字　1007^{a}22*。

52 字　991^{b}17。

56 字　1075^{a}4*。

57 字　1050^{a}17*。

60 字　1006^{a}26。

61 字　1042^{a}24。

c.750 字　1048^{b}18。

在上列的許多段落中，內容的含意所需要的一些語詞被某種抄本省略了，但在另一些抄本中，卻又沒省略，這就引出了一個問題：這些情形是由於忽略，還是後來的添加。在這些段落中，大多沒有語詞添加的動機，其變異極有可能源於某位抄寫者的漫不經心，而不是另一位的過度熱忱。但在另一些段落，能夠看出其中有語詞添加的動機，還有一些段落，明顯是由於語詞被錯誤地插進了文本的某個部分，就像插對了地方一樣；在這樣的場合，我刪去了有問題的語詞：參見 984^{b}11，1009^{a}26，12^{b}17，23^{a}21，73^{b}33（這些語詞被E本省略了），還有 985^{a}10，1028^{a}5，^{b}29^{b}27，44^{a}18，59^{a}30，70^{b}29（這些語詞被A^{b}本省略了）。[9]

---

[9] 因為這個部分在文中已作了標識，參見「徽標索引」（Index s.v.Emblemata）。

值得注意的是，在上列脫落中，被省略的大多是整個短句或短句組，而且絕大多數短句對文法無關緊要。抄寫者們顯然注意到了文法，並因此而或許減少了一些省略。當然，在 994ª24，1007ª22，15ᵇ16，20ª21，25ᵇ26，29ᵇ15，34ᵇ21、29，45ᵇ19，47ᵇ25，51ª11 中的脫落是例外。還應注意的是，無論是Aᵇ本，還是E本，都沒有出現在Θ卷之後的許多重要的脫落。

在非常多的段落中，Aᵇ本在一邊，E、J本在另一邊有著一些不同的異文，但在其中很少有，甚或完全沒有從意義、文體或文法的觀點出發加以選擇的。而且，雖然（while）E、J本比Aᵇ本更老，但Aᵇ本卻呈現出安色爾字體轉化的更多痕跡以及指向比E、J本的更老原本的其他證據。[10] 在這些情況中，很難斷言究竟哪一族更有可能保持著原初的異文。那麼，轉到希臘的注釋家，轉到古老的釋文，看看他們支持哪一族就是很自然的事情了。亞歷山大（鼎盛年在西元 200 年）代表了兩者之間居中的傳統。他對A卷至Δ卷的注釋（僅就我能夠查找到的他的異文而言），與E本的一致之處肯定的有 161 次，存疑的有 18 次（或者說，從 994ª6 起，和E、J本一致），與Aᵇ本的一致之處肯定的有 121 次，存疑的有 37 次。僞亞歷山大對E卷至N卷的注釋[11]，與E、J本的一致之處肯定的有 148 次，存疑的有 17 次，與Aᵇ本的一致之處肯定的有 184 次，存疑的有 45 次。阿斯克勒皮烏斯（約在 525 年前後）的注釋與E、J本一致的有 257 次，與Aᵇ本一致的有 110 次；色利阿魯斯（鼎盛年在 431 年）與E、J本一致的有 5 次，與Aᵇ本一致的有兩次；忒米斯提烏斯（Themistius）（大約

---

10 克里斯特，第vii頁。

11 或許是被愛菲蘇斯的米歇爾（Michael of Ephesus）（約在 1070 年前後）注釋的，有個抄本被歸之於他。

出生於 315 年前後）對這個問題的說明沒有任何幫助。

　　我們現在最老的抄本離亞里斯多德十二個世紀，而亞歷山大僅離五個世紀。所以，仔細考察我們的抄本所依的文本和亞歷山大的注釋所設的文本之間到底存在著什麼類型的關係，就很重要了。在E、J本、A^{b}本和亞歷山大本不一致的地方，正常的狀態或者是A^{b}本和亞歷山大本正確，E、J本錯誤；或者是E、J本和亞歷山大本正確，A^{b}本錯誤。這些二擇一的選擇差不多是同等尋常的──一種並不少見的情形；參見《埃及莎草紙抄本》（the Oxyrhynchus Papyri）的編輯們就Ox.843（柏拉圖，〈會飲篇〉）所作的斷言：「這個文本，就像紙草卷經常出現的那樣，具有折衷的特徵，與任何單個的抄本都看不出明確的親緣關係。如果把它與〈會飲篇〉的三個主要的證據本（witnesses）作比較，它時而與B本一致而與T、W本不合，時而則與後兩個本子一致但與前一個本子不合，很少有與T本一致與B、W本不合或與W本一致而與B、T本不合的情況。」就OX.1016，他們也作了同樣的斷言：「如同兩個主要的抄本，即B本和T本之間的情形一樣，紙草卷也照例顯不出多大的偏好，而是先和某個本子一致，而後又與另一個本子一致。」

　　例如：在B本（Book B）中，第一卷從總體看J本有用些，亞歷山大本和A^{b}本有 27 次一致，和E、J本也有 27 次一致。而且，這比任何其他組合所發生的更爲經常。爲了表明這一點，我在下面記錄了在B本中其他組合的所有事例，並和該本中有助於說明各抄本與亞歷山大本之間關係的任何其他實例合到一起。在括弧中，我增添了來自於其他本子有意義的實例的頁碼數字：

1. J、亞歷山大本正確，E、A^{b}本錯誤，995^{a}27。
2. E、J本正確，A^b、亞歷山大本錯誤（1054^{b}17，兩處）。

162

3. J、A^{b}本對（versus）E、亞歷山大本：雙方或許都正確，996^{a}15。

4. E、J、A^{b}本正確，亞歷山大本錯誤，995^{b}36，1000^{a}28（78^{a}8）。

5. 亞歷山大本正確，E、J、A^{b}本錯誤，998^{a}23、^{b}17，999^{b}21。

6. E、J、A^{b}本對亞歷山大本：雙方或許都正確，997^{a}5、^{b}23，1000^{b}32（82^{b}36）。

7. 所有本子都錯誤（以不同的方式），1001^{a}12。

8. 亞歷山大本的調換被MSS本忽略了（1005^{b}2，70^{a}20、^{b}15）。

9. 亞歷山大本的非難被忽略了（1041^{a}28）。

10. 亞歷山大本的校訂被忽略了，996^{b}24，1002^{b}24（7^{a}34）。

11. ？亞歷山大本的校訂被採納了。

　　這些實例需要縝密的考察，既然抄本的異文是由於亞歷山大的推測還是與他無關乃有疑問。1001^{b}27 的καὶ τὰ ἐπίπεδα（而且平面的東西）E、J、A^{b}本有，亞歷山大本省略了。亞歷山大對缺少的這些字詞加了注。但是，它們在諸抄本中的出現可能並不是由於亞歷山大的注，因為假如是，諸抄本也就會加上καὶ αἱ γραμμαί（而且諸字母）了，而這（亞歷山大加了注）也必定被理解了。

　　（982^{a}21）E本是πάντα，A^{b}本是ἄπαντα；亞歷山大本省略了，但他深感需要πάντα。

　　（995^{a}1）E、J、A^{b}本是λέγεσθαι；亞歷山大本是ἔτι τὸ λέγεσθαι，但他覺得ἔτι是多餘的。但是，假如抄本的異文是由於亞歷山大的注釋，MSS.本也就會讀τὸ λέγεσθαι了。

　　（1008^{a}25）A^{b}本是γάρ，E、J、亞歷山大本是δ'，他說δέ在這裡等於γάρ。

163

（1016^{b}11）E、J本有 ἣ ὧν ὁ λόγοσ μὴ εἷσ，A^{b}本和亞歷山大本省略了。亞歷山大的注釋說，λόγος的缺少和它含意的雜多有關，但他並沒有提議它的插入。E、J本的異文似乎是獨立自爲的。

（同上）J本有ἔτι，亞歷山大本ci.，E、A^{b}本是ἐπεί。

（1040^{a}22）A^{b}本是ἔπειτα εἰ，E、J本是ἔπειτα δὲ εἰ；亞歷山大本是ἔτι，他深感需要ἔπειτα。但是，ει在諸抄本中的出現似乎表明，它們的異文不是由於亞歷山大的提議。

透過對上述(2)、(4)、(8)、(9)、(10)、(11)情形的考察，似乎表明，E、J、A^{b}本大概均與亞歷山大無關。諸多事實顯出，在亞歷山大的時代，有大體上品質不相上下的三個文本存在，現在分別被E、J本、A^{b}本和亞歷山大的注釋本所代表。一般說來，只要我們是在能夠希望獲得亞里斯多德的文本這一限度內來對待它們當中任何兩個本子的一致，我們是會做得很好的。進一步說，E、J本和A^{b}本均與亞歷山大不一致的地方，其數量相對而言是如此之小，以至於在亞歷山大的異文不清楚的地方，E、J本和A^{b}本的一致幾乎和E、J本、A^{b}本、亞歷山大本在其他地方的一致一樣明確。但是，三個文本所依的共同原本有誤的實例也爲數不少，在遇到這些實例時，我們就必須求助於一般而言次一等的諸抄本，求助於阿斯克勒皮烏斯，或求助於推測。

在希臘注釋家的本子中，有一些補題和引文，雖然和他們的實際注釋所顯露出的異文相比，並沒有更多的重要性，但正如第爾斯在他關於《物理學》的著作中已表明的，也不是毫無價值。在亞歷山大本中，有 78 次和E（E、J）本一致，和A^{b}本一致的次數也相等；在僞亞歷山大本中，有 61 次和E、J本一致，83 次和A^{b}本一致；在阿斯克勒皮烏斯本中，有 357 次和E（E、J）本一致，110 次和A^{b}本一致；在色利阿魯斯本中，有 40 次和E、J

本一致，19 次和A^b本一致。

亞歷山大在其中給出與E、A^b本相反的正確異文的那些實例，是爲數眾多的，也是爲我們熟知的。阿斯克勒皮烏斯也偶爾這樣做，參見 989^a28、29，995^b33，1012^b9，25^a13，30^a2，33^a1。即使是阿斯克勒皮烏斯和色利阿魯斯的本子中的補題和引文，有時似乎也是正確的，雖然和最好的那些抄本相反對，例如：在 998^a29，999^b21，1000^b7，4^a19，6^b9，11^a1、32，24^a27，25^a15，77^b18，79^b14 等處。

對《形上學》，有三個中世紀的譯本：⑴《舊形上學》（*Metaphysica vetus*），內容從開頭延伸到Γ卷 1007^a31，該本顯然是在君士坦丁（Constantinople）[12]完成的，在 1210 年前不久在巴黎爲人所知。⑵《新形上學》（*Metaphysica nova*），內容包含α卷、A卷 987^a6 到該卷結束、B卷至I卷、Λ卷從開頭到 1075^b11。這個譯本或許是被克勒莫那的吉爾哈德（Gerhard of Cremona），或者是被米歇爾・斯各脫（Michael Scotus）作成。它的最早蹤跡起於 1243 年，是以抄本的形式出現的。該譯本源出於阿拉伯文，距希臘文本有非常大的差距，對於文本的確定沒有多大用處。⑶源出於希臘文的一個譯本，它的前 12 卷產生於 1260 到 1270 年之間，後兩卷不早於 1270 年。比較肯定地說，該譯本可能歸功於莫爾伯克的威廉（William of Moerbeke），他是一位佛蘭德斯[13]的多明我會僧侶（a Flemish Dominican），他翻譯了不少亞里斯多德的著作，在他生命的最後 9 年（1277-1286 年）是科林斯的大主教（Archbishop of Corinth）。在A至Γ

---

12 即現在土耳其的伊斯坦堡。——中譯注

13 Flanders，——古國名，包含現在的比利時、荷蘭南部和法國的北部等地。——中譯注

卷，該譯本極爲緊密地追隨《舊形上學》，僅僅是在較爲重要的字義方向上對它作出訂正，而且，它也仍然完全地直譯；通常情況下，推斷處於該譯者之前的正規希臘文意思沒有任何困難，所以，該著作具有 13 或更早世紀的抄本價值。[14]我首先校對了我得見的最早一批印刷版中的該本的異文，即安德勒阿・德・阿蘇拉（Andrea de Asula）（威尼斯 1483）的前 12 卷，以及在約翰勒斯・威爾索（Johannes Versor）的《問題集》（*Quaestiones*）（科隆 1491）中印刷的後兩卷。但是，爲了提防引證的異文或許會局限於這些印刷版，我接著又研究了在 13 世紀貝列爾抄本（Ms.Balliol.）277 和 14 世紀博多利經典（Mss. Bodl. Canon.）288 抄本和奧利爾（Oriel.）25 抄本。所引證的異文表現了該譯本的這些文本全部或大多數一致。異文大抵和E、J本一致，但也常常和A^b本一致，例如：在E卷中，有 34 次和E、J本一致，5 次和A^b本一致。被博尼茨歸之於阿爾第勒（Aldine）版或柏沙利昂（Bessarion）版的異文，極爲經常地在這種較早的來源中被發現。在下列各處，T或者單獨或者幾乎單獨地保存著那條眞正的異文（the true reading）：982^b27，998^a23，1002^b34，6^b9，12^a16，16^b11，20^a27，27^b33，31^b8、9，38^b29，41^b29，46^a33、$^b4$、21，47^b21，53^b29，61^b26，63^a9，68^b19，71^b13，72^a5，75^b23，77^a31，78^a28，81^b23，89^a11，93^b13。

非常清楚，無論是E、J本，還是A^b本，都不應當是排他性的唯一仿照的本子。但是，希臘注釋家和中世紀譯本的重心，都明顯是放在E、J本這邊的，因此，我也仿照這一組抄本，除非希

165

---

14 在《中世紀哲學史文集》（*Beitr. zur Gesch.der Phil. des Mittelalters*）xvii.第 104-169 頁中，M.格拉波曼（Grabmann）對這三個譯本進行了很好的討論。

臘注釋家，或含意、文法，或亞里斯多德的用法 —— 拜瓦特爾（Bywater）先生是如此偏愛這個稱謂，以致叫作慣用語言 —— 等證據轉到了支持A^b本的那一邊。

被貝克爾引證的《形上學》的其他抄本中，D^b本、F^b本、G^b本、H^b本和I^b本都是亞歷山大、色利阿魯斯或阿斯克勒皮烏斯的抄本，而且我也已經指出過它們對文本確定所貢獻的本性。13 世紀的勞倫丁抄本 81.1（S本）和 14 世紀的 87.18（B^b本）、87.26（C^b本）構成了一個緊密關聯的族系，與E、J本比與A^b本有著更多的親緣性。S本或者單獨或者幾乎單獨地在 993^a16，1005^b19 中保存著那條眞正的異文，並在下列各處，和較爲晚近的一些抄本共同保存它，而與E、J、A^b本相反：984^b26，986^a11，991^b25，1004^a26，9^b27，11^a1，14^a17，24^a27，25^a9、13，27^b27，43^a15，45^a8，46^a31、$^b21$、22，47^b10，48^b31，58^b30，62^a13，64^a25、26，66^b4，67^b23，70^a8，71^b11，77^b36，79^b19，82^b21，88^b35，93^b4。

抄寫於 1321 年的梵蒂岡（Vaticanus）256（T本），大多與J本和S本有親緣性。J、T本經常一致而與所有的其他抄本相反，例如：在 1014^a23，15^b30，16^b11，19^b19，21^a22，22^a27，23^b36，26^a18，27^a8，46^a33，47^a3，51^b34，53^b29，67^b30 等處。T本或者單獨或者幾乎單獨地在 1004^a19，5^b19，11^a32，28^b14，37^a26，51^b34，53^b29，72^a5，84^a23，87^a28 等處保存那條眞正的異文；它還與其他晚近的一些抄本一致，在下列各處保存著它：984^b26，985^b33，986^a11，1000^a29，4^a26，24^a27，27^b24，45^a8，46^a21、$^b21$，58^b30，62^a13，70^a8，71^b11，79^b19，82^b21。

13 世紀的馬可安抄本（the Marcian MSS.）211（E^b本）和214（H^a本）〔威納莫威茲（Wilamowitz）將它定爲 14 世紀〕

緊密關聯，且和E、J本而不是A^b本更爲一致。分別抄寫於 1447 年和 1467 年的馬可安 200（Q本）和馬可安 206（F本），大體說來，前者和E本一致，後者與E^b、Ha本一致；貝克爾在α卷之後，沒有引證這些抄本，而且，它們似乎也沒有什麼重要性。

大約完成於 1452 年的紅衣主教貝薩里翁（Cardinal Bessarion）的拉丁文譯本，大多與E、J本一致，但他也常常或單獨或幾乎單獨地給出那條正確的異文（the right reading），例如：在 1043^b23，53^b29，66^b2，67^b6，70^a11，72^a24，75^b5，76^b32，78^a20，79^b30，84^a21、23，90^b33，91^a1 等處；顯然，他把有些東西歸於中世紀的翻譯（例如：在 982^a27，1002^b34，6^b9，12^a16，16^b11，46^a33，53^a20，61^b26，75^b23，77^a31，81^b23 等處），而把另一些東西歸於亞歷山大（例如：在 1022^a35，43^b23，70^a11，75^b5，76^b32，78^a20，84^a23，90^b33，91^a1 等處）。

1498 年的阿爾狄勒（Aldine）的那個第一版（the editio princeps），與T本和S本極爲一致；對於文本的確定而言，它本身價值很小，甚或全無價值。

爲了這個文本的復原和校訂，色爾布格（Sylburg）、布蘭迪斯（Brandis）、貝克爾、施韋格勒（Schwegler）和克里斯特一直以來已經做了大量的工作；但是，所有這些人爲此所做的工作加在一起，也比博尼茨的要少，其原因部分地由於他對希臘注釋家們的細心研究，部分地由於對論證所需內容的注意，他對這部著作的幾乎每一頁，都進行了令人信服的訂正。

我特別注意了標點，其中經常有使得校訂沒有必要的變化。

關於母音的省略、字尾附加ν的用法、οὕτως或οὕτω、οὐδείς或οὐθείς、μηδείς或μηθείς、ἐάν或ἄν、ἑαυτοῦ或αὑτοῦ、τοιοῦτον或τοιοῦτο、ταὐτόν或ταὐτό的寫法，我認爲仿照最老的MS.本、J本

是合適的；但是，我卻不顧J本的寫法，把γίνεσθαι和γινώσκειν寫成了γίγνεσθαι和γιγνώσκειν。

克里斯特論證了在許多段落中，文本位置錯亂現象的存在，以及在上下文關係中字詞的錯誤插入。這是一個在思維中很難彌補的問題。在 995ᵃ19，1006ᵃ28，1029ᵇ3-12，1070ᵃ20、ᵇ29，似乎有清楚的例證，在 1019ᵃ20，1071ᵃ18，也還有可能的例證。這些例證有三個出現在Λ卷第 1-5 章，和《形上學》的任何其他部分相比，這一部分更加是以筆記，而不是以完成了的卷次的形式出現；很明顯，這些筆記並不總是被整理成了最好的次序。

經典哲學名著導讀 017

1B2D
亞里斯多德與《形上學》
Aristotle's Metaphysics

作　者	（英）威廉‧大衛‧羅斯（Sir William David Ross）
譯　者	徐開來
發行人	楊榮川
總經理	楊士清
總編輯	楊秀麗
副總編輯	蘇美嬌
特約編輯	謝芳澤
封面設計	王麗娟
出 版 者	五南圖書出版股份有限公司
地　址	106臺北市大安區和平東路二段339號4樓
電　話	(02)2705-5066
傳　真	(02)2706-6100
劃撥帳號	01068953
戶　名	五南圖書出版股份有限公司
網　址	https://www.wunan.com.tw
電子郵件	wunan@wunan.com.tw
法律顧問	林勝安律師事務所　林勝安律師
出版日期	2022年5月初版一刷
定　價	新臺幣300元

國家圖書館出版品預行編目資料

亞里斯多德與《形上學》/威廉．大衛．羅斯(Sir
　William David Ross)著；徐開來譯. -- 初
　版. -- 臺北市：五南圖書出版股份有限公
　司, 2022.05
　　面；　公分
　譯自：Aristotle's metaphysics.
　ISBN 978-626-317-567-9（平裝）

　1.CST：亞里斯多德(Aristotle,384-322 B.C.)
　2.CST：學術思想　3.CST：形上學

141.5　　　　　　　　　　　　111000678